모든 학생을 위한 통합교육의 실천

좌충우돌 통합수업 이야기

모든 학생을 위한 통합교육의 실천
좌충우돌 통합수업 이야기

처음 찍은 날 2020년 12월 7일
처음 펴낸 날 2020년 12월 14일

지은이 이병대, 조은진, 남순현
그린이 조사라

펴낸곳 이론과실천
펴낸이 최금옥
등록 제10-1291호
주소 (07207) 서울시 영등포구 양평로21가길 19 선유도우림라이온스밸리 B동 512호
전화 02-714-9800
팩시밀리 02-702-6655

ISBN 978-89-313-6074-5 03370

• 이 도서의 국립중앙도서관 출판예정도서목록(CIP)은 서지정보유통지원시스템 홈페이지(http://seoji.nl.go.kr)와 국가자료종합목록 구축시스템(http://kolis-net.nl.go.kr)에서 이용하실 수 있습니다. (CIP제어번호 : CIP2020049669)

• 값 17,000원

• 잘못된 책은 바꾸어 드립니다.

모든 학생을 위한 통합교육의 실천

좌충우돌 

통합수업 이야기

이병대·조은진·남순현 지음

이론과실천

추천의 글

* * *

교사는 교육의 질을 결정하는 핵심 요인 중 하나이며 교육을 실행하는 주체입니다. 특히 학교 선생님들의 역할과 책임은 더욱 중요할 수밖에 없습니다. 책에서 만난 세 분의 선생님은 이 세상의 소중한 '모든 학생'을 위해 애쓰시는 선생님들이십니다.

통합수업에서 발견되는 모든 문제의 해결점을 교사로부터 시작하여 고군분투하는 모습은 페이지를 넘길 때마다 안타까움과 감탄을 주었으며, 결국은 미소 짓게 합니다. 통합수업은 절대 어렵지 않다고 주장하는 그들의 이야기에는 서로 협력하기 위해 시간을 내고 마음을 모아 함께 하려는 노력이 가득해 보입니다. '모두를 위한 통합수업'은 그들이 생각하며 꿈꾸는 학교 교육의 모습이었으며, 결국은 실현해 내는 모습을 보여줍니다.

이 책의 많은 에피소드는 '통합수업'을 바라보는 선생님들의 시선에 여유를 더해주는 이야기가 될 것이며, 학교 현장에서 '다름'을 가진 학생들로 고민하는 많은 선생님에게 영감을 줄 것입니다. 여러분들도 이들처럼 함께 준비하고 실행하는 '통합수업'은 어떤가요? 또래와 같은 공간에 있는 것만으로는 진정한 통합수업이 아니라는 생각으로 마음을 모은 선생님들의 의기투합에 찬사를 보냅니다.

조선대학교 사범대학 특수교육과

교수 김 정 연

＊ ＊ ＊

"한 아이를 키우려면 온 마을이 필요하다."라는 아프리카 속담이 있습니다. 이 속담을 현대적으로 해석하자면 공동생활 공동육아가 불가능한 지금의 핵가족 사회에서는 더 다양한 제도와 인적 자원의 도움이 필요하다는 것을 의미합니다. 부모 개인의 노력과 양육만으로는 아이의 건강한 성장에 한계가 있을 것입니다. 만약 아이가 질병이 있거나 장애가 있다면 어려움은 배가 되겠죠.

제가 정신과 의사로 여러 아이를 치료하면서 병원에서의 치료만으로는 한계를 느낀 적이 많습니다. 물론 치료도 중요하지만 가정이나 학교에서의 변화와 도움이 필요하다고 느낍니다. 정신과의 어떤 병을 가진 아이라 할지라도 그 아이의 모든 문제를 병으로만 설명할 수는 없으니까요. 당연한 이야기이지만 한 아이의 정신 건강에는 환경과 교육이 너무나 중요한 부분입니다. 한 아이를 치료하려면 온 마을이 필요한 것이죠.

실제로 여러 해 전부터 학교와 교육 현장에서도 학생들의 정신 건강 증진을 위한 다양한 사업과 제도들이 만들어지고 있습니다. 2012년 시범사업을 시작으로 매년 '학생 정서·행동 특성 검사'가 시행되고 있고 예전과 비교해 특수교육이나 도움반 등이 활성화되고 있으며 Wee 센터나 상담 교사들도 늘어가고 있습니다. 지역 정신건강복지센터와 연계하여 정신과 의사의 학교 주치의 사업 같은 새로운 시도들이 생겨나는 것은 정신과 의사로서 반가운 변화들입니다. 물론 아직은 부족하고 보완해 나가야 할 점은 있지만 이러한 제도를 통해 정신적 어려움을 겪고 있는 아이들이 더욱 쉽게 치료의 도움을 받을 수 있고 건강하게 자랄 수 있는 안전망을 만들어가는 것이죠.

이 책은 만성적인 정신과적 어려움을 가진 아이들과 일반 아이들이 통합교육 수업을 통해 함께 배우고 성장하는 이야기를 담고 있습니다. 이 아이들은 주의력결핍과잉행동장애(Attention deficit/hyperactivity disorder: ADHD), 자폐스펙트럼장애(Autism spectrum disorder), 지적장애(Intellectual disability, 지적발달장애) 등을 겪고 있습니다. 이름도 낯설고 특별한 아이들에게만 생기는 특별한 문제라고 생각할 수 있지만 사실 꽤 흔하게 주변에서 볼 수 있습니다. ADHD의 경우 2006년 국내에서 시행한 연구 결과에 따르면 초등학생에서 13%, 중고등학생에서 7% 내외의 유병률을 보였습니다. 지적장애는 연구에 따라 차이는 있지만 대략 1% 내외의 유병률을 보입니다. 자폐스펙트럼장애는 최근 진단 범주가 확대되고 있고 연구에 따라 0.1~2.64% 정도의 유병률을 보입니다. 이처럼 이러한 문제는 비교적 흔하게 나타나고 그 외의 다른 정신과적 질병이나 진단적 범주에는 들지 못하더라도 임상적 문제를 가진 아이들까지 더한다면 그 범위는 훨씬 더 커질 것입니다. 즉, 정신과적인 어려움은 어느 일부 특별한 아이들만이 겪는 일이 아니라 많은 아이가 겪을 수 있는 일인 것입니다.

또한 이러한 정신과적인 문제는 단기간에 쉽게 치료되는 부분이 아닙니다. ADHD처럼 비교적 약물 치료에 잘 반응하는 질병들도 있지만, 자폐스펙트럼장애나 지적장애 같은 경우는 약물 치료나 병원에서의 치료만으로는 제한적인 효과를 보이고 발달 전반을 촉진할 수 있는 포괄적이고 다각적인 접근이 필요합니다. 그중 중요한 것이 학교에서의 생활과 교육일 것입니다.

아이들에게 학교는 아주 중요한 곳입니다. 하루의 가장 많은 시간을 보내는 장소이며 다양한 것들을 배우고 경험하는 교육의 장이자 다른 사람들과 관계를 맺어가는 사회적 공간입니다. 어쩌면 학교에서의 생활이 변하지 않는다면 제아무리 좋은 치료라 하더라도 효과는 제한적일 것입니다. 그런 면에서 이 책에 나오는 선생님들의 다양한 노력과 시도는 또 다른 치료라고 생각합니다. 당장에 많은 것을 바꾸지는 못할지라도 그 자체로써 아이들에게는 소중한 경험이자 치유의 과정이 될 것입니다.

'통합교육은 장애 학생을 위한 특별한 교육이 아니라 모든 학생을 위한 교육입니다.'라는 이 책의 말처럼 정신과 문제에 대한 이해는 정신적 장애가 있는 아이나 보호자에게만 필요한 것이 아니라 그들과 함께 사회를 구성하고 살아가는 우리 모두에게 필요한 일입니다. 따라서 이 책에서의 다양한 경험과 이야기는 특수교육에 참여하고 있는 교사들뿐만 아니라 일반학급 선생님들 그리고 더 나아가 자녀를 양육하는 모든 부모님에게도 많은 도움이 될 것입니다.

낙수가 바위를 뚫고, 산속의 작은 물줄기가 모여 강물을 이루듯이, 작지만 지속적인 노력이 큰 변화를 만듭니다. 장애가 있는 아이의 보호자나 선생님, 치료자들은 이 점을 잊지 않았으면 좋겠습니다. 저 역시 이 책을 통해 다시 한 번 이러한 점을 상기하고 쉽게 포기하거나 지치지 않는 치료자가 될 것을 다짐해 봅니다.

마음나눔정신건강의학과의원

정신건강의학과 전문의 / 원장 한 영 훈

* * *

이 책을 통해 교육 현장에서 선생님들이 얼마나 다양한 특수교육 상황에 부딪히고 있는지를 볼 수 있었고 그 노력에 감명을 받았습니다. 바쁜 교직 생활에서 일반교사와 특수교사가 함께 문제를 해결해 간다는 것은 매우 어려운 일입니다. 더 좋은 수업을 위해 고민하고 한 명의 학생도 놓치지 않으려는 선생님들의 열정에 박수를 보내드립니다. 세 분의 선생님들이 보여주신 통합수업에 대한 열정은 우리의 교육 현장과 학생들의 장래를 밝게 바꿀 수 있을 것이라는 확신이 들게 합니다.

교육 현장에서 일반학생들과 다른 행동을 보이는 학생들을 만나면서 당황했던 일들을 사실 그대로 표현하고 일반교사와 특수교사가 함께 고민하며 풀어나가는 이야기를 읽으며 현장을 이해하고 공감하게 되는 통합교육 이야기였습니다. 때로는 혼자 고민하며 어려움을 겪어야 했던 현장의 이야기와 현장 교사들의 고충을 일반교사와 특수교사가 함께 협력하여 서로의 역할을 방출하여 해결해 가는 모습은 이상적인 통합교육의 모습이며 이러한 어려움에 봉착해 있는 많은 선·후배 교사들에게 길잡이가 되어줄 수 있으리라 생각합니다.

통합교육 상황 속에서 교사의 역할을 단순히 돌보는 것이 아닌, 일반학생들과 다를 바 없는 초등학생으로 바라보기 위해 많은 시간과 노력을 쏟는 선생님들의 마음이 돋보였습니다. 특히, 통합수업과 관련하여 교사들에게 필요한 법령, 사이트, 교육청 단위의 가이드북 등 다양한 정보를 구체적인 사례와 함께 제시하여 매우 유용할 것으로 생각됩니다.

세 분 선생님의 생생한 교실 수업 이야기는 통합수업을 준비하시는 많은 선생님께 좀 더 쉽게 힘내어 다가갈 수 있는 지침서가 될 것입니다.

교육부 국립특수교육원

교육연구사 박 창 순

차 례

Ⅲ. 통합수업 함께하기

"드디어 나도 도시로 간다!"

김 교사, 박 교사, 위 교사는 같은 날, 같은 시각에 서로 다른 공간에서 서로를 알지 못하지만 똑같은 말을 내뱉었다. 도시에서 먼 학교에서 몇 년간을 근무하면서 무엇인가 부족하고 내 집 같지 않았던 학교 관사에서 생활했다. 물론, 그 학교에서도 매우 즐겁고 행복했으나, 세 교사는 도시로 가고 싶었다. 김 교사는 육아에 도움을 받을 수 있도록 도시에 거주하는 처가 근처로 이사를 하고 싶었고, 박 교사는 도시에서 생활하는 화려한 커리어우먼을 꿈꾸었으며, 위 교사는 도시에서 일하는 아내 곁으로 가서 항상 함께하고 싶었기 때문이었다. 마침내 그 각자의 희망들이 이루어진 것이다.

행복초등학교.

이 학교는 도시에서 조금 떨어진 면(面)에 속해 있는 작은 초등학교로 근처 도시에서 차로 20분 정도 걸리는 가까운 학교였다. 세 교사는 이 학교에 발령받고, 자신들이 희망한 대로 도시 생활을 생각하며 한껏 들떠 있었다. 교명마저 얼마나 행복한가! 교명처럼 이 학교의 학생들도 언제나 행복한 생활을 하고 있으면 좋겠다고 생각했다.

그런데 이 학교는 다른 학교와 조금 다른 점이 있었다. 그 점은 바로 다른 학교에 비해 전교생 중 특수교육대상학생의 비율이 높다는 것이었다. 이 높은 비율 때문에 대부분 학급에는 특수교육대상학생이 함께 한다.

사실 일반 초등교사가 특수교육대상학생을 담임하는 것이 흔한 일은 아니다. 그렇지만 이 학교에 근무하는 이상 특수교육대상학생을 담임하는 상황은 흔한 일이다. 상황은 흔하지만, 결코 쉬운 일은 아니다. 일반 초등교사가 교육대학에 재학하는 4년 동안 이수하는 특수교육에 관한 강의는 고작 한두 과목 정도이다. 사실 한두 과목의 강의 수강으로는 특수교육에 관심을 두기조차 힘들다. 일반 초등교사인 김 교사, 위 교사도 그러했다.

이 학교에 함께 발령된 박 교사는 특수교사다. 박 교사는 초등학교 특수학급에서 특수교육대상학생을 지도한다. 그러나 박 교사가 지도하는 특수교육대상학생들은 모두 일반 초등교사가 지도하는 통합학급에 속해 있다. 그렇기에 박 교사가 특수교사이고 특수교육대상학생들이 특수학급에 속해 있다 하더라도 온전히 박 교사의 학생들만은 아니었다.

김 교사, 위 교사, 그리고 박 교사.

세 교사는 다른 길을 걷고 있었고, 앞으로 만나지 않아도 될 운명이었다. 사실 만났어도 그냥 옆 반 선생님으로 지나칠 수 있었다. 그러나 세 교사는 학생들을 바라보았고, 그 너머에 또 다른 선생님이 있었다. 한 교사와 학생 너머에 있는 또 다른 교사는 서로 다른 시각을 가지고 있지만 모두 학생을 보고 있다는 공통점이 있었다. 그래서 학생을 나와 다른 시각으로 보는 서로의 매력에 빠져서 세 교사는 행복초등학교에서 3년간을 함께했다.

등장인물

김 교사

교직 경력 10년 차 행복초등학교의 교육연구부장. 대학원에서 교육학을 전공했으며 교수·학습 방법 개선에 관심이 높음. 궁금한 것을 못 참는 성격이지만 책보다는 동료들과 이야기하면서 해결책을 찾으려고 노력하는 열정 넘치는 교사.

행복초 1년 차에 희연이의 통합학급 담임교사였으며, 2년 차에는 담희의 영어를 가르쳤던 교과전담교사, 3년 차에는 동현, 서희, 가인이의 통합학급 담임교사.

박 교사

교직 경력 5년 차의 특수교사. 학교 밖에서는 사람들과 잘 어울리고 활달한 성격이지만 학교에서는 특수교육대상학생들과 아기자기한 특수학급 운영에만 관심을 두는 교사였음. 그러나 김 교사, 위 교사의 요청으로 통합교육에 관심을 두게 되면서 점차 통합교육에 대한 안목을 넓혀가는 교사.

행복초 1년 차에는 희연, 2년 차에는 담희, 3년 차에는 장한, 홍민, 동현, 서희, 가인이를 지도한 특수학급 교사.

위 교사

교직 경력 7년 차의 열정 넘치는 행복초등학교의 분위기 메이커. 학생들과 즐거운 수업을 위해 항상 고민하며 책을 많이 읽고, 고민되는 부분에 대해 많은 자료를 탐독하는 브레인(brain) 역할. 세 명의 교사가 함께 통합수업을 연구할 수 있도록 분위기를 만든 인물.

행복초 1년 차에는 동현, 서희, 가인, 2년 차에는 담희, 3년 차에는 장한, 홍민이의 통합학급 담임교사.

유 선배

옆 학교의 교무부장. 김 교사와 절친한 사이이며 과거에 같은 학교에 근무하면서 어려운 일들을 함께 이뤄낸 김 교사의 선배.

우정 씨

박 교사와 장거리 연애를 하는 남자친구로 서울에 있는 초등학교에서 근무하는 일반교사. 주말마다 KTX를 타고 오가며 박 교사와 연애 중.

희연(지적장애)

의사소통이 어려운 중도 지적장애 학생으로 행복초 특수학급에 전일제로 다니고 있음. 김 교사가 행복초 1년 차에 만난 특수교육대상학생.

담희(자폐성 장애)

소리에 민감한 학생. 보통의 소리도 다른 사람에 비해 크게 느낌. 위 교사가 행복초 2년 차에 만난 특수교육대상학생.

장한(자폐성 장애)

영상의 특정 구간을 반복해서 보거나 물건을 차례대로 줄지어 놓는 것을 좋아함. 위 교사가 행복초 3년 차에 만난 특수교육대상학생.

흥민(지체 장애)

오른쪽 편마비가 있는 뇌성마비 학생. 위 교사가 행복초 3년 차에 만난 특수교육대상학생.

가인(지적장애)

엉뚱하나 상상력이 풍부하며 그림 그리는 것을 좋아함. 김 교사가 행복초 3년 차에 만난 특수교육대상학생.

서희(지적장애)

잦은 실패 경험으로 위축되어 있으며 소심한 성격의 학생. 김 교사가 행복초 3년 차에 만난 특수교육대상학생.

동현(지적장애)

궁금한 것이 많아 질문을 끊임없이 하는 학생. 김 교사가 행복초 3년 차에 만난 특수교육대상학생.

• 본 도서에 등장하는 학교와 인물은 모두 가명을 사용했습니다.

I
서로의 교육에 관심 두기

1. 김 교사, 특수교육에 관심이 생기다

김 교사는 새로 행복초등학교에 발령받아 근무를 시작하면서 희연이와의 만남을 통해 특수교육대상학생의 학습에 대해 고민하기 시작했다.

김 교사의 행복초등학교 1년 차

김 교사는 3월 1일 자로 행복초등학교에 발령받았다. 정식 근무는 3월 1일부터지만 보통 교사들은 새로운 학교에서 3월부터 바로 시작되는 학기를 준비하기 위해서 3월이 되기 전에 출근한다. 아직은 추운 2월이지만 새로운 학교에 가는 느낌은 따뜻하고 두근거린다. 이 두근거림은 교장 선생님과의 면담, 기존에 근무하는 교직원들과의 첫 만남까지 이어진다. 이윽고 모든 교직원이 모여 인사를 하고 새로운 학년도의 시작을 알리는 교장 선생님의 인사말이 이어졌다.

드디어 모두의 이목이 쏠리는 학급 배정 발표 시간이 되었다. 이전에 있었던 교장 선생님과 짧은 면담 속에서 김 교사는 자신이 어느 학급을 맡게 될 것이라는 직감이 있었다. 그러나 모든 인사(人事)에 관한 추측은 최종 결정권자인 교장 선생님의 입에서 발표되어야 하는 것이 아닌가. 드디어 발표되었고, 6학년 1반의 담임이 되었다. 이때까지는 예상대로였다.

모임을 마치고 희망하던 학년에 배정되었다는 안도감과 궁금함을 안고 2층에 있는 교실로 올라갔다.

교실에 올라와 보니 예전에 근무했던 학교의 교실과 크게 다르지 않았다. 물론 마음에 들지 않는 구석이 몇 군데 있었지만, 그것은 다음 날부터 청소하고 정리하면 될 일이었다. 어떻게 정리하면 좋을지 이리저리 고민하고 있을 때였다. 이때 교실의 문이 드르륵하고 열리더니 같이 전입해 온 박 교사가 교실로 들어왔다.

"저, 잠시 들어가도 될까요?"

"네, 박 선생님! 들어오세요. 무슨 일 있으세요?"

"아! 드릴 말씀이 있어서요."

사실 김 교사는 왜 박 교사가 자신을 찾아왔는지 전혀 알 수가 없었다. 잠시 당황했지만 이내 궁금해졌다. 박 교사와 마주 보고 앉아 박 교사가 무슨 말을 할지 온 신경을 집중했다.

"선생님 반에 특수학급 전일제 학생이 있어요. 저도 발령 난 후, 며칠 전에 학교에 와서 잠깐 봤어요. 사실 일반학교[1]에 특수학급 전일제 학생[2]이 있다는 것이 좀 특이한 사례이긴 하거든요. 그래서 선생님께서도 모르고 계실 것 같아서…."

"전일제요?"

김 교사 학창 시절에 '전일제 클럽활동'이라고 하여 온종일 동아리 활

1 특수학교에 대응되는 학교를 본서에서는 '일반학교'로 칭함.

2 특수학급 전일제 학생: 특수학급 전일제 학생의 원적(原籍)은 통합학급에 있으나 장애의 정도가 심하여 통합학급 수업 참여가 어려운 경우 시간 대부분을 특수학급에서 보낸다. 하지만 대부분 특수학급은 통합교육의 목적으로 시간제 특수학급의 형태로 운영된다. 시간제 특수학급은 학교에 머무는 시간 대부분을 일반 학급에서 교육받다가 일정한 시간 동안만 특수교육을 별도로 받도록 만든 학급이다. 〈출처: 특수교육학 용어사전(https://terms.naver.com/entry.nhn?docId=383810&cid=42128&categoryId=42128) 중 '*시간제 특수학급*'〉

동을 했던 때가 있었다. 그때 이후로 교사가 되고는 처음 듣는 단어였다. 우선, 특수교사인 박 교사가 김 교사에게 와서 하는 이야기였기 때문에 김 교사는 직감적으로 자신의 반에 특수교육대상학생이 있다는 것을 알았다. 물론, 아직 학생 명렬표만 받아들고, 아니 아직 명렬표도 제대로 읽어보지 않은 상태라 어안이 벙벙했다. 그렇지만 초임 발령 후, 첫 학교에서 특수교육대상학생이 포함된 통합학급을 운영해 본 경험이 있어서 금방 정신을 차릴 수 있었다. 박 교사는 말을 이어나갔다.

"물론 전일제 학생이라 제가 특수학급에서 수업을 진행할 것이지만, 희연이도 6학년 1반이니 잘 부탁드린다는 말씀을 드리려고요. 혹시나 제가 도움이 될 일이 있으면 말씀해 주세요."

박 교사가 나가고 김 교사는 한참 동안 무슨 말인지 몰랐다.

'희연이가 특수학급 전일제 학생이라고? 우리 반 학생인데 특수학급에서만 공부한다고?'

김 교사는 어리둥절했지만 희연이 말고도 할 일이 너무 많아 잠시 접어두기로 했다.

3월 2일. 개학 첫날이 되었다. 김 교사는 교무실에서 개학식을 준비하고 있었다. 이 학교에 새로 전입해 온 선생님들은 새 학년도 개학 첫날 아침에는 교실에 올라가지 않는다. 그 이유는 학생들에게 새로운 선생님들과 학급담임에 대한 설렘을 지켜주기 위해서였다.

개학식은 학생들이 모두 모인 체육관에서 시작했다. 김 교사가 체육관으로 들어가서 주위를 둘러보고 있을 때 한 학생이 체육관에 소리를 지르며 뛰어 들어왔고 이어 박 교사가 들어왔다. 박 교사는 그 학생과 팔짱을 끼고 6학년 1반 줄의 가장 뒤에 서며 말했다.

"희연아, 모든 사람이 모인 곳에서는 조용히 해야지."

김 교사는 저 학생이 박 교사가 말한 학생이구나 생각하며, 처음으로 희연이와 마주하게 되었다. 희연이의 얼굴은 밝았으나 자세는 바르지 않았고, 박 교사가 계속 바르게 서라고 했으나 따르지 않았다. 그러나 신기한 것은 다른 모든 학생이 그 상황에 동요하지 않는다는 점이었다.

국민의례에 이어 교장 선생님에게서 새로 온 선생님들 소개가 이어졌고, 모든 학생이 기다리던 담임 발표 순간이 다가왔다. 6학년 1반의 담임교사는 김 교사로 발표되었다. 6학년 1반 학생들은 기존에 학교에 근무하던 선생님이 담임이 되었으면 했는지, 아니면 김 교사의 모습이 자신들이 상상했던 이미지와 달랐는지 어색한 웃음을 지으며 김 교사와 첫인사를 나누었다.

개학식을 마치고 학생들을 데리고 교실로 돌아가려던 때였다. 박 교사가 희연이와 같이 다가와 희연이에게 담임선생님께 인사를 하라고 했다.

"으…."

김 교사는 그 순간 희연이가 말을 못하며, 쉽게 지도할 수 있는 학생이 아니라는 것을 직감했다. 희연이는 김 교사에게 인사 아닌 인사를 하고 박 교사와 함께 체육관을 먼저 빠져나갔다. 순식간에 지나간 상황에 김 교사는 크게 심호흡을 하고 6학년 1반 학생들을 데리고 교실로 향했다.

정신없는 개학 첫날이 지나고 다음 날이 되었다. 물론 다음 날도 정신없이 바쁜 생활이 계속되었다. 김 교사는 쉬는 시간에도 쉬지 못하고 컴퓨터 앞에 앉아 여러 가지 학생들에 관한 자료를 작성하고 있었다. 그런데 11명의 학생 자료를 작성하다 보니 문득 이상하다는 생각이 들었다. 반 학생은 11명인데 교실에는 계속 10명의 학생만 있었다. 그렇다. 희연이가 없었다. 그래서 김 교사는 수업을 마치고 박 교사가 있는 특수학급으로 찾아갔다.

"박 선생님, 희연이는 어떻게 지내나요?"

박 교사는 김 교사가 올 것을 알고 있었다는 듯이 희연이에 관해 이야기해 주었다.

"희연이는 전일제 학생이라 특수학급에서 계속 수업을 받게 돼요. 그래서 가끔 전일제 학생이 소속된 학급 담임선생님들께서 전일제 학생에 대해서 깜박하시는 경우들이 있으시더라고요. 개학 전에 희연이에 관해 선생님께 말씀드린 것도 이 때문이고요. 가정통신문이나 여러 가지 조사해야 하는 것들은 특수학급으로 보내주시면 조사해서 다시 보내드릴게요."

그 이야기를 듣고 김 교사는 되물었다.

"그럼 저는 어떻게 하면 되죠?"

"희연이가 선생님 반이라는 것만 잊지 않으시면 돼요."

김 교사는 조금 혼란스러웠다. 희연이는 자기 반 학생인데 자기 반 교실에는 오지 않으며, 박 교사와 항상 함께였다. 하지만 희연이는 6학년 1반이고 6학년 1반 담임교사는 김 교사였다.

그때 김 교사는 자신이 처음으로 특수교육대상학생의 담임이 되었던 초임 교사 때가 문득 떠올랐다. 성철이라는 지적장애가 있는 학생이 김 교사의 반이었다. 당시에는 그 학교에 특수학급이 없었고, 특수교사도 없었다. 그래서 교육지원청 특수교육지원센터에서 순회 특수교육 강사가 일주일에 한 번씩 성철이를 만나러 왔었다. 그때도 김 교사는 성철이를 어떻게 가르칠지 고민이 많았었다. 국어 시간에는 국어책을 쓰게 하며 한글을 가르쳤고, 수학 시간에는 구구단이라도 외워야 하지 않겠냐며 구구단을 가르쳤다. 사실 일주일에 한 번씩 성철이를 만나러 오는 특수교육 순회 강사보다 담임인 김 교사 자신이 성철이에 대해 잘 안다고 생각하고, 성철이에게 더 도움이 될 것이라고 자부했다. 순회 강사가 오면 성철이는 6학년 교실을 떠나 특별실에서 3시간 정도 순회 강사와 공부를 하다 왔었다. 그러나 김 교사는 그때 무엇을 공부하고 오는지에 대해서 크게 신경 쓰지 않았었다. 왜냐하면 성철이는 언제나 김 교사의 반에 있었고 김 교사의 수업을 들으며 함께 생활했기 때문이다.

성철이와 다르게 희연이는 특수학급에 있고, 박 교사 수업에 참여하며, 하루를 박 교사와 함께 생활한다. 그래서 김 교사는 성철이를 가르칠 때와는 달리 희연이에게 어떻게 수업해야 할지 무엇을 가르쳐야 할지 아무것도 결정할 수 없었다. 희연이가 김 교사 학급의 학생이지만 박 교사의 말대로 김 교사의 학생인지 잊어버릴 수도 있을 만큼 성철이와는 확연히 다른 상황이었다. 그러나 중요한 것은 희연이도 김 교사 학급의 학생이라는 것이었다. 그래서 김 교사는 자신이 할 수 있는 작은 일이라도 해보자고 결심했다.

매일 2교시가 끝나면 김 교사는 희연이가 있는 특수학급으로 갔다. 그리고는 항상 같은 자리에 앉아 있는 희연이를 보고 같은 말을 건넸다.

"희연아! 안녕! 너도 선생님에게 인사해야지."

"으…."

김 교사는 희연이와 악수를 한 후 박 교사에게 희연이 컨디션에 관해 물었다. 거기까지였다. 하지만 매일 했다. 처음에는 희연이도 별 반응이 없다가 시간이 지나면서 김 교사의 손을 잡고 자신의 코에 가져다 대기 시작했다. 애국 조회와 같이 전교생이 만나는 시간에는 김 교사가 희연이 옆에 가서 손을 잡고 서 있기도 했고, 희연이가 행사 중에 소리를 지르고 뛰어다니면 김 교사가 희연이를 잡으러 다니기도 했다. 이러면서 한 학기가 지났다.

2학기가 되자 김 교사는 좀 더 희연이와 가까워질 기회를 만들었다. 언제나처럼 김 교사는 희연이를 만나기 위해 2교시를 마치고 특수학급으로 내려가서 박 교사에게 물었다.

"박 선생님, 요즘에도 희연이는 종일 교실에 있나요?"

"네, 점심 식사 후에 잠깐 운동장 산책하는 것 빼고는 대부분 교실에 있어요. 혼자 이동하기가 어려우니까요."

"그렇다면 희연이한테 수업 시간에 6학년 교실로 함께 활동하러 오라고 해도 되나요?"

"네, 너무 좋죠."

"그러면 제가 일주일에 한두 번씩 예체능 교과와 같은 시간에 희연이와 함께할 수 있는 활동이 있으면 학습 활동 계획안을 보내드릴게요."

"네, 희연이가 정말 좋아하겠네요. 제가 다른 학생 수업이 있으면 특수교육실무사님과 함께 올라갈 수 있도록 말씀드릴게요."

이때부터 김 교사는 일주일에 한두 시간씩 희연이와 함께 할 수 있는 활동을 생각했다. 가끔 희연이가 교실에 올라와서 함께 수업에 참여하기 시작하니 6학년 1반에 있는 학생들도 미술이나 체육과 같은 수업 시간에는 희연이를 찾기도 했다. 어떨 때는 여학생 몇 명이 점심 식사 후에 산책하는 희연이와 함께 운동장을 걷기도 했다. 물론, 희연이는 6학년 1반 교실에 올라와서 수업을 받는 것에서 학업적 성장을 이뤄내기는 어려운 학생이었다. 하지만 김 교사는 희연이가 특수학급에 온종일 혼자 있는 것보다 친구들을 만나본다는 것 자체만으로도 의미가 있으리라 생각했다. 희연이는 주어진 도화지에 간단한 색칠을 하거나 만들기를 하더라도 거의 특수교육실무사의 도움이 필요했다. 그때마다 김 교사는 잘한다는 피상적인 칭찬밖에 할 수 있는 것이 없었다.

이렇게 시간이 지나고 희연이를 포함한 6학년 학생들이 졸업할 시기가 되었다. 졸업앨범 촬영과 중학교 입학 원서 작성, 졸업식 준비 등 희연이와 관련된 일에는 박 교사의 도움이 필요했지만 대부분의 일이 김 교사의 손에서 마무리되고 있었다.

얼마 후, 모든 사람의 축하 속에 졸업식이 끝났다. 졸업생들은 저마다 사진 촬영에 여념이 없었고, 김 교사도 학부모들과 덕담을 주고받은 후 체육관을 나가려 할 때였다. 저 멀리 희연이의 손을 잡은 박 교사의 모

습이 보였다.

'아, 박 선생님이 일 년 동안 희연이를 가르치느라 고생이 많았겠구나!'

졸업식 내내 모든 축하와 격려는 김 교사가 독차지하고 있었음을 깨닫는 순간, 김 교사는 박 교사에게 미안해졌다. 그래서 김 교사는 자신이 받은 꽃다발 중 하나를 박 교사에게 건넸다.

"고생했어요. 일 년 동안…."

이렇게 모든 졸업 행사를 마치고 남은 업무를 처리하기 위해 김 교사는 다시 책상에 앉았다. 학생들의 졸업 대장을 출력하여 서명하고, 학생들의 학교생활기록부를 출력했다. 졸업 대장에 희연이가 있었고, 담임교사인 김 교사가 서명했으며, 희연이의 생활기록부에도 담임교사는 김 교사로 적혀 있었다. 마지막 서류를 정리하면서 김 교사는 이렇게 생각했다.

'희연이에게 더 신경 쓰지 못해 미안하다.'

김 교사의 희연이에 대한 아쉬움을 알아챈 그 누군가가 말했었다. 희연이는 특수교육대상학생이고, 특수학급에 소속되어 있었으며, 특수교사가 지도하는데, 김 교사가 날마다 가서 인사하고, 통합학급에 불러 친구들과 한 번씩 함께할 수 있도록 했으면 할 만큼 했다고 말이다. 그러나 김 교사는 나름대로 노력은 했지만 다른 일반학생을 위해 수업 준비를 했던 것만큼은 아니더라도 희연이에 대해 더 고민했어야 했다고 후회한다. 왜냐하면, 김 교사 반 전체 학생 중 한 명이니까.

이렇게 김 교사의 행복초 1년 차는 아쉬움으로 끝이 났다.

2. 위 교사, 특별한 학생과 만나다

학습은 항상 뒷전이었다. 일반학생들을 가르치기도 버거웠고, 특수교육대상학생들에게 학습보다는 기본 생활 습관만 잘 형성되도록 지도하면 된다고 생각했기 때문이었다. '어떻게 해야 할까? 앞으로 어떻게?'

위 교사의 행복초등학교 2년 차

위 교사는 특수교육대상학생과 인연이 많다. 교사가 되어 담임을 맡은 후로 매년 특수교육대상학생과 만났기 때문이다. 그래서일까? 위 교사는 특수교육대상학생 지도에 대한 자부심이 있었다. 매년 특수교육대상학생을 만났고 눈에 띄는 성과는 아니었지만 일반학생들에게 특수교육대상학생에 대한 부정적인 인식을 없애주려 노력했으며, 1년이 지나면 특수교육대상학생과 일반학생이 자연스럽게 함께 이야기하고 활동하는 분위기를 만들었기 때문이다.

행복초 2년 차 2월, 담임이 발표되는 날이었다. 담임이 발표되기 전 선생님들은 자기가 맡고 싶은 희망 학년을 적어 제출한다. 위 교사도 자신이 어떤 학급을 맡고 싶은지 고민하며 조금이나마 학생들을 관찰해 보았다. 그래서 위 교사가 희망한 학년은 3학년. 이 학생들이라면 자신이 생각하는 교육관을 펼치며 잘 생활할 수 있겠다 싶었다. 물론 다른 학년의 학급을 맡아도 최선을 다하면 된다고 생각하는 그였기에 크게 의미를 두진 않았지만, 그래도 기왕 희망 학년까지 제출한 김에 자신이 원하는 학년을 맡고 싶었다. 그리고 시간이 지나 교감 선생님이 학급담임을 발표했다. 1학년 박○○ 선생님, 2학년 이○○ 선생님, 3학년 위! 이 순간 위 교사는 확신에 찼다. 이 학교에서 위씨 성을 가진 사람은 자신밖에 없기 때문이다. 그렇다. 위 교사는 올해 3학년 담임선생님이 된 것이다. 위 교사는 교감 선생님이 다른 학년을 발표하는 동안 온갖 생각이 들었다. 이미 교감 선생님의 말씀은 귀에 들어오지 않는다. '올해는 학급자치 시간을 많이 가져봐야겠다.', '올해는 학급 학생들과 무엇을 하면 좋을까?' 등 많은 생각을 하며 학년 발표 시간은 끝이 났다.

3학년 담임이 된 위 교사. 할 일이 많다. 모든 선생님이 학기가 시작되기 전, 마치 전쟁에서 승리하기 위해 고민하는 군인들처럼 어떻게 하면 학생들을 한 발짝 더 진보시킬 수 있을지 고민과 고민을 거듭하며 지낸다. 개학을 앞두고 짧게는 1주일, 길게는 2주일을 앞두고 담임선생님이 발표되기 때문에 학급교육과정을 수립하는 시간은 빠듯하고, 정말 치열하게 개학 전까지의 시간을 보내야만 했다. 벌써 6년째인데, 위 교사는 아직도 적응되지 않는다. 1년 중 가장 치열하고 힘든 시간이다. 하지만 학급교육과정을 수립하는 것은 1년 동안 학생들과 함께 하는 활동을 고민하는 일이기에 가장 가슴 뛰는 순간이기도 하다.

학급교육과정은 정말 많은 것들이 포함된다. 교사의 교육관, 학생들의 실태, 학생들의 수준과 교과 성취기준을 바탕으로 한 프로젝트 학습, 현장체험학습, 교과 운영, 교과 재구성, 학교 행사 등 여러 가지를 계획하게 된다. 이것저것 계획하려면 머리도 아프고 시간이 부족하지만 위 교사는 먼저 국가수준 교육과정을 분석해야 했다. 제시된 성취기준을 바탕으로 학생들과 일 년 동안 어떤 활동을 하면 좋을지 고민하게 되는 것이다. 하지만 학생들에 대해서도 알아야 했다. 학생들의 장점, 학습 수준, 생활적인 면 등 많은 것을 알아야 학급교육과정을 작성할 수 있다. 올해 3학년 학생들에 대해 이전에 조금이나마 관찰하긴 했지만, 막상 교육과정을 수립하기 위해 자리에 앉고 보니 도무지 정리되지도 않고 아는 것이 정말 없었다. 위 교사의 입에서 절로 한숨이 나왔다.

"휴…."

땅이 꺼질 것만 같은 한숨 속에서 절망감이 다가온다.

'내가 아는 것이 정말 없구나. 그러면서 난 왜 3학년을 선택했지?'라고 생각하며 어떻게 학생들에 대한 정보를 알 수 있을지 고민했다. 고민 끝에 위 교사는 작년 담임선생님과 이야기를 나누어보기로 마음먹었다. 작년 1년 동안 학생들을 가르쳤던 선생님이라면 많은 정보를 알고 있으리라 생각했기 때문이었다. 위 교사는 자신의 가방을 뒤적이며 휴대전화를 찾아 작년 2학년 담임이었던 소 교사에게 전화를 걸었다. 소 교사는 올해 전출하여 다른 학교에서 근무한다.

뚜루루루루루. 몇 번 신호가 가지도 않았는데 익숙한 목소리가 전해져 오자 반가운 마음이 들었다. 작년에 소 교사와 워낙 즐겁게 지냈기 때문이었다.

"소 선생님, 접니다. 잘 지내시지요? 사실 고민거리가 있어서 연락드렸어요."

"네, 선생님. 잘 지내시지요? 뭐가 그렇게 고민이에요?"

"네, 잘 지냅니다. 제가 작년에 선생님이 맡으셨던 학년을 맡게 되었어요. 선생님과 함께한 학생들인 만큼 학생들과 더 잘 지내고 싶은데,

제가 학생들에 대해 아는 게 별로 없더라고요. 그래서 선생님께 조언 좀 들어볼까 하여 이렇게 연락드렸습니다. 학급교육과정 수립하시느라 바쁘실 텐데, 이렇게 연락드려서 죄송합니다."

"아! 선생님이 올해 3학년이에요? 와! 우리 학생들은 좋겠다. 선생님 같은 담임선생님을 만나서요. 그리고 선생님과 이야기할 정도의 시간은 있어요. 무엇이 궁금해요?"

"지금 3학년 학생들의 장점, 학습 수준, 생활 태도 등 다 궁금합니다. 이야기가 좀 길어질 수도 있는데 괜찮으세요?"

"아이, 괜찮아요. 그럼 어디 한번 이야기해 볼까요?"

위 교사와 소 교사의 이야기는 30분을 훌쩍 넘겼다. 시골 학교에서는 많은 수인 13명의 학생에 대해 한 명 한 명 이야기하려니 이야기가 길어진 것이다. 위 교사는 한 마디라도 놓칠까 싶어 될 수 있으면 자세하게 메모를 했다. 소 교사의 이야기는 위 교사가 학생들을 만나 겪어보기 전까지, 학급교육과정의 초고를 완성할 때까지 소중한 정보들이기 때문이었다.

"주절주절 떠들다 보니 시간이 벌써 이렇게 되어버렸네요. 어때요? 도움 좀 됐어요?"

"네, 선생님. 많은 도움이 되었습니다. 너무너무 감사해요."

"도움이 되었다니 다행이에요. 언제든지 궁금한 것 있으면 연락해요."

"네, 선생님. 항상 건강 잘 챙기세요."

이렇게 통화는 끝이 났다. 위 교사는 통화가 끝난 후에 한참 동안 메모를 읽고 또 읽었다. 그러면서 한 학생의 특성을 기록한 메모에서 눈이 멈췄다. 그리고는 소 교사와 나누었던 통화 내용을 떠올렸다.

[담희의 지난해 담임이었던 소 교사가 담희에 관해 이야기한 내용]

그다음 학생은…. 아! 담희. 자폐성 장애를 가지고 있는 학생이에요. 초기에 공부는 하지 않고, 교실을 돌아다녔어요. 수업 시간에 책상 앞에 앉아서 친구들과 같이 공부해야 한다는 것을 몰랐던 것 같아요. 공부하는데 갑자기 일어나서 춤추고 바닥에 누워 있기도 하고, 못 하게 하면 소리 지르고 울었어요. 자기가 하고 싶은 게 있는데 못 하게 하면 그렇게 했던 것 같아요. 친구들하고도 몇 번 다툼이 있었어요. 예를 들어, 통합수업을 하다 다른 친구들과 짝을 지어주면 담희가 다른 행동을 할 때가 있어요. 그럼 친구들이 '담희야. 이거 해보자!'라고 하면 친구들을 때려버렸어요. 자기가 싫어하는 것을 시켜서 그랬을까요? 그래서 친구 얼굴에 상처가 나기도 했고요. 아, 참! 담희가 학교 밖을 나간 적도 있어요. 쉬는 시간이었는데 학교가 너무 답답했나 봐요. 그래서 학교의 온 선생님들이 담희를 찾으러 다녔던 적도 있어요. 선생님도 올해 그 점은 꼭 기억해 두어야 할 것 같아요. 이런저런 일이 있고 나니까 1년이 정말 빨리 지나가더라고요. 최선을 다했는데, 참 어렵더라고요.

자폐성 장애가 있는 담희와 위 교사는 1년이라는 시간을 함께하게 된 것이다.

소 교사와의 통화 이후 위 교사는 여러 가지를 생각했다. '어떻게 하면 담희와 성공적인 한 해를 보낼 수 있을까?' 위 교사는 한참 동안 의자에 기대어 교실 천장을 바라보며 고민했다. 나름대로 특수교육대상학생 지도에 자부심이 있었던지라 올해는 더욱 잘해보고 싶었기 때문이었다. 잠시 생각을 마친 위 교사는 교과서와 지도서를 보며, 성취기준을 바탕으로 학급교육과정을 수립하기 시작했다.

얼마나 지났을까, 교실 문밖에서 똑똑 하고 누군가 노크를 한다. 특수교사인 박 교사였다.

"선생님, 안녕하세요. 올해 3학년 맡으신다고 들었어요."

"네, 박 선생님. 올해는 3학년이네요. 허허. 어쩐 일로 오셨어요?"

"지나가다가 인사하려고 들렀어요. 호호."

"박 선생님, 안 그래도 선생님을 찾아뵐까 하고 있었어요."

"왜요? 무슨 일 있어요?"

"다름이 아니라 올해 담희라는 학생에 대해 자세하게 알고 싶어서요. 방금 소 선생님하고 통화는 했는데 더 자세하게 알고 싶어요. 지금 제가 알고 있는 내용은 담희가 자폐성 장애를 가지고 있다는 것과 작년에 친구들과 약간의 마찰이 있었다는 것 정도예요."

"그러셨구나. 맞아요. 담희는 자폐성 장애 학생이에요. 작년에 2학년 학생들이 저에게 가끔 찾아와서 담희의 행동에 대한 불만을 토로했던 적이 있었기 때문에 친구들과 약간의 마찰이 있었다는 것도 알고 있어요. 대부분 이야기를 들어보면 담희가 자신을 때렸다거나, 밀쳤다거나, 물건을 가져갔다는 내용이었지요. 그래서 친구들도 담희와 사이가 많이 멀어졌던 것 같아요."

"그랬어요? 아이고, 그런 일이 있었구나. 그렇게 자세히는 몰랐어요."

"네, 그래서 저도 담희가 친구들과 사이좋게 지낼 수 있도록 노력했던 것 같아요."

"그랬구나. 박 선생님도 작년에 고생이 많으셨겠네요. 저도 담희와 친구들이 사이좋게 지낼 수 있도록 생각을 해보아야겠습니다. 그런데 박 선생님, 담희의 학습 태도도 궁금한데 알려주실 수 있을까요?"

"그럼요. 작년 초에 담희와 공부할 때면 자리에 오랫동안 앉아 있지 못했어요. 난감했지요. 일단 앉아 있어야 무엇을 가르칠 수 있을 텐데 그렇지 못했던 거예요. 그래서 먼저 '기본 학습 습관부터 키우자'라는 목표를 세워 처음에는 집중해서 10분 수업 듣기, 그리고 점차 집중하는 시간을 늘려가기로 계획을 세웠어요. 한글 공부나 글씨 쓰기 연습도 지속해서 진행했고요."

"와. 정말 고생이 많으셨겠네요. 저도 통합학급에서 수업을 하다 보면 박 선생님께서 말씀해 주신 것처럼 기본 학습 습관이 형성되지 않은 특수교육대상학생들이 있어서 힘들었던 적이 많았거든요."

"정말 이해해요. 통합학급 선생님들도 답답했을 거예요."

"네, 맞아요. 그래서 담희는 어떻게 변해갔나요?"

"그렇게 계속해서 연습하다 보니까 2학기부터는 자리에 앉아 그림을 보면서 단어를 읽기 시작했고, 점차 'ㄱ', 'ㄴ'을 알기 시작했어요. 글자도 보고 따라 쓰고요. 너무 기특하더라고요."

"정말 기특하네요. 1학년 선생님도 그렇고, 2학년 선생님도 그렇고, 여기 계신 박 선생님도 그렇고, 모두 정말 고생이 많으셨네요."

"아니에요. 저희가 해야 하는 일인걸요. 제가 드릴 말씀은 이 정도인 것 같아요. 혹시 더 궁금한 것이 있으면 언제든지 물어봐 주세요."

"제가 담희를 이해하는 데 많은 도움이 되었습니다. 감사해요."

"그럼 수고하세요."

"네, 선생님도 수고하세요."

박 교사가 간 뒤 위 교사는 다시 의자에 기대어 교실 천장을 바라보았다. 자폐 성향이 있는 학생인 담희. 위 교사의 머릿속은 다시 엉킨 실타래처럼 어지러워졌다. 어떻게 학급교육과정을 편성해야 할까.

고민이 쌓이고 풀리는 것이 반복되는 동안 시간은 어느덧 개학 첫날로 향해가고 있었다.

밝은 햇볕이 내리쬐는 3월 2일의 아침, 오늘은 처음으로 학생들과 만나는 날이다. 그 어느 때보다도 학생들과 잘 지내기 위해 많은 준비를 해온 위 교사였다. 주어진 시간이 많지는 않았지만, 성취기준을 중심으로 재구성도 해보고, 프로젝트도 구성하여 장밋빛 행복초 2년 차를 그리고 있었다.

위 교사는 교무실에서 다른 교사들과 개학식을 준비했다. 시간이 지나 9시가 되었고 개학식이 시작되었다. 학생들이 학년별로 줄을 맞추어서 있었고, 위 교사도 학생들의 설렘을 지켜주기 위해 3학년 담임인 것을 숨기고 이 학년 저 학년 학생들의 반응을 관찰하며 돌아다녔다. 아무래도 3학년 학생들에게 더 많이 눈길이 갔다. 그러다 3학년 맨 뒷자리에 특수교사인 박 교사와 함께 있는 담희를 발견했다. 다른 학생들이 차려 자세로 줄을 맞추어 서 있는 반면, 들었던 것과 같이 담희는 자유롭게 이리저리 움직이고 있었다. 위 교사는 담희에게 다가갔다.

"담희야, 안녕?"

그러자 담희는 들은 척도 하지 않고, 다른 곳을 바라보았다. 그러자 박 교사는 담희에게 말했다.

"담희야, 선생님께 인사해야지. 안녕하세요."

하지만 담희는 싫은지 박 교사의 손을 뿌리치고 체육관 맨 뒤쪽 문으로 달려가 버렸다. 이렇게 위 교사와 담희의 첫 만남이 이뤄졌다.

담임교사 발표 시간이 끝나고, 개학식도 끝이 났다. 이제부터 진짜 3학년 담임으로서 활동이 시작된 것이다.

위 교사는 크게 말했다.

"3학년! 줄 맞추고, 뛰지 않고 천천히 교실로 이동합시다."

자신의 앞으로 학생들을 줄 세운 뒤, 학생들에게 교실로 이동하자는 손짓을 했다. 그리고 맨 뒤에서 박 교사와 함께 서 있던 담희를 보았다. 위 교사는 용기를 내어 박 교사에게 다가가 자신이 인솔할 테니 담희를 맡겨달라고 했다. 담희는 기분이 풀렸는지 이번에는 위 교사의 말을 잘 따라주었다. 위 교사는 담희와 함께 3학년 교실로 향했다.

3학년 교실에 도착해서 위 교사는 미리 구상해 둔 대로 학생 자리 배치부터 시작했다. 자리 배치는 제비뽑기로 진행되었다. 위 교사는 칠판에 책상의 위치를 그리고, 미리 준비한 제비뽑기를 학생들에게 보여주었다. 학생들은 여기저기서 자신이 앉고 싶은 자리에 관해 이야기하고 있었다. 위 교사는 학생들을 향해 "조용히 하고 선생님 말에 집중해 주세요."라고 이야기하며 학생들의 자리 배치를 했다. 자리 배치가 완료된 후, 위 교사는 자신을 소개하는 시간을 가졌다. 그리고 질문이 있으면 질문해 달라고 학생들에게 이야기했다. 이에 학생들은 어떤 질문을 할지 서로 이야기하기 시작했다.

그 순간, 갑자기 교실이 어두워졌다. 담희가 교실 전등 스위치를 모두 꺼버린 것이다. 이제 막 10시가 지난 시간이었기 때문에 교실이 그렇게 어둡지는 않았지만, 너무나도 당연하게 켜 있는 전등을 꺼버렸기 때문에 위 교사는 당황했다. 그래도 위 교사는 상냥하게 담희에게 말했다.

"담희야, 다시 불 켜주세요."

이 말을 들은 담희는 교실 전등을 다시 켜리라는 위 교사의 생각과는 달리 위 교사의 말을 듣는 둥 마는 둥 하며 교실 구석구석과 친구들을 바라보았다.

"담희야, 네가 불을 껐으니 다시 켜줄래?"

위 교사가 다시 다정하게 말을 걸어보았지만 담희는 미동도 하지 않았다. 위 교사는 할 수 없이 자신이 스위치가 있는 교실 뒤쪽으로 가서

전등을 켰고, 앞으로 나오면서 학생들에게 이야기했다.

"자, 선생님에게 궁금한 점 있으면 다시 질문해 주세요."

말이 끝나기가 무섭게 교실의 전등이 다시 꺼졌다. 담희가 또 불을 꺼버린 것이다. 그리고는 담희는 마음이 편하다는 듯 자신의 자리에 가서 앉아 창밖을 바라보기 시작했다. 위 교사에게는 큰 고민거리를 던져둔 채로 말이다.

이렇게 정신없는 개학 첫날이 지나갔다. 학생들이 집으로 돌아가고 위 교사는 의자에 기대어 다시 교실 천장을 바라봤다.

'어떻게 해야 할 것인가?'

막상 담희와 만나보니 고민은 더욱 커졌다. 하지만 지금까지 특수교육대상학생을 매년 만나왔던 위 교사가 아니던가. 위 교사는 크게 심호흡을 한 번 하고, 지금까지 자신이 생각해 왔던 것들을 일단은 실행해

보자고 다짐했다.

먼저 학급 학생들과 거리감 없이 생활하는 것이 먼저라고 위 교사는 생각했다. 그래서 위 교사는 자신이 과거부터 지금까지 맡아왔던 특수교육대상학생들처럼 일반학생들과 같은 규칙으로 다가가기로 했다. 하지만 담희의 반응은 무척이나 거세었다. 담희가 수업 시간에 돌아다니면 혼을 내기도 했고, 불을 끄면 불을 끄지 말라고 지도하기도 했다. 담희는 그럴 때마다 문을 찬다거나 우유를 던져버리는 등의 반응을 보였다. 쉽지 않았다. 하지만 시간이 지나면서 담희도 조금씩은 적응해 가고 있었다. 무엇보다도 박 교사를 찾아가 담희에 관해 이야기하고 일반학생들과 같은 규칙으로 대했기 때문에 효과가 나타나는 듯했다.

몇 주가 쏜살같이 지나가고 4월이 되었다. 교실에서 담희의 행동이 3월 초와 비교해 조금씩 좋아지고 있다고 위 교사는 생각했다. 이대로만 간다면 자신이 지금까지 해왔던 것처럼 특수교육대상학생이 다른 학생들과 거리감 없이 지내는 반을 만들 수 있을 것 같았다. 하지만 위 교사의 자신감은 얼마 가지 않았다.

학교에는 교과전담교사가 있다. 지난해에 6학년 담임을 했고, 희연이의 담임교사였던 김 교사가 올해는 영어와 도덕을 전담하여 가르친다. 교과전담교사의 수업 시간이 되면 학생들은 전담 교사가 있는 교실로 이동한다. 이것은 곧 학생들이 다른 선생님과 공부하는 것을 의미한다. 교과전담교사의 수업 시간 동안 일반적으로 담임교사들은 밀린 공문을 처리하거나 다음 수업을 준비한다.

4교시가 김 교사의 수업 시간이었기에 위 교사는 빈 교실에서 다음 수업을 준비하고 있었다. 하지만 키보드만 몇 번 두드렸을 뿐인데 영어

전담 시간이 끝나고 금세 학생들이 다시 교실로 돌아왔다.

점심시간, 김 교사가 위 교사에게 다가왔다.

"위 선생님, 담희 수업 관련해서 이야기 좀 했으면 하는데 식사하고 시간 괜찮아요?"

위 교사가 얼른 음식을 삼키며 대답했다.

"네! 괜찮아요. 수업 시간에 무슨 일 있었나요?"

"고민이 있어서요. 그럼 식사하고 잠깐 교무실에서 만나요."

"네, 그럼 조금 있다가 뵙겠습니다."

위 교사는 식사 후 김 교사를 만나러 교무실로 향했다. 김 교사는 교무실에서 커피를 마시고 있었고, 위 교사가 인사하며 안으로 들어갔다.

"식사 맛있게 하셨습니까? 아까 말씀하려고 했던 것이 어떤 내용인가요?"

이에 김 교사가 대답했다.

"별건 아닌데. 담희가 수업 시간에 계속 누워 있고, 영어를 배우려고 하지 않아서요."

"아, 그런 일이 있었군요. 그래도 교실에서는 수업 시간에 누워 있는 빈도가 많이 줄어들었는데, 아직도 영어 수업 시간에는 그랬었나 보네요."

"네, 하지만 수업 시간에 누워 있는 것보다도 담희가 영어를 배우려고 하지 않는 것 같아 고민이 많네요. 그래도 선생님이면 무엇을 가르쳐 주고, 학생들도 배워야 할 것 같은데요."

순간, 위 교사는 멍해졌다. 매년 특수교육대상학생이 있는 반을 맡아왔고 나름대로 잘 해왔다고 생각했던 그였다. 하지만 방금 김 교사가 한 말은 충격이었다. '그래도 선생님이면 무엇을 가르쳐주고, 학생들도 배워야 할 것 같은데….'라는 말이었다. 지금까지 위 교사는 학생의 생활태도를 강조해서 지도해 왔다. 사실 학습 습관을 만들어주려고 노력을 안 한 것은 아니었다. 하지만 당장 주어진 수업 시간에 학습 목표를 달성하기 위해 목표 도달이 가능한 일반학생들을 먼저 지도하고 나면, 항상 특수교육대상학생에게는 그만큼 관심이 덜 갔고 주어진 시간도 많지 않았다. 지금까지 자신의 모습들이 주마등처럼 지나가며 위 교사 스스로 붙였던 특수교육대상학생 지도에 관한 밝고 환한 자부심이 한 줌의 재가 되어버렸다. 무엇인가 잘못되었다고 위 교사는 생각했다.

적잖은 충격이었다!

"그러네요. 미처 그 부분은 생각하지 못하고 있었던 것 같습니다. 어떻게 해야 할까요?"

"위 선생님도 답을 찾기가 어려우신 모양이네요. 같이 고민해 보시죠."

김 교사의 말이 끝나자 점심시간의 끝을 알리는 종소리가 학교에 울려 퍼졌다.

'어떻게 하면 좋을까? 혼자 생각하지 말고 좀 있다 박 선생님과 한번 이야기 해보자!'라고 생각하며 위 교사는 3학년 교실로 돌아갔다.

그날, 위 교사는 박 교사와 만나지 못했다. 박 교사가 출장이 있어 먼저 학교를 나간 탓이었다. 위 교사는 다음을 기약하며 하루를 마무리했다.

위 교사는 집에 와서 맥주 한 캔을 땄다. 평소 맥주를 좋아하는 데다 오늘처럼 충격을 받은 날은 이상하게 맥주가 더 당겼다. 시원한 맥주를 한 캔 들이키며 위 교사는 생각했다.

'무언가 잘못되었다. 너무나도 큰 실수를 저지르고 있다. 무엇일까?'

위 교사는 종이 한 장을 꺼내어 펜을 들었다. 그리고 맥주 한 모금을 마신 뒤, 자신이 지금까지 가르쳤던 학생들을 떠올려보았다.

모두 처음 만났을 때 일반학생들과 가까워지지 못했던 특수교육대상학생들이었다. 친해지지 못했고 일반학생들과 함께 생활하는 데 어려움이 있던 학생들이었다. 오히려 일반학생들은 특수교육대상학생들이 벌도 받지 않고 청소하지 않는 것들을 역차별이라고 생각하고 있었다. 하지만 위 교사는 이런 분위기를 바꾸어놓았다. 위 교사와 시간을 보내면서 학생들은 점차 하나가 되어갔고 결국에는 일반학생과 특수교육대상학생을 구분하지 않고 함께 활동하는 반으로 만들었다. 이것이 위 교사

가 가지고 있던 자부심이었다. 하지만 지금은 아니었다. 너무나도 아니었다.

'내가 지금까지 무슨 짓을 한 건가?'

위 교사는 생각했다. 학습은 항상 뒷전이었다. 일반학생들을 가르치기도 버거웠고 특수교육대상학생들에게 학습보다는 바르게 생활할 수 있는 생활 습관을 만들어주면 된다고 생각했기 때문이었다.

'어떻게 해야 할까…? 앞으로 어떻게…?'

그런 고민을 안은 채 위 교사는 잠이 들었다.

다음 날, 위 교사는 쉬는 시간에 특수학급에 내려갔다. 어제의 고민을 해결하는 데 도움이 될까 싶어서였다. 특수학급의 문을 살며시 열었다. 담희는 박 교사와 함께 공부하고 있었다.

"수박."

"수박."

박 교사의 말을 따라 하며 담희는 한글을 배우고 있었다. 차분했고, 수업에 집중하고 있었다. 교실에서는 보기 어려운 광경이었다. 물론 교실에서의 학습 습관이 많이 좋아지기는 했다. 하지만 그것은 학기 초와 비교해서 그렇다는 것이지 일반학생처럼 수업에 집중해 배우는 모습은 좀처럼 보지 못했다. 그러나 지금 담희는 바른 자세로 집중하며 학습을 하고 있었다. 지금 이 순간 담희는 학생이었다.

조용히 문을 닫고 위 교사는 잠시 숨을 골랐다. 담희에게는 미안한 마음이 들었고, 자신에게는 왜 담희도 공부할 수 있음을 인정하지 못했는지에 대해 화가 났다.

'바뀌어야 한다. 담희는 너무나 당연하게도 학생이다. 다른 학생들처럼 배워야 한다. 그런데 나는 왜 담희에게 가르치는 것에 대해서는 생각을 하지 않고 있었던 것일까? 왜 그랬을까? 귀찮아서가 아니었다. 사실은 특수교육대상학생들에게 어떤 것을 가르쳐야 한다는 생각을 깊게 하지 못하고 있었다. 이 학생들에게 어떤 것을 가르쳐준다고 알 수 있겠냐는 나의 단정 때문에 나는 그저 담희의 기본 생활 습관 형성에만 신경 쓰고 있었다. 나는 지금 무엇을 해야 할까?'

어제에 이어 위 교사의 특수교육대상학생 지도에 대한 자부심은 무너져갔다. 오만이었고 자신에게 너무 관대했다. 위 교사는 스스로 다짐하며 이제는 바뀌어야 한다고 생각했다.

위 교사는 박 교사에게 메신저로 쪽지를 보냈다. 담희에 관해 이야기를 나누고 싶었기 때문이다.

[위 교사와 박 교사의 메신저 대화 내용]

위 교사: 박 선생님, 오늘 수업 끝나고 시간 괜찮으세요? 담희에 관해 이야기를 좀 나누고 싶어서요.

박 교사: 네, 위 선생님. 오늘은 시간 괜찮아요. 그럼 좀 있다가 3시 30분쯤 뵐까요?

위 교사: 네, 저도 오늘 6교시까지 수업이 있어서요. 그 시간이 좋겠네요. 그럼 그때 뵙겠습니다.

정신없이 6교시가 끝나고 위 교사는 자신이 해야 할 일을 대충 정리했다. 그리고 박 교사와 담희에 관해 이야기하기 위해서 1층에 있는 특수학급으로 내려갔다.

박 교사가 먼저 말을 꺼냈다.

"무슨 일 있으세요?"

"사실은 제가 담희에게 잘못하고 있는 것 같아서요."

"네? 잘하고 계시잖아요. 제가 볼 때는 잘하고 계시는 것 같은데요."

"저도 그렇다고 생각하고 있었어요. 그런데 얼마 전에 김 선생님과 이야기하다가 제가 담희의 학습에 관해 많은 고민을 하지 않고 있었다는 생각이 들더라고요. 그리고 오늘 선생님과 담희가 수업하는 모습을 보면서 그런 생각이 더 깊어졌고요. 제가 어떻게 하면 좋을지 고민이 되었습니다. 그래서 선생님과 이야기 해보고 싶었어요. 제가 너무 잘못 생각하고 있었던 것 같아요. 담희도 3학년이고 수업에서 무엇을 함께 배워야 하는 학생인데요, 제가 그것을 간과하고 있었던 것 같아요. 어떻게 하면 될까요?"

"이야기 나눠보면 되지요."

"네?"

순간 위 교사는 망치로 머리를 한 대 맞은 듯했다.

'그래! 이야기 해보면 되는 거였어.'라고 생각하며 위 교사는 서둘러 박 교사에게 이야기했다.

"그럼 박 선생님, 우리 일주일에 한 번만이라도 만나서 이야기하는 시간을 가져보면 어떨까요? 혼자서만 하면 모르는 부분이 많아서요. 박 선생님께 많이 여쭤보고 싶어요. 그리고 저도 박 선생님께 학급에서 있었던 일들을 이야기해 드리고요."

"네, 저는 좋아요. 그럼 금요일 오후에 수업 끝나고 어떠세요?"

"좋습니다. 우리 같이 이야기 나누어봐요."

그리하여 박 교사와 위 교사는 매주 금요일 수업이 끝나고 잠깐씩 만나 담희의 학습 상황과 생활에 관해 이야기하고 다음 주 계획도 간단하게 공유했다. 시간도 없고 너무 바쁘다는 핑계로 특수교육대상학생을 지도하는 데 참고할 수 있는 책을 읽거나 구체적으로 도움이 될 만한 공부를 한 것은 아니었지만 그래도 함께 담희에 대해 고민한다는 생각에 즐거웠다.

위 교사의 통학학급에서의 담희에 대한 교육방식은 조금씩 바뀌어갔다. 물론 담희가 아직 한글을 다 읽지 못하기 때문에 일반교육과정[3]을 따라가기는 어려웠다. 그래서 위 교사는 박 교사와 협의하여 해당 과목에서 담희가 배웠으면 하는 단어를 교과서에서 추출하여 한글을 가르치기로 했다. 예전처럼 생활 교육에만 머무르지 않고 학습에 대해 고민하면서 수업에 임했다. 위 교사는 나름대로 뿌듯했다. 자신이 한 발자국 더 발전한 것만 같았다. 그리고 매주 박 교사와의 대화를 통해서도 자신이 발전하고 있는 것처럼 느꼈다.

어느 금요일 오후, 이날도 위 교사는 박 교사와 이야기를 나누고 있었다.

"박 선생님, 요즘 너무 감사해요. 박 선생님과 담희에 관해 이야기하면서 제 생각이 많이 바뀐 것 같아요."

"네? 생각이 많이 바뀌다니요?"

"사실은 제가 작년까지는 특수학급에 대해 크게 생각하지 않았어요. 왜냐하면, 나름대로 특수교육대상학생을 잘 지도하고 있다고 생각했거

---

3 2015 개정 특수교육 교육과정 개정 배경에서 특수교육 교육과정에 대응되는 초·중등학교 교육과정을 통상적으로 일반교육과정으로 칭하고 있어 이 책에서도 특수교육대상학생과 대응되는 일반학생의 국가수준 초등학교 교육과정을 일반교육과정으로 칭한다. 〈출처: 교육부(2015). *2015 개정 특수교육 교육과정 총론 해설서*. p.31.〉

든요. 특수교육대상학생들이 다른 친구들과 즐겁게 생활하고, 학급 규칙을 지키는 등의 변화하는 모습을 보면서 저 자신에게 너무 후한 점수를 주고 있었어요. 그래서 사실은 특수학급에 대해 깊이 생각하지 않고 있었어요. 제가 지도할 수 있다고 생각했기 때문에 특수학급에도 잘 보내지 않았고요. 완전히 특수교육과 특수교사를 무시하고 있었던 거예요. 학생들의 배울 권리는 무시한 채 제 생각만 고집하고 있었던 것이죠. 특수교육대상학생들을 지도하기 위해 특수학급이 있고 특수교사가 존재하는 것인데요. 그런데 올해 선생님과 매주 금요일에 이야기하면서 생각이 많이 바뀌었어요. 제가 특수교육에 대해 많이 모르고 있었고, 특수교육대상학생들도 잘 배울 수 있다는 것을 알게 되었어요."

"저도 선생님과 매주 이야기를 나누면서 많이 배웠는걸요. 그리고 생각이 바뀌셨다니 정말 다행이에요. 사실 저도 지금까지 매우 힘들었어요. 선생님들이 특수교사를 보조 교사 정도로밖에 생각하지 않고 있는 것처럼 느껴졌거든요. 저도 교사인데 교사로 인식되지 못하고 도우미로 인식되고 있는 현실 때문에 제 자존감이 많이 떨어진 상태였는데 선생님하고 매주 이야기하면서 제 자존감도 다시 올라가고 특수교사의 역할을 다시 생각해 보는 계기가 된 것 같아요. 감사합니다."

"다행스럽게도 서로에게 감사한 시간이었네요."

"그러게요."

하지만 위 교사는 무언가 부족함을 느끼며 생각했다.

'좀 더 공부하고 싶다. 혼자서라도 관련된 책을 사서 읽어볼까? 혼자서는 힘들 것 같은데…. 함께하면 좋겠다.'

3. 특수교사도 통합교육이 어렵다

'통합학급교사와 특수교사가 서로를 이해하고 소통하려면 어떻게 해야 할까? 또래와 같은 공간에 있는 것만으로 통합교육이라고 할 수 있을까? 모두를 위한 통합교육을 위해서 무엇을 해야 할까?'

박 교사가 행복초등학교에 근무하기 전

박 교사는 조금 특별한 학생들을 가르치는 교사이다. 박 교사는 특수교사로 첫 발령을 받아 부푼 꿈을 가지고 시작했던 그때를 잊을 수 없다. 올망졸망한 눈빛으로 자신을 바라보는 학생들을 위해서라면 신규의 패기로 무엇이든 할 수 있을 것 같았다. 대기업처럼 몇백 대 일은 아니지만, 소수의 인원을 뽑는 특수교사 임용시험에 어렵게 합격했기 때문에 소중한 학생들을 만날 수 있음에 그저 감사했고 한 학생도 포기하지 않는 특수교사가 된 것에 자부심을 느꼈다.

특수교사가 되고 박 교사가 주변 선생님들에게서 가장 많이 들었던 질문은 왜 특수교사가 되었는지였다. 사실 큰 뜻을 가지고 특수교사가 된 것은 아니었다. 하지만 특수교육을 배워가며 점점 그 매력에 빠져들었고 달라서 소중한 학생들을 위해 힘쓰는 교사라는 명찰을 달고 싶었다. 그렇지만 꿈꾸던 것만큼 특수교육의 길은 만만치 않았다. 박 교사가 행복초에 근무하기 전에 겪은 이런저런 사건들이 이를 말해주었다.

1) 학생이 사라지다

박 교사는 여느 때와 마찬가지로 학생들과 부대끼며 바쁜 일상을 보내고 있었다. 학생들과 있으면 시간이 쏜살같이 흘러간다. 특수학급 수업은 대부분 시간제 특수학급의 형태로 학기 초 통합학급 선생님들과 조정한 시간에 맞춰 여러 학년의 학생들이 특수학급으로 온다. 2교시를 알리는 종소리가 울리고 2학년 주희가 교실로 들어왔다.

"선생님, 준범이도 와요?"

"응, 준범이도 같이 2교시에 공부할 거야. 그런데 왜?"

"준범이랑 쉬는 시간에 팽이 싸움 하기로 했거든요."

주희는 준범이랑 팽이 싸움을 할 생각에 신이 났는지 즐거움을 감추지 못하고 연신 소리 내어 웃었다. 수업이 시작되었고 10분이 지났다. 준범이가 오지 않는다.

'반에서 친구들이랑 모둠 활동하고 있나?'

박 교사는 준범이가 전처럼 친구들과 모둠 활동을 하고 있어서 오지 않는다고 생각했다. 주희는 준범이가 오지 않아 팽이 싸움도 못 하고 혼자 공부하는 것이 싫었는지 수업 시간 내내 툴툴거렸다. 3교시 시작종이 울리고, 통합학급교사인 장 교사에게 전화가 왔다.

"박 선생님, 준범이 가방이 없어요. 혹시 준범이 특수학급에 있나요?"

"아니요, 2교시에 오지 않아서 통합학급에서 친구들이랑 모둠 활동하고 있는 줄 알았어요."

'통합학급에서 친구들과 신나게 공부하고 있는 줄 알았는데 준범이가 없다니!'

순간 장 교사와 박 교사는 서로 의사소통이 되지 않아 준범이가 없어졌음을 뒤늦게 알아차렸다. 구역을 나누어 다급히 학교 주변을 살폈다.

평소 준범이가 좋아하던 놀이터, 강당에도 모습이 보이질 않았다. 장 교사는 곧장 준범이가 사라졌음을 교감 선생님께 알렸고 1학년 이준범 학생을 찾는다는 방송이 학교 내에 퍼졌다. 여기저기 학교 주변을 돌아다니며 찾아보았지만 어디로 갔는지 보이지 않았다.

박 교사는 최근 준범이가 어떤 말을 했는지 떠올렸다.

'며칠 전에 준범이가 집이라는 말을 반복했는데….'

박 교사는 두근거리는 마음으로 어머니에게 전화를 걸었다.

"어머님, 지금 준범이가 보이질 않아요. 가방도 없고요. 혹시 집에 있나요?"

"정말요? 얘가 어디 갔지? 지금 제가 밖이라서요. 아침에 학교 가기 싫다고 울고불고 떼쓰긴 했는데 아빠가 집에 있으니까 한번 확인해 볼게요."

어머니도 놀랐는지 목소리가 떨렸다. 박 교사는 처음 겪는 일이라 당황스럽기도 했고 자기 이름도 제대로 말하지 못하는 준범이가 사고라도 당할까 봐 무서웠다. 다시 어머니에게서 전화가 오기까지의 시간이 길게만 느껴졌다.

따르릉. 전화벨 소리가 울렸다.

"선생님, 준범이 찾았어요. 창고에 몰래 숨어 있었어요."

박 교사는 어머니의 전화를 받고 안도의 한숨을 내쉬었다.

박 교사는 준범이가 오지 않았을 때 장 교사와 연락하지 않은 것이 후회됐다. 통합학급 주간 계획을 미리 알았거나 통합학급교사와 연락을 주고받았더라면 준범이가 없어진 것을 늦게 알아차리는 일이 없었을 것이라는 생각이 머릿속을 떠나질 않았다. 통합학급교사와 소통하는 일이 얼마나 중요한지 깨닫는 순간이었다.

2) 학생을 위한다는 것

봄볕이 내리쬐는 화창한 날이었다. 푸른 잔디밭에 학생들마다 삼삼오오 모여 운동회가 시작되기를 기다렸다. 평영이도 정문에서 운동장 쪽으로 뒤뚱거리며 걸어오고 있었다. 평영이는 프래더-윌리 증후군[4] 학생으로 자기 반 친구들보다 3배 정도 덩치가 크다.

운동장 저 멀리서 박 교사에게 급하게 할 말이 있는 듯 누군가가 숨

4 프래더-윌리 증후군(Prader-Willi syndrome)의 약 70%는 아버지로부터 전달받은 15번째 염색체 장완 부분이 미세하게 결손되어 있다. 신생아와 영아기에 근긴장 저하와 수유 곤란, 발달지연이 나타나다가 유아기부터 중증 비만이 온다.〈출처: 이지은, 문광빈, 황종희, 권은경, 김선희, 김종원, 진동규(2002). *Prader-Willi 증후군의 임상 양상 및 유전학적 진단에 관한 고찰*. 소아과, 45(9), 1126-1133. [재인용] 송만준, 강경숙, 김미선, 김은주, 김정효, 김현진, 이경순, 이금진, 이정은, 정귀순(2019). *지적장애아교육(2판)*. 서울: 학지사. p.88.〉

차게 뛰어왔다. 평영이네 반 통합학급교사였다.

"박 선생님, 평영이는 체중이 많이 나가니까 잘못하면 뛰다가 넘어져서 크게 다칠 수도 있어요. 특수학급에 가 있는 것이 좋을 것 같아요."

박 교사는 특수학급에 가 있는 게 낫지 않겠냐는 통합학급교사의 말에 당황했다.

'신나는 운동회 날, 평영이 혼자 특수학급에 있는다고?'

운동회도 건강한 심신을 기르기 위한 교육 활동의 하나인 만큼 평영이가 친구들과 함께 있으면 좋겠다는 생각이 들었다.

"선생님! 그래도 운동회인데 평영이가 몸이 무거워서 뛰는 것이 무리라면 천천히 걸어보는 건 어떨까요?"

"박 선생님, 평영이가 자기통제가 가능하다면 그렇게 해볼 수도 있겠지만 그렇지 않잖아요. 같이 할 수 있는 활동도 적고요. 평영이가 참여할 수 있다면 더할 나위 없이 좋겠지만 저도 운동회를 진행해야 하니 평영이를 계속 봐줄 수 없어요. 그러다 괜히 평영이가 다치면 곤란해져요."

박 교사도, 통합학급교사도 평영이를 위하는 마음이었지만 좀처럼 이견이 좁혀지질 않았다.

3) 햇병아리 특수교사들의 대화

모처럼 동기들이 한자리에 모였다. 동기라 해도 9명밖에 되지 않아 1년 만이지만 서로가 마치 엊그제 만난 사람들처럼 어색하지 않았다. 동기들은 그동안 나누지 못한 이야기보따리를 한 움큼씩 쏟아냈다.

"벌써 우리가 신규로 발령받은 지 2년이 넘었네요. 참 시간 빠르죠?"

"그러게요. 1년이란 시간이 공부할 땐 꽤 길었는데 일하다 보니 눈 깜짝할 새 지나갔어요."

박 교사는 그동안 동기들이 학교에서 어떻게 지냈는지 궁금했다.

"다들 그동안 어떻게 지내셨어요?"

"공부할 땐 합격만 하면 뭐든 할 수 있겠다는 마음이었는데 현장에서 직접 부딪쳐 보니 특수교사로 일한다는 게 쉽지 않아요."

박 교사가 동기의 말에 맞장구치며 말했다.

"맞아요. 각 장애 특성도 공부하고 교육과정도 배웠지만 배운 내용을 현장에서 풀어낸다는 게 쉽지 않은 것 같아요. 특히 통합교육은 더더욱 어렵다고 느껴요. 학교라는 공간이 여러 사람의 이해관계가 섞여 있는 곳이다 보니 나 혼자 열정을 가지고 학생들을 지도한다고 해서 되는 것이 아니더라고요. 통합학급 선생님과 계속 소통해야 하고요."

박 교사는 통합학급교사와 소통이 안 되어 일어난 일이 생각났는지 소통을 강조해 말했다. 박 교사의 이야기가 끝나자 옆에 앉아 있던 동기가 또다시 이야기를 이어나갔다.

"저는 가끔 제가 교사인지 보조원인지 헷갈려요. 선생님들도 저를 보조원으로 대하시는 것 같고요. 한번은 3학년 학생이 옷에 실수한 적이 있는데 통합학급 선생님께서 수업 중에 씻겨달라고 하셔서 당황했어요. 교실에 다른 학년 학생들도 공부하고 있어서 난감하더라고요. 그리고 교과 지도보다는 생활지도 측면에서만 지원을 요구하시는 것 같아요."

"저도 그런 일을 겪은 적이 있어요. 제가 보조원이 된 듯하다고 선배에게 전화해서 하소연했더니 통합학급 선생님도 특수교사가 어떤 일을 하는지, 특수학급이 왜 있는지, 특수학급에서 학생들이 무엇을 하는지 잘 몰라서 그러실 수도 있다고 하셨어요. 그래서 통합학급 선생님들께 그런 것들을 자세히 알려드려야 한다고요."

"어휴, 저는 통합학급 선생님이 '특수교사는 학생 몇 명만 데려다 놓고 수업하면 되고. 나도 특수교사 하고 싶다.'라고 하는 이야기를 들었어요. 학생 몇 명이지만 여러 학년의 교육과정을 들춰보며 개별 학생마다 필요한 수업 자료를 준비하느라 너무 벅찬데 그 앞에서 아무 말도 하지 못하고 교무실을 나왔어요."

박 교사는 같은 특수교사로서 자기만의 색깔을 뽐내는 학생들을 한 명 한 명 지도하는 것이 얼마나 힘든 일인지 알기에 동기의 한숨과 힘듦이 그대로 전해졌다.

"체험학습은 어떻게 지원하세요? 제가 몸이 둘도 아니고 여러 학년에서 체험학습을 지원해 달라고 하면 곤란할 때가 있어서요. 심지어 체험학습 장소도 다르고요. 특수교육실무사님이 계시면 나눠서 지원할 텐데 우리 학교는 안 계셔요. 제가 체험학습 지원을 가면 학교에 남은 학생들은 통합학급에서 수업을 받게 되는데 이것도 마음에 걸리고요. 체험학습도 수업의 연장선이니 어느 하나 중요하지 않은 게 없더라고요."

"저는 그래서 학기 초에 통합학급 선생님들과 협의하여 지원 대상 우선순위를 정하고 양해를 구했어요. 그리고 제가 체험학습 지원을 가게 되면 남아 있는 학생들이 통합학급 수업에 참여할 수 있도록 교수·학습 자료를 제공했어요."

서로 이야기를 하다 보니 다들 비슷한 경험을 가지고 있었다. 통합학급교사와 잘 지내고 싶지만 소통의 부재에서 오는 답답함과 일반교사들 사이에서 특수교사로서의 역할 혼란, 통합교육의 현실에 대한 고민으로 가득 차 있었다. 차라리 특수학급 전일제로 반을 운영하고 싶다는 교사, 특수교육이 이렇게 어려운 건 줄 알았으면 특수교사가 되지 않았을 것이라며 회의를 느끼는 교사도 있었다. 박 교사와 동기들은 저녁때가 넘은 줄도 모르고 배고픔을 잊은 채 이야기를 이어갔다.

박 교사는 현장에서 실제 겪고 있는 고민을 동기들과 나눌 수 있어 위안이 되었지만 여전히 마음 한편이 무거웠다. 박 교사는 동기들과 헤어지고 집으로 돌아가는 길에 모임에서 나누었던 대화를 곱씹으며 생각했다.

'통합학급교사와 특수교사가 서로를 이해하고 소통하려면 어떻게 해야 할까?'

'또래와 같은 공간에 있는 것만으로 통합교육이라고 할 수 있을까?'

'모두를 위한 통합교육을 위해서 무엇을 해야 할까?'

귀가 닳도록 들었던 통합교육이 이상적인 이론으로밖에 와닿지 않았다. 특수학급이 특수교육대상학생의 통합교육을 지원하기 위해 있다고는 하지만 어떻게 통합교육을 끌어내야 할지 막막했다.

4. 통합교육에 한 걸음 다가가다

위 교사와 함께 이야기하는 시간이 길어지니 박 교사도 자연스레 통합학급에서 담희에게 필요한 부분이 무엇인지, 어떻게 지원하면 좋은지 더 자세히 보였다. 담희도 두 교사가 이야기한 시간만큼이나 부쩍 성장하고 있는 듯했다.

박 교사의 행복초등학교 1년 차

그렇게 박 교사는 통합교육에 대한 고민을 안고 새로운 학교로 발령이 났다. 발령이 나자마자 박 교사는 현재 그곳에서 근무하고 있는 특수교사에게 전화를 걸었다. 앞으로 맡게 될 특수학급 상황이 궁금해서였다.

"선생님 안녕하세요. 이번에 선생님께서 근무하고 계신 학교로 전입하게 된 특수교사입니다."

박 교사는 행복초 특수교사인 양 교사에게 자신을 간단히 소개했다.

"선생님, 안 그래도 인사 공고 보고 누군지 궁금했어요. 박 선생님, 반가워요."

양 교사는 한껏 들뜬 목소리로 박 교사를 반겨주었다.

"다름이 아니고 행복초 특수학급 상황을 전혀 모르고 있어서 궁금해서 연락드렸어요."

"아, 그렇군요. 그러면 시간 되실 때 학교에 한 번 오셔요. 차근차근

이야기해 드릴게요. 이렇게 전화로 이야기하는 것보다 직접 학생들 얼굴도 한번 보고 이야기하는 것이 좋을 것 같아요. 혹시 내일 2시에 시간 괜찮으세요?"

"시간이 좀 빠듯할 것 같긴 한데…. 맞춰서 가보겠습니다. 바쁘실 텐데 이렇게 시간 내주셔서 감사해요."

"아휴, 별말씀을요. 그럼 내일 2시에 뵈어요."

만나서 특수학급 상황을 일일이 전달해 주는 것이 귀찮을 법도 한데 양 교사는 개의치 않고 기꺼이 박 교사에게 시간을 내어주었다.

다음 날 박 교사는 수업을 마치고 행복초등학교로 가기 위해 서둘러 가방을 챙겼다. 학기가 끝나가는 2월이라 그런지 시끌벅적 학교 분위기가 어수선했다. 박 교사는 새로운 학생들을 만날 것에 대한 설렘과 기대를 가득 안고 행복초등학교에 도착했다. 저 멀리서 누군가가 박 교사를 향해 손을 흔들었다.

"박 선생님, 여기예요. 학교까지 찾아오느라 고생 많으셨어요."

양 교사는 혹시라도 박 교사가 교실을 못 찾고 헤맬까 봐 도착할 즈음 중앙 현관 앞에 나와 있었다. 박 교사는 새로 근무하게 될 학교가 낯설게 느껴졌지만 양 교사의 친절한 안내에 금방 긴장이 풀렸다.

특수학급은 1층 복도 중간쯤 교장실 옆쪽에 있는 합판으로 나눈 반 칸짜리 교실이었다. 교실 문을 열고 들어서자 짓궂게 생긴 학생 한 명이 앉아 있었다.

"박 선생님, 얘가 희연이에요."

희연이는 박 교사를 유심히 쳐다보더니 박 교사의 팔을 자기 코에 가져다 대고 킁킁 냄새를 맡았다. 그러고는 손을 꽉 잡았다.

"희연이가 박 선생님이 오니까 좋은가 봐요. 희연이는 5학년이에요.

참 밝은 학생이에요. 몸도 재빨라서 달리기도 잘한답니다.”

“희연아, 안녕?”

박 교사는 희연이와 눈을 맞추며 인사했다.

“선생님도 보시면 아시겠지만 희연이는 통합학급에서 수업받는 데 어려움이 있는 중증 지적장애 학생이에요. 특수학급 전일제로 대부분 시간을 특수학급에서 보내고 정규 수업 시간 이후에는 ‘특수교육대상자 교외 방과 후 교육 활동’으로 치료지원을 받고 있고요. 3시쯤 통학 보조해 주는 분이 희연이를 데리러 오는데 오늘은 조금 늦으시네요.”

“특수학급 전일제 학생이요?”

박 교사는 특수학급 전일제 학생이라는 말에 깜짝 놀랐다. 특수교육대상학생 중 특수학급 전일제 학생이 있다는 것은 알고 있었지만 그런 학생을 한 번도 만나보지 못한 터라 새로 발령받은 학교에서 이렇게 마주하게 되니 난감했다. 물론 학생의 특성에 따라 다양한 형태로 통합교육이 될 수 있겠지만 특수학급에서만 수업을 받는 희연이가 안타까웠다. 양 교사는 이런 박 교사의 마음을 읽었는지 희연이가 일반학교에 있으면서 갖게 된 긍정적인 측면들을 이야기했다.

"전일제로 특수학급에서만 수업을 받고 있어서 안타깝긴 하지만 그래도 친구들과 운동장에서 뛰어놀기도 하고 체험학습도 같이 가면서 희연이에게는 사회성을 키우는 좋은 기회가 됐어요."

"아, 그럴 수도 있겠네요. 사실 희연이가 전일제 특수학급 학생이라고 해서 좀 당황했어요. 제가 전일제 특수학급 학생을 만나게 될 것이라고는 생각도 못 했거든요."

"저도 처음 희연이를 만나고 당황했던 때가 생각나네요."

"선생님, 그러면 희연이 개별화교육계획은 어떻게 짜셨어요?"

"아, 제가 보여드릴게요. 개별화교육계획을 보면 희연이를 더 이해하기 쉬울 것 같아요."

희연이의 개별화교육계획은 일상생활 기술 습득에 중점을 둔 '생활 지원 중심 개별화교육계획'[5]으로 짜여 있었다. 박 교사는 양 교사가 세워놓은 희연이의 개별화교육계획만 보더라도 희연이의 장애 정도가 심하다는 것을 알 수 있었다. 양 교사는 한 시간 동안 행복초등학교 특수학급 현황과 학생 특성, 학습 수준 등을 박 교사에게 이야기했다.

"박 선생님, 더 궁금한 거 있으세요?"

---

5 생활 지원 중심 개별화교육계획: 교과 외에 특수교육 대상 학생의 일상생활과 장애로 인해 겪는 어려움을 지원하기 위한 개별화교육계획으로서 특수교육 관련 서비스 담당 인력에 의해 제공되는 특수교육 관련 서비스와 구분하여 교사를 중심으로 제공되는 교육 및 생활 지원을 포함한다. 〈출처: 국립특수교육원(2019). *개별화교육계획 운영 가이드북*. p.16.〉

“아니요, 선생님께서 친절하게 설명해 주셔서 학생들을 아는 데 많은 도움이 됐어요.”

“도움이 되셨다니 다행이에요. 사랑스러운 행복초등학교 학생들과 좋은 추억 만드세요.”

“네, 감사합니다.”

박 교사는 학생들을 만나기 전에 미리 마음의 준비를 할 수 있는 시간을 번 것 같아 양 교사를 만나길 참 잘했다는 생각이 들었다.

행복초등학교에서의 첫 학기가 시작되었고 박 교사가 걱정했던 것과는 달리 통합학급교사인 김 교사도 희연이에게 관심을 가지고 특수학급에 자주 찾아와 주었으며 2학기에는 미술과 체육 시간에 희연이가 통합학급에서 친구들과 함께 수업에 참여할 기회를 만들었다. 친구들도 희연이와 잠깐이나마 같은 공간에서 공부하며 희연이를 대하는 태도가 달라졌고, 6학년 때 친구들과 좋은 관계를 형성한 덕에 중학교에 가서 짝꿍 인기 1순위라는 소식도 들려왔다. 박 교사는 희연이가 졸업하고 한동안 교실이 텅 빈 듯했다. 희연이의 장난스러운 눈빛과 킁킁거리는 소리가 그리웠다.

박 교사의 행복초등학교 2년 차

박 교사는 새 학년이 시작되면 항상 하는 일이 있다. 통합학급 담임이 누구인지 확인하고 교실로 찾아가는 일이다. 학급에 특수학생이 있음을 알림과 동시에 서로 소통해 보자는 의미에서였다. 하지만 통합학급교사와 소통하는 일은 쉽지 않았다. 통합학급교사도 박 교사도 학생 지도와 밀린 공문들을 처리하기에 바빴다. 그러던 어느 날 위 교사에게서 담희에 관해 이야기를 나누고 싶다는 메시지를 받았다. 평소와 다르게 메시지가 사뭇 진지하게 느껴졌다. 박 교사는 '혹시 담희 때문에 수업에 방해가 된다고 이야기하려는 것은 아닐까?' 하는 생각에 어떤 이야기를 할지 신경이 곤두섰다.

만나기로 약속한 시각이 되었고 위 교사가 박 교사의 반으로 내려왔다. 그리고 담희 이야기를 꺼냈다. 위 교사는 지금까지 자신이 담희의 생활지도만 관심을 두고 학습은 생각하지 않은 것 같아 후회된다며 박 교사에게 고민을 털어놓았다. 그리고 담희가 통합학급에서 무엇을 공부해야 하는지 박 교사에게 물었다. 의외의 이야기였다.

'담희의 생활지도가 아니고 학습을 이야기한다고?'

박 교사의 두 눈이 휘둥그레졌다. 통합교육 측면에서 특수교육대상학생의 학습을 이야기한다는 것은 너무나도 당연한 일이었지만 대부분의 통합학급교사들은 박 교사에게 특수교육대상학생들의 생활지도를 어떻게 해야 하는지 물어보았기 때문이다. 박 교사는 위 교사가 교실로 찾아와 담희의 학습을 이야기하는 것이 내심 기뻤다.

그날 이후 위 교사와 박 교사는 일주일에 한 번씩 만나 담희의 통합학급 생활과 학습 상황을 서로 이야기했다. 처음에는 시간을 내어 이야기한다는 것이 힘들었지만 위 교사와 함께 이야기하는 시간이 길어지니 박 교사도 자연스레 통합학급에서 담희에게 필요한 부분이 무엇인지, 어떻게 지원하면 좋을지 더 자세히 보였다. 담희도 두 교사가 이야기한 시간만큼이나 부쩍 더 성장하고 있는 듯했다.

Ⅱ
통합수업 준비하기

5. 통합교육은 무엇인가?

통합교육은 장애 학생을 위한 특별한 교육이 아니라 모든 학생을 위한 교육이다.

김 교사의 행복초등학교 2년 차

요즘 김 교사는 대단히 머리가 무겁다. 김 교사는 행복초에서 2년 차가 되면서 담임교사가 아닌 영어와 도덕을 가르치는 교과전담교사로 근무하게 되었다. 작은 학교인지라 3학년부터 6학년까지 모든 영어 수업을 맡아 준비해야 하고, 일주일에 한 시간씩 있는 도덕 수업까지 생각하면 더 아찔하다. 이러한 다양한 수업 준비는 작은 학교에서 근무하는 초등교사의 현실적인 상황이고 학급을 맡은 담임교사들은 더한 준비에도 묵묵히 자기 일을 해나가고 있다. 그러나 요즘 김 교사를 괴롭히고 있는 가장 큰 고민은 바로 담희였다.

오늘도 김 교사가 수업하는 영어교실에서는 흥겨운 음악이 들린다. 김 교사는 가만히 있는 담희를 위해 많이 고민했었다. 담희가 영어 공부를 다른 친구들처럼 하기는 어려워도 영어 수업에 참여하는 시간만큼은 의미 있는 시간이 될 수 있기를 바라면서 말이다. 그래서 생각해낸 김 교사의 묘안은 바로 노래 부르며 율동하기였다.

"A is apple. B is baby⋯."

김 교사는 큰 소리로 노래를 부르면서 학생들에게 알파벳과 파닉스를 가르치고 있었다. 담희도 흥겨워 노래를 흥얼거릴 것으로 생각한 김 교사의 기대는 이미 무너져 있었다.

'담희가 왜 귀를 막고 서 있지?'

담희는 흥겨운 리듬에 맞춰 노래를 흥얼거리기는커녕 귀를 막고 고통스러운 듯한 표정으로 창밖을 응시하며 서 있었다. 다른 친구들은 즐겁게 큰 소리로 노래를 부르며 율동을 따라 하고 있었지만, 김 교사의 시선은 담희에게 향했다. 김 교사는 노래 중간마다 일부러 담희 앞에 가서 즐거워하는 표정을 지으며 담희가 이 활동에 참여하기를 독려하기도 했으나, 끝까지 담희의 손은 율동이 아닌 자신의 귀를 막는 데에만 사용되었다.

수업이 끝나고, 김 교사는 자신의 책상에 앉아 한참을 고민했다.

'위 선생님이 말하기로는 예전에 담희가 유튜브도 잘 보고, 음악도 좋아한다고 했었는데…. 왜 담희는 귀를 막고 노래 듣는 것을 거부하는 걸까?'

그렇다고 해서 음악을 끄면 수업에 열심히 참여하는 것도 아니었다. 친구들이 영어 표현 연습에 여념이 없을 때도 담희는 책상에 엎드려 있거나 창밖을 바라보고 있는 경우가 많았다.

'그래도 수업에 참여하면 뭐라도 배워 가는 것이 있어야 할 텐데….'

김 교사의 고민은 점심시간이 다 될 무렵까지 계속되었다.

점심시간에 학교 식당에서 위 교사와 마주쳤다. 위 교사에게 식사 후 교무실에서 다시 만나 이야기할 것을 약속했다. 김 교사는 식사하는 동안에도 담희와 함께하는 수업에 대한 고민으로 먹는 둥 마는 둥 했다. 식사 후 위 교사를 다시 만나 담희와 함께하는 수업에 대해 이런저런 푸념을 늘어놓았으나 위 교사도 뾰족한 해답이 있는 것은 아닌 듯했다. 서로 대답은 하지 못하고, 서로에게 질문만을 반복했다. 이러한 서로의 질문은 일반교사인 위 교사와 김 교사 모두 담희에 대해서 충분히 알지 못하거나, 담희를 가르치는 방법에 대해 충분히 모른다는 것을 스스로 드러내 보이는 것이었다. 위 교사와 김 교사는 서로의 얼굴을 쳐다본 채 멋쩍은 웃음을 지어 보였다. 점심시간이 끝났음을 알리는 종이 울렸고 김 교사는 서둘러 다시 영어실로 돌아갔다.

통합수업과 담희에 관한 풀리지 않는 의문을 가지고 김 교사는 혼자 고민하면서 힘겹게 담희와의 영어 수업을 이어가고 있었다. 무더운 여름 어느 날, 김 교사는 퇴근 후에 자주 만나던 유 선배와 저녁 식사 약속이 있었다. 유 선배는 김 교사와 이전에 같은 학교에서 근무했고 김 교사가 행복초로 학교를 옮겨서도 자주 만나는 사이였다.

"유 선배! 오랜만이에요!"

"잘 지냈어? 어째 고민이 좀 있는 얼굴이다?"

"아니에요. 선배!"

유 선배는 김 교사와 워낙 절친한 사이라 오랜만에 본 얼굴에서도 김 교사의 근심을 읽어내는 듯했다. 사실, 김 교사는 오늘 영어 수업 때도 열심히 참여하지 않던 담희 때문에 마음이 상해 있었다.

"유 선배! 사실은 요새 내가 수업하는 학급마다 특수교육대상학생이 있거든요. 그 학생을 데리고 수업을 어떻게 해야 할지 고민이 많아요."

"그렇구나! 역시 내 눈은 못 속인다니까!"

"유 선배도 특수교육대상학생 여러 번 가르치지 않았어요?"

"그렇지. 내가 통합학급 담임을 여러 번 해서, 나는 그때 특수교육대상학생들의 아버지가 되었었지."

"하하하. 통합학급 담임을 할 때 어땠어요?"

"그래도 김 교사는 통합학급이라는 단어를 잘 쓰는군! 통합학급은 특수교육대상학생이 포함된 학급을 말하는데 통합학급에서는 필연적으로 통합교육이 이루어지지. 통합교육은 특수교육대상학생이 특수학급이 아닌 일반학급에 포함되어 일반학생들과 함께 공부하는 것을 말해. 예전과 비교해 지금은 특수교육대상학생과 통합학급을 보는 시각이 많이 달라졌지. 나 때는 말이야. 아 참! 뭘 좀 보면서 이야기하는 것이 좋겠군."

유 선배는 갑자기 스마트폰을 꺼내더니 인터넷에서 「특수교육진흥법」을 검색했다.

〈「특수교육진흥법」 제1조, 제2조(2007. 5. 25. 폐지)〉

제1조(목적) 이 법은 특수교육을 필요로 하는 사람에게 국가 및 지방자치단체가 적절하고 고른 교육기회를 제공하고, 교육방법 및 여건을 개선하여 자주적인 생활능력을 기르게 함으로써 그들의 생활안정과 사회참여에 기여함을 목적으로 한다.

제2조(정의) 이 법에서 사용하는 용어의 정의는 다음과 같다. 〈개정 1995. 12. 29., 1997. 12. 13.〉

6. "통합교육"이라 함은 특수교육대상자의 정상적인 사회적응능력의 발달을 위하여 일반학교(특수교육기관이 아닌 학교를 말한다. 이하 같다)에서 특수교육대상자를 교육하거나, 특수교육기관의 재학생을 일반학교의 교육과정에 일시적으로 참여시켜 교육하는 것을 말한다.

"예전에는 「특수교육진흥법」이 있었어. 그 법에 따르면 일반학교에 다니는 특수교육대상학생의 교육, 즉 통합교육은 특수교육대상학생들의 사회적응능력을 발달시키기 위해 일반학교의 학급에서 일반학생들과 함께 공부하도록 했지. 다시 말해서 특수교육대상학생이 친구들과 함께하는 경험을 만들어주기 위한 거였지. 특수교육대상학생들도 나중에 성장해서 사회의 일원으로 참여해야 하기 때문이야."

"그러면 특수교육대상학생들에 대해 통합교육은 좀 수동적인 입장이었네요?"

"그렇다고 볼 수 있지. 특수교육대상학생을 사회적응능력을 발달시켜야 할 학생, 사회에 적응시켜야 할 학생으로 본 거야. 그래서 특수교육기관 즉, 특수학교에 다니는 학생들도 특수학교에서만 공부하면 사회적응능력을 발달시키기 어렵다고 보고 일반교육과정에 일시적으로 참여시키는 것도 통합교육으로 보았지. 이런 관점에서 보면 반대로 특수교육대상학생들끼리만 모여 있으면 사회적응능력 발달에 제한이 되니 일반학생들과 함께 교육해야 한다는 상황이 되기도 하지."

"그러게, 뭔가 좀 이상하네요."

"그래서 이 「특수교육진흥법」은 2007년 폐지되고 「장애인 등에 대한 특수교육법」으로 대대적으로 바뀌게 되었지."

"많이 바뀌었겠네요?"

"그렇지. 한번 함께 검색해 볼까? 현재 통합교육은 「장애인 등에 대한 특수교육법」이라고 말하는 이 법에서 규정하고 있거든."

김 교사와 유 선배는 식사하려 했다는 것도 잊은 채 인터넷 검색에 몰두하기 시작했다.

〈「장애인 등에 대한 특수교육법」 제1조, 제2조(2019. 12. 10. 일부개정)〉

제1조(목적) 이 법은 「교육기본법」 제18조[6]에 따라 국가 및 지방자치단체가 장애인 및 특별한 교육적 요구가 있는 사람에게 통합된 교육환경을 제공하고 생애주기에 따라 장애유형·장애정도의 특성을 고려한 교육을 실시하여 이들이 자아실현과 사회통합을 하는데 기여함을 목적으로 한다.

제2조(정의) 이 법에서 사용하는 용어의 정의는 다음과 같다. 〈개정 2012. 3. 21.〉

6. "통합교육"이란 특수교육대상자가 일반학교에서 장애유형·장애정도에 따라 차별을 받지 아니하고 또래와 함께 개개인의 교육적 요구에 적합한 교육을 받는 것을 말한다.

"찾았어? 한번 읽어봐. 이전 「특수교육진흥법」과는 조금 다른 느낌일 거야."

6 제18조(특수교육) 국가와 지방자치단체는 신체적·정신적·지적장애 등으로 특별한 교육적 배려가 필요한 자를 위한 학교를 설립·경영하여야 하며, 이들의 교육을 지원하기 위하여 필요한 시책을 수립·실시하여야 한다. [전문개정 2007. 12. 21.] 〈출처: 「교육기본법」 제18조(2018. 12. 18. 일부개정)〉

"그러네요. 특수교육대상자가 차별받지 않고 또래와 함께 개개인의 교육적 요구에 적합한 교육을 받을 수 있다고 정의된 것은 통합교육이 특수교육대상학생의 권리처럼 느껴지는데요?"

"그래, 그 점이야! 그래서 이제 통합교육을 담당하는 우리 일반교사도 특수교육대상학생이 또래 학생들과 물리적인 통합만으로 그저 함께 공부하게 한다는 수동적인 입장에서 벗어나서 장애 유형과 장애 정도를 고려하여 그 학생의 교육적 요구에 적합한 교육을 해주어야 한다는 거야."

"선배는 특수교사도 아니면서 어떻게 이렇게 많이 알아요?"

"나도 처음에 통합학급을 맡았을 때 특수교육대상학생을 어떻게 대해야 할지 너무 막막했어. 그런데 그때 문득 들었던 생각이 우리가 많이 보았던 「초·중등교육법」 제20조 4항이었어."

〈초·중등교육법 제20조(2019. 12. 10. 일부개정)〉

제20조(교직원의 임무) ① 교장은 교무를 통할(統轄)하고, 소속 교직원을 지도·감독하며, 학생을 교육한다.

② 교감은 교장을 보좌하여 교무를 관리하고 학생을 교육하며, 교장이 부득이한 사유로 직무를 수행할 수 없을 때에는 교장의 직무를 대행한다. 다만, 교감이 없는 학교에서는 교장이 미리 지명한 교사(수석교사를 포함한다)가 교장의 직무를 대행한다.

③ 수석교사는 교사의 교수·연구 활동을 지원하며, 학생을 교육한다.

④ 교사는 법령에서 정하는 바에 따라 학생을 교육한다.

⑤ 행정직원 등 직원은 법령에서 정하는 바에 따라 학교의 행정사무와 그 밖의 사무를 담당한다.

[전문개정 2012. 3. 21.]

‘교사는 법령에서 정하는 바에 따라 학생을 교육한다.’

김 교사는 교사의 임무를 규정한 해당 조문을 읽으면서 유 선배가 왜 자신에게 법령을 검색해 보자고 했는지 알게 되었다. 김 교사는 그 순간 학생들에게는 항상 기본의 중요성을 강조하면서 자신은 그렇지 못했다는 사실을 알아차렸다.

유 선배도 김 교사의 마음을 알아챈 듯 다시 이어 말했다.

“그 조항처럼 나도 통합학급을 처음 맡아 답답했을 때 법령에서는 통합교육을 어떻게 정하고 있는지 알아보려고 그 당시 특수교육에 관한 내용을 정한 법인 「특수교육진흥법」을 찾아보게 되었지. 그리고 그 법에 나온 대로 특수교육대상학생들의 사회적응능력 발달을 위해서 일반학생들과 함께 생활하게 해주면 된다고 생각했었지.”

“대단하시네요. 법령을 알아볼 생각을 하시다니!”

“그런데 지금 생각해 보면 좀 후회돼. 그때는 내가 특수교육 전공자도 아니고 그해만 지나면 된다는 생각으로 법령 한 번 읽어보고, 장학자료 한 권을 두어 번 들여다보면서 나만의 생각으로 학생을 가르쳤던 것 같아. 그 학생에게 필요한 특수교육 관련 서비스나 교육적 요구를 생각하기보다는 일반학생들을 가르치던 내 방식을 고집했었지. 특수교육대상학생 또한 나중에 성장해서 일반학생들과 함께하는 사회에 적응해야 하니 특수교육대상학생들이 조금 힘들더라도 적응시켜야 한다고 생각했었어.”

“그렇군요. 그때 특수교육대상학생은 잘 지냈어요?”

“표면적으로는 무난하게 지냈지만 지금 생각해 보면 그 학생도 매우 힘들었을 거야. 내가 그 학생의 장애에 대한 이해도 부족했고, 무엇을 요구하는지도 몰랐거든. 그래서 그 후부터는 내가 특수교육 전공자는 아니지만 통합학급을 담당하게 될 때마다 통합교육에 관해 좀 더 공부하게 되었어."

"선배! 올해 제가 교과전담교사이기는 하지만 수업하는 학급에 특수교육대상학생들이 있어서 어떻게 수업해야 할지 고민을 많이 하고 있거든요. 혹시 제게 도움이 될 만한 이야기가 더 있을까요?"

"내가 어떤 장학자료에서 읽은 문장인데, 통합교육에 대해서 다시 생각하게 된 문장이 있거든. 어디 있더라?"

유 선배는 자신의 스마트폰 갤러리를 이리저리 뒤지면서 자신이 카메라로 찍어놓은 장학자료의 한 페이지를 김 교사에게 보여주었다.

'통합교육은 장애 학생을 위한 특별한 교육이 아니라 모든 학생을 위한 교육입니다.'[7]

7 교육부·세종특별자치시교육청(2017). *통합교육 실행 가이드북 I*. p.10.

그 문장을 본 김 교사는 고개를 갸우뚱했다. 그렇지만 이내 유 선배가 보여준 문장이 어떤 의미인지 조금은 알 것 같았다. 김 교사의 표정 변화를 감지한 유 선배가 말을 이어나갔다.

"내가 이 문장을 스마트폰에 저장해 놓은 이유는 통합교육에 관해 조금 공부를 하다 보니깐 이런 생각이 들더라고. '내가 다시는 통합학급을 맡지 않을 수도 있는데, 이렇게까지 공부를 해야 하나?'라는 생각 말이야."

"맞아요. 저도 그래요. 사실 통합학급 담임하는 것이 흔한 일은 아니잖아요."

"그렇지만 저 문장을 보고는 이런 생각이 들었어. 우리가 특수교육대상학생이 없는 일반학급을 맡아도 학생들의 학업성취수준 차이가 다양한 경우가 많잖아. 통합학급을 운영하면서 특수교육대상학생의 학습에 대해 고민하는 것은 '다양한 수준의 학생들이 있는 일반학급에서도 성취수준이 낮은 학생들에 대해 고민할 때 의미 있는 아이디어를 주지 않을까?' 하는 생각이 들더라고."

이제야 김 교사도 일반교사인 유 선배가 통합교육에 관심이 많았던 이유를 알 것 같았다. 사실 김 교사가 생각하는 통합교육은 특수교육대상학생이 통합학급에서 공부하면서 성인이 되어 참여할 사회에 대해 적응해 나가는 교육이라고 생각했다. 그러나 통합교육은 특수교육대상학생이 사회에 참여하기 위해 노력하며 전투력을 기르는 것이 아닌 학생들의 자아실현을 위해 자신의 특성에 맞는 교육을 받아 사회의 일원이 되도록 하는 것이었다. 그래서 통합교육은 그 학생이 꼭 장애 학생이 아닐지라도 의미가 있을 것이라는 생각이 들었다.

갑자기 유 선배가 김 교사의 어깨를 툭 치며 장난스러운 표정으로 말했다.

“김 선생님! 우리 밥 먹자고 만난 것 아닙니까? 이제 그만하고 밥 좀 먹읍시다! 너무 배고파!”

그렇게 유 선배와 이야기를 나눈 김 교사는 통합교육에 한 발 더 다가서게 되었다.

6. 통합수업, 우리 같이 해보자!

통합수업이란 물리적·사회적 통합을 바탕으로 학생 특성을 반영하여 모든 학생이 학습할 수 있도록 교육과정을 재구성한 수업이다.

유 선배를 만나 저녁 식사를 하고 들어온 날 밤에 김 교사는 여러 가지 생각에 빠졌다.

'통합교육이 중요한데…. 그렇다고 교과전담교사인 내가 지금 학급에서 어떤 활동을 하기도 어렵단 말이지…. 내가 하는 영어 수업에서라도 통합교육이 될 수 있도록 고민을 해봐야겠어. 통합교육이 이루어지는 수업이 통합수업일 텐데…. 특수교육대상학생과 일반학생을 한 교실에 놓고 수업을 진행하는 것이 통합수업 전부는 아닐 것 같은 생각이 든단 말이야. 담희에게 의미 있는 통합수업이 되려면 어떻게 해야 할까?'

김 교사는 담희 생각을 하며 영어 시간에 찍어놓았던 학생들의 사진을 들춰보았다. 그중 담희가 찡그린 얼굴을 하고 있는 사진을 찾아 뚫어지게 쳐다보았다.

'담희는 영어 시간에 무슨 생각을 하고 있을까?'

도무지 담희의 생각은 알 수가 없었다. 담희는 수업 시간에 김 교사의 말을 반복해서 따라 하고 김 교사와 눈을 잘 마주치지는 못하지만 한 번씩 김 교사가 가리키는 알파벳을 말할 수 있었다.

'담희는 나에게 무엇을 원하고 있을까?'

마지막 물음을 김 교사 자신에게 던지고 답을 찾지 못한 채 잠이 들었다.

다음 날, 담희와 함께하는 수업을 마치고 난 김 교사는 박 교사의 교실로 전화를 걸었다.

"박 선생님, 영어체험실 김○○입니다. 시간 괜찮으시면 박 선생님하고 커피 한잔하고 싶은데요. 물론, 커피는 제가 준비해서 갈게요."

"아! 그러세요? 마침 저도 하던 일이 끝나서 커피 한잔하려던 참인데…. 김 선생님께서 내려오실래요? 아니면 제가 올라갈까요?"

"제가 커피 준비해서 교실로 가겠습니다. 이따 뵐게요."

마침 여유가 있다는 박 교사의 말에 김 교사는 분주히 커피를 준비했다. 양손에 커피와 통합수업에 대한 고민 보따리를 머리에 이고 특수학급으로 향했다.

김 교사를 본 박 교사가 미소를 띠며 인사를 했다.

"김 선생님, 무슨 일 있으세요? 커피까지 다 들고 오시고요."

"무슨 일이 있어서라기보다 수업에 대해 고민하는 부분이 있는데 전공자와 이야기하다 보면 실마리가 좀 풀리지 않을까 해서 왔습니다."

"전공자요? 부담 없는 커피인 줄 알았는데 김 선생님의 말씀을 듣고 나니 부담이 팍팍 느껴지네요. 하하하. 말씀해 보세요."

김 교사는 지난밤 유 선배와 통합교육에 대해 나눈 이야기를 박 교사에게 해주었다. 그리고는 이어 말했다.

"보통 특수교육대상학생과 일반학생을 함께 지도하는 수업을 통합수업이라고 하잖아요. 그런데 특수교육대상학생을 참여시켜 지도하기만 하면 통합수업이 되는지 고민이 되더라고요."

"맞아요. 물리적으로 특수교육대상학생과 일반학생이 같은 시·공간에서 수업에 참여만 한다고 통합수업이라고 하기는 어려울 것 같아요. 잠깐만요. 제가 학부생 때 공부했던 책에서 이와 같은 내용을 본 것 같은데 찾아볼게요."

박 교사는 책장 높은 곳에서 자신의 손때가 묻은 전공 책 한 권을 꺼냈다. 그리고는 빠른 속도로 책장을 넘기며 무엇인가를 찾기 시작했다. 이윽고 박 교사의 얼굴이 밝아지더니 김 교사에게 책의 한 부분을 보여주며 말했다.

〈카우프만(Kauffman) 등이 제시한 통합교육 정의〉

> 통합은 장애아동을 일반학급에 물리적으로 통합(시간적 통합)하는 것 외에도 학문적(교수 활동적 통합)으로나 사회적(사회적 통합)으로 통합하는 것을 의미한다.

"김 선생님! 이 부분이 카우프만 등이 말한 통합교육 정의[8]거든요. '통합교육은 장애아동을 일반학급에서 물리적으로 통합(시간적 통합)하는 것 외에도 학문적(교수 활동적 통합)으로나 사회적(사회적 통합)으로 통합하는 것을 포함한다.'라고 되어 있네요. 시간적 통합은 일정한 시간 동안 장애가 없는 또래 학생과 특수교육대상학생이 같은 교육환경에서 공부해야 하는 것을 이야기하는 것 같아요. 교수 활동적 통합은 특수교육대상학생이 일반학급의 교육 활동에 의미 있게 참여하는 것을 말하고, 사회적 통합은 특수교육대상학생이 학급의 구성원이 되는 것을 의미하네요."

"역시 박 선생님과 이야기하니까 조금씩 실마리가 풀리네요. 이와 같은 통합교육의 관점에서 본다면 통합수업은 특수교육대상학생과 일반학생이 물리적으로 함께 수업에 참여하는 것 이외에도 고민해야 할 부분들이 더 있는 것은 확실한 것 같네요."

"그러네요. 그러면 통합수업을 할 때 김 선생님께서는 어떤 부분을 더 고민해야 한다고 생각하세요?"

---

8 Kauffman, J. M., Gottlieb, J., Agard, J. A., & Kukic, M. D. (1975). Mainstreaming: Toward and explication of the construct. In E. L. Meyen, G. A. Vergason, & R. J. Whelan (Eds.), *Alternatives for teaching exceptional children*(pp.35-54). Denver: Love. [재인용] 이소연·박은혜(2020). *특수아동교육(3판)*. 서울: 학지사. p.33.

흥미로운 듯 박 교사가 김 교사의 생각을 물었고, 김 교사는 자신의 경험을 이야기하기 시작했다.

"보통 일반교사들이 생각하는 통합교육은 특수교육대상학생과 일반학생들을 같은 시·공간에서 함께 교육하는 것으로 생각해요. 그리고 학생들이 함께 생활하다 보면 통합학급에서 자연스럽게 자신의 역할을 갖게 되죠. 우리가 흔히 학기 초에 정하는 1인 1역 같은 활동 있잖아요. 그래서 이렇게 보면 카우프만 등이 말한 물리적 통합과 사회적 통합(학급의 구성원이 되는 것)은 비교적 잘되고 있는 것 같아요. 그렇지만 저 같은 경우에는 지금까지 학문적(교수 활동적) 통합까지는 고려하지 못했던 것 같아요. 제가 지도했던 성철이라는 학생에 대해 박 선생님께 이야기한 적 있죠? 성철이를 지도할 때는 제가 열정적으로 이것저것 가르치려고 노력하긴 했지만 학급 친구들이 하는 활동이 성철이에게 어렵다고 생각되면 큰 고민 없이 성철이가 할 수 있는 다른 활동들을 시켰거든요. 예를 들자면 수학 시간에 비례식과 같은 단원을 지도하면 성철이는 이해하기 어려우리라 생각하고 곱셈구구를 혼자서 외우라는 식으로요. 지금 생각해 보면 제 나름대로는 곱셈구구라도 외우면 좋겠다고 판단해서 지도한 것이지만 다른 친구들이 함께 활동하는 교실에서 얼마나 외로웠을까요? 제가 조금 더 고민했더라면 성철이도 친구들과 함께 활동할 수 있었을 텐데 하고 후회돼요."

"저도 이런 생각이 들 때가 있어요. 특수교육대상학생들도 미래에 일반학생들과 함께하는 사회의 일원이니 또래 친구들이 학습하는 일반교육과정 내용에 대해서도 경험할 필요가 있다고 생각하거든요. 그런데 학생들의 지적 능력과 특성을 고려했을 때 일반학생들이 공부하는 해당 학년의 교육과정 내용을 경험하도록 편성하기 어렵더라고요. 그렇다고 하위 학년의 교육과정 내용을 활용하게 되면 특수교육대상학생들은 일반학생들과 비교해 계속 경험의 결손이 일어나게 되고요."

"맞아요. 이렇게 보면 카우프만 등이 말한 교수 활동적 통합에서 특수교육대상학생이 일반학급 교육 활동에 의미 있게 참여하기 위해서는 교육과정이 통합되는 것이 중요할 것 같아요."

박 교사는 김 교사가 하는 말을 듣고 눈을 크게 뜨며 되물었다.

"교육과정 통합이요?"

"네, 교육과정이란 '교육목표와 경험 혹은 내용, 방법, 평가를 체계적으로 조직한 교육계획'[9]이라고 할 수 있는데 통합수업에서는 교육목표, 경험 혹은 내용, 방법, 평가와 같은 교육과정 요소들이 통합되어야 특수교육대상학생들이 일반학급 수업에 의미 있게 참여할 수 있을 것이라는 생각이 드네요."

"그렇다면 일반학생과 특수교육대상학생들이 학습하는 교육과정 요소들이 같아야 한다는 뜻인가요?"

"당연히 같을 수는 없겠죠. 하지만 일반학급의 교육과정도 학생의 특성(실태)에 따라 교육 활동에 의미 있게 참여시키기 위해 교육과정 재구성을 하거든요. 그러니 특수교육대상학생도 학생의 특성을 반영하여 교육과정이 재구성되면서 기대성취수준이 낮아진다고 하더라도 학습 목표를 지향하는 방향은 같아야 한다는 것이죠. 일반학생이든 특수교육대상학생이든 미래 사회의 일원이니까요. 그럼 이렇게 표현해 보면 어떨까요?"

김 교사는 자리에서 일어나더니 분필을 들고 칠판에 무엇인가를 그

9 교육부(2018). *2015 개정 교육과정 총론 해설(초등학교)*. p.3.

리면서 자기 생각을 이야기하기 시작했다.

〈김 교사가 칠판에 그린 통합수업 개념도〉

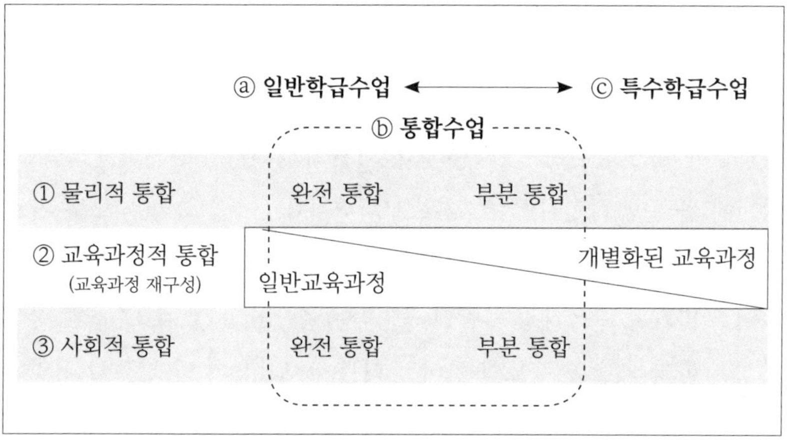

"통합수업에 대해 정리하기 위해서는 다른 형태의 수업과 비교해 보면 좋을 것 같아요. 특수교육대상학생이 없이 일반학생만 있는 ⓐ 일반학급수업, 특수교육대상학생과 일반학생이 함께 있는 ⓑ 통합수업, 그리고 특수교육대상학생만 있는 ⓒ 특수학급수업으로 나눌 수 있을 것 같네요. 일반학급수업은 특수교육대상학생이 없으므로 ① 물리적·③ 사회적 통합이 논의의 대상이 아니며, 특수학급수업에서는 일반학생들과 함께하지 않고 특수학급에서 수업을 진행하기 때문에 ① 물리적 통합이 어려워요. 또 특수교육대상학생들끼리 상호작용이 있다 하더라도 특수학급수업에서는 일반학급 구성원으로서 역할을 수행하기 어려우니 ③ 사회적 통합도 어렵죠. 그러나 일반학급수업과 특수학급수업의 특징을 모두 가지고 있는 ⓑ 통합수업은 ① 물리적 통합과 ③ 사회적 통합이 완전 통합에서부터 부분 통합에 이르기까지 다양한 수준의 통합이 가능하죠. 일반적으로 이 부분까지는 잘 고려돼요. 이제부터는 지금까지 설명하지 않았던 ② 교육과정적 통합에 대해서 살펴볼게요. ⓐ 일반학급수업에서는 학생들의 특성을 고려하며 국가수준 초등학교 교육과정(일반교육과정)에 맞춰 수업을 진행해요. 반대로 ⓒ 특수학급수업에서는 국가수준 교육과정 성취가 어렵다고 판단되는 중도 특수교육대상학생이 있는 경우에는 완전히 개별화된 교육과정을 운영하기도 하죠. 작년에 졸업한 희연이 같은 경우가 되겠지요? 이런 특징을 모두 가진 ⓑ 통합수업의 경우에는 일반교육과정을 토대로 학생들의 특성을 고려하여 개별화된 교육과정도 함께 운영하는 수업이 되겠네요. 물론, 학생 특성에 따라 개별화 정도의 차이는 다를 수 있고 이 학생 특성에 일반학생과 특수교육대상학생의 개인적 특성을 비롯하여 장애 유형에 따른 특성까지 포함되겠지요."

"김 선생님! 궁금한 것이 하나 있는데요. 통합수업 영역이 일반학급수업과 특수학급수업의 중간에 위치하지 않고 일반학급수업 쪽에 많이 포함되게 영역을 그리셨는데 이유가 있나요?"

김 교사는 유 선배에게 받은 통합교육 관련 장학자료의 한 페이지 사진을 보여주며 설명을 이어나갔다.[10]

"ⓑ 통합수업은 일반학생들과 특수교육대상학생들이 함께 참여하는 수업이고 통합수업에서의 학생 특성에 따른 개별화 아이디어는 학생 특성이 모두 다른 ⓐ 일반학급수업에서도 활용될 수 있다고 생각하거든요. 그래서 특수교육대상학생이 없는 일반학급수업에서 통합수업이

10 통합교육은 장애 학생을 위한 특별한 교육이 아니라 모든 학생을 위한 교육입니다. 〈출처: 교육부·세종특별자치시교육청(2017). *통합교육 실행 가이드북 I*. p.10.〉

라고 지칭할 수 없는 부분만을 조금 제외하고 통합수업의 영역을 일반 학급수업에 많은 부분이 포함되게 그렸어요. 통합수업 또한 모든 학생을 위한 수업이 되어야 할 테니까요."

"그렇군요. 그러면 통합수업을 이제 정리해 보면 어떻게 말할 수 있을까요?"

"제가 무슨 학자라도 된 것 같네요. 박 선생님과 함께 이야기했던 것을 토대로 정리해 보면 '통합수업이란 물리적·사회적 통합을 바탕으로 학생 특성을 반영하여 모든 학생이 학습할 수 있도록 교육과정을 재구성한 수업' 정도로 말할 수 있지 않을까요?"

"학부 때 교수님께 수업 듣는 것 같아요. 하하하."

"제가 대단해서 이렇게 이야기하는 것이 아니라 박 선생님과 함께 이야기하면서 우리의 생각을 모은 것일 뿐이에요. 오늘도 제가 박 선생님의 시간을 많이 빼앗은 것 같군요. 벌써 또 퇴근 시간이 넘었어요."

"그러게요. 그럼 오늘은 이만하고 퇴근하시죠!"

김 교사와 박 교사는 한바탕 통합수업에 관한 이야기를 나누고 헤어졌다. 김 교사는 퇴근하는 차 안에서도 박 교사와 함께 이야기한 내용을 곱씹어보았다. 그러다 지금까지 이야기는 많이 했으나 실천하지 못하고 있다고 느낀 것이 생각났다.

'학생의 특성을 반영했어야 했는데…. 혹시 담희가 노래와 율동은 좋아해도 큰 소리를 싫어하는 것이 아닐까?'

다음 날, 정신없이 오전 수업을 마치고 교무실 책상에 앉았다. 점심을 먹은 후 5교시는 다시 담희가 있는 학급의 영어 시간이다. 김 교사는 또 어떻게 활동을 해야 담희에게 의미 있는 수업을 만들어줄 수 있을지 잠시 고민했다.

5교시가 시작되기 전, 학생들이 영어체험실로 들어오기 시작했다. 그런데 오늘은 담희가 컨디션이 좋지 않은지 표정이 좋지 않았다. 김 교사는 그런 담희가 더 신경이 쓰였다. 수업이 시작되자마자 김 교사는 알파벳 노래를 재생하기 위해 전자 교탁 앞에 섰다. 그리고 담희가 큰 소리를 싫어할 수도 있다고 생각했던 것을 기억했다.

김 교사는 지난 시간보다 스피커의 볼륨을 좀 낮추었다. 그리고 학생들에게 이렇게 말했다.

"오늘은 좀 작게 음악을 틀어줄 테니 알파벳 하나하나에 집중해 보기로 해요. 노래를 부를 수 있는 친구들은 조금 작게 부르는 대신 동작을 좀 크게 해볼까요?"

학생들은 조금 실망한 표정이었다. 지난 시간에는 큰 노랫소리에 흥분한 듯 신나게 노래를 불렀는데 오늘은 그렇지 못할 것으로 생각한 것 같았다. 그렇지만 김 교사가 앞에서 동작을 크게 하며 율동 시범을 보였더니 학생들도 다시 신나서 동작을 크게 했다.

이때 김 교사의 눈에 들어온 것은 담희였다. 예전 같으면 귀를 막고 시끄럽다고 화를 내던 담희가 김 교사의 율동을 빤히 쳐다보고 있었다. 순간, 김 교사는 이때를 놓치면 안 된다는 생각이 들었다. 김 교사는 담희의 옆으로 가서 알파벳 율동 한 가지를 보이며 담희에게 물었다.

"담희야, 이것은 무슨 알파벳이지?"

숨 막히는 순간이었다.

"K…."

김 교사는 그 순간 깨달았다. 담희는 귀를 막고 듣지 않은 것이 아니고, 단지 다른 학생들과 큰 소리의 기준이 달라서 귀를 막아 조금 작게

음악을 듣고 있었던 것이다. 평소에 담희가 통합학급에서 음악이 나오는 유튜브 영상에 따라 율동하는 것을 좋아한다는 사실을 알고 생각해낸 영어 수업이었지만 김 교사는 담희의 학습 스타일을 배려하지 못했다는 사실에 새삼 미안했다.

김 교사는 학생들을 통합학급으로 보내고 잠시 생각에 빠졌다. 그도 그럴 것이 자신이 학생일 때에도 다른 학습 스타일 때문에 어려움을 겪었던 적이 있었기 때문이다.

김 교사가 대학생 때 일이었다. 절친한 친구와 함께 기말고사 공부를 하기로 하고 빈 강의실에서 만났다. 김 교사는 공부를 시작하려고 책을 펴고 노트 정리를 하기 시작했는데, 친구가 말을 걸었다.

"나는 이 내용하고 이 내용이 비슷한 것 같아서 이해가 안 되더라. 넌 어떻게 생각해?"

"어떻게 생각하냐고?"

그 당시에 김 교사는 별로 생각이 없었다. 공부한다는 것은 그냥 책에 쓰인 것, 교수님께서 이야기해 준 것을 기억하는 것으로 생각했다. 그래서 생각을 묻는 친구의 물음에 쉽게 대답할 수 없었으며 별로 대답하고 싶지도 않았다. 그저 얼른 책에 있는 내용을 정리하고 계속 쓰면서 기억하려고 했다. 그 이후로도 김 교사의 친구는 계속 중얼거렸고 김 교사에게 질문하며 자기 생각을 계속 말하면서 오후를 보냈다. 함께 공부하고 저녁을 먹으러 가자고 친구가 말했을 때 김 교사는 가방을 싸고 책상을 정리하며 말했다.

"나는 공부가 잘 안 돼서 밥 먹고 그냥 도서관에 가서 할래."

"왜? 나는 너랑 하니깐 공부가 잘되는 것 같은데?"

김 교사는 친구의 말에 얼버무리며 강의실에서 먼저 나와버렸다.

김 교사의 친구는 함께 저녁 식사를 하는 동안에도 계속 강의 내용에 관해 이야기했으나 김 교사의 머릿속은 멍한 상태였다. 김 교사는 식사를 마치고 도서관에서 다시 공부를 시작했다. 노트에 쓰고, 또 쓰고, 또 썼다. 그리고는 자신이 노트에 정리해 놓은 내용을 하얀 백지에 기억에만 의존하여 적어내고는 하루의 공부를 마치며 이렇게 생각했다.

'공부 끝났다. 이제 집에 가서 얼른 자고 내일 아침에 한 번 더 써야지.'

생각해 보면 모든 사람의 학습 스타일이 같을 수는 없다. 더군다나 요즘에는 다양한 교수·학습 방법이 소개되며 어떤 방법이 대단한 것처럼 포장되기도 한다. 김 교사도 얼마 전까지 유행을 좇는 수업 방법을 찾아 공부하고 실제 교실에서 시도해 보기도 했다. 그러나 다양한 방법을 시

도해 봐도 자신의 학생들에게 딱 맞는 방법을 찾기는 어려웠다. 왜 그랬을까? 김 교사가 그 교수 방법을 잘못 이해하고 실행했기 때문일까? 아니면 학생들이 무엇을 요구하는지 모른 채 김 교사가 관심을 두는 수업 방법만을 가져다 쓰려고 한 것은 아닐까? 이런저런 생각에 김 교사는 한참을 멍하니 책상에 앉아 있었다.

문득, 김 교사는 담희에 대해 더 알아보아야겠다고 생각하고 담희의 통합학급인 위 교사의 교실로 발걸음을 옮겼다.

"위 선생님, 오늘은 수업할 때 노래의 음량을 조금 낮췄더니 담희가 귀를 막거나 하진 않더라고요. 지금까지는 담희가 듣기에 음악 소리가 많이 컸나 봐요. 다른 친구들이 큰 소리로 활동하는 것을 좋아해서 위 선생님 학급 학생들이 다 그런 줄 알았는데 담희는 아니었던 것 같아요."

"그래요? 다행이네요. 저도 수업할 때 김 선생님처럼 소리 크기를 잘 조절해 봐야겠어요. 정말 담희와 함께 수업할 때는 더 많은 것들을 생각해야 할 것 같아요."

"그러니까요. 우리가 그래도 몇 년 동안 학생들을 가르치면서 어느 정도 노하우가 쌓인 부분들이 있는데 담희에게는 그것들이 다 무너지더라고요. 물론, 계속 시행착오를 겪다 보면 담희에 대해서 알게 되겠지만 그때까지 시간이 너무 길어질까 봐 불안해요."

"맞아요. 저도 가끔 담희와 생활하다 보면 담희가 어떤 생각을 하고 있는지 궁금할 때가 있어요. 제가 예상하지 못한 모습을 보여 당황스러울 때가 있더라고요. 얼른 담희의 생각을 알고 싶은데 아시다시피 담희는 우리가 묻는 말에 순순히 제 생각을 말해주지 않잖아요?"

"반대로 생각해 보면 담희도 얼마나 답답할까요? '내가 원하는 것은 이것이 아닌데….'라고 생각하면서요. 그럼 우리 박 선생님과 함께 이야기해 볼까요? 특수학급 박 선생님이라면 담희의 마음을 우리보다 더 잘 알 것 같은데요."

김 교사와 위 교사는 함께 대화하면서 어느덧 둘만의 대화로는 담희에 대해 다 알 수 없다는 생각이 들었다. 그래서 누가 먼저랄 것도 없이 두 사람은 1층에 있는 특수학급으로 발걸음을 옮겼다.

"박 선생님, 바쁘세요?"

"아니요. 두 분이 함께 무슨 일이세요?"

"시간 괜찮으시면 함께 이야기 좀 나누고 싶어서 왔어요."

박 교사는 김 교사와 위 교사가 함께인지라 담희의 이야기일 것이라고 직감했다.

"담희에게 무슨 문제라도 있나요?"

김 교사가 말을 이어나갔다.

“담희가 문제가 아니고, 우리가 문제죠. 하하하.”

한바탕 멋쩍은 웃음을 짓고 김 교사는 그간 담희와 영어 시간에 있었던 이야기를 박 교사에게 풀어놓았다. 김 교사의 이야기를 조용히 듣던 박 교사가 입을 열었다.

“일반적으로 자폐성 장애 학생들은 감각에 특이한 특성을 보이거든요. 어떤 학생들은 감각 역치가 낮아서 작은 소리에도 예민하거나, 반대로 감각 역치가 높아서 계속 자극이 있어야 하는 학생도 있어요. 담희는 감각 역치가 조금 낮은 특성을 보여서 소리 자극에 민감해요.”

“아, 그렇군요. 담희가 대단히 활동적인 학생이라서 큰 소리의 음악을 좋아할 줄 알았는데 그게 아니군요.”

통합학급 담임인 위 교사가 한숨을 쉬며 이야기를 이었다.

“이제 경력이 조금 쌓이다 보니 다른 학생들과는 조금 이야기해 보면 어떤 생각을 하는 줄 알게 되니까 원하는 것을 들어주기도 하고 맞춰주기도 할 수 있겠는데, 담희는 어떤 생각을 하고 있는지 잘 모르겠어요.”

“맞아요. 그거야 저도 그렇죠. 뭐.”

박 교사의 대답에 이어 김 교사도 푸념을 늘어놓았다.

“저는 일주일 서너 시간밖에 담희와 함께하지 못하니까 더 어려운 것 같아요.”

김 교사, 위 교사, 박 교사. 이렇게 세 명의 교사가 특수교육대상학생인 담희를 놓고 함께 고민하는 순간이었다. 세 교사가 담희에 관한 대화를 하면서 김 교사와 위 교사는 박 교사에게 답답한 듯한 눈빛을 보냈다. 무슨 말이라도 해달라는 것처럼…. 우리에게 조금이라도 도움을 달라는 것처럼….

적막을 깨고 위 교사가 용기를 내어 말문을 열었다.

"박 선생님, 김 선생님! 우리 담희를 위해서 함께 통합수업을 주제로 공부해 보지 않으시겠습니까? 사실 4월부터 저와 박 선생님은 담희에 관해 이런저런 이야기를 나누고는 있었지만 제가 통합수업을 어떻게 해야 할지 고민하는 것에는 한계가 있었거든요. 저는 예전부터 특수교육에 관해 관심은 있었지만 전공 서적을 읽어보거나 특수교육 관련 연수를 받아본 적이 없어서 담희를 가르치는데 답답하더라고요. 박 선생님께서 함께해 주시면 더 깊이 있는 공부가 될 것 같아요. 또 김 선생님도 언젠가는 다시 통합학급 담임, 하지 않으시겠어요? 하하하."

"뭐, 저도 나중에 통합학급 담임을 하게 될 것 같아서라기보다는 통합수업을 주제로 공부하다 보면 특수교육대상학생뿐만 아니라 조금 더 관심이 필요한 일반학생들에게도 도움이 되는 수업을 만들 수 있을 것 같아요. 물론, 지금 당장 담희의 영어 수업부터 고민이 되지만요. 박 선생님께서도 함께하시겠죠?"

김 교사는 마지막 허락을 받듯 박 교사에게 시선을 옮겼다.

"당연히 함께해야죠. 저도 통합수업에 대해 고민이 많았어요. 저 개인적으로도 특수교육대상학생들이 통합학급에서 어떻게 하면 친구들과 함께 수업에 잘 참여할 수 있을까 하는 고민을 항상 했었거든요. 좋아요!"

이로써 특수교육대상학생인 담희를 둘러싸고 일반교사와 특수교사가 모두 함께 통합수업에 대해 고민하기 시작했다.

7. 일반교사의 특수교육 공부하기

국립특수교육원 부설 원격교육연수원 홈페이지에서는 통합교육뿐만 아니라 특수교육과 관련된 다양한 연수를 들을 수 있다.

위 교사의 행복초등학교 2년 차 2학기

세 교사는 매주 월요일 아침에 모여 통합교육과 관련된 책을 읽고 이야기 나누며 통합수업에 대해 알아갔다.

그러던 어느 날, 위 교사는 문득 과거에 들었던 통합교육 연수가 떠올랐다. 예전에 연수를 들으며 통합교육을 이해하는 데 도움이 되었던 기억이 있었기 때문이다. 하지만 어디에서 어떤 연수를 들었는지 정확히 기억이 나지는 않았다. 위 교사는 얼른 박 교사를 찾아갔다.

"똑똑. 박 선생님, 계세요?"

"어? 위 선생님. 무슨 일로 오셨어요?"

"다름이 아니라 제가 매년 통합교육 관련 연수를 들었던 것 같은데, 학교에서 신청하라고 해서 들었지 자발적으로 들은 적이 없어서요. 어디에서 좋은 연수를 찾아볼 수 있는지 여쭤보려고요."

"그러셨구나! 잠깐 여기 앉으세요. 제가 알려드릴게요."

박 교사는 위 교사가 볼 수 있도록 컴퓨터 모니터를 왼쪽으로 틀었다.

"국립특수교육원 부설 원격교육연수원 홈페이지(http://iedu.nise.go.kr)예요. 이곳에 들어가시면 통합교육뿐만 아니라 특수교육과 관련된 다양한 연수를 들으실 수 있어요. 그밖에 중앙교육연수원, 각 시도교육청 교육연수원, 사설 원격 교육연수원에서도 찾아볼 수 있어요."

"우와! 이 연수들만 들어도 통합교육 전문가가 되겠는데요. 그런데 박 선생님, 해마다 통합학급 선생님들을 대상으로 통합교육 연수를 들었는지 조사하던데 통합학급을 맡게 되면 연수를 의무로 들어야 하는 건가요?"

위 교사는 해마다 특수교육대상학생들을 담당했기 때문에 특수교육 관련 직무연수 이수 현황을 매번 보고했다.

"「장애인 등에 대한 특수교육법」 제8조를 보면 궁금증이 좀 풀리실 것 같은데, 한번 읽어보실래요?"

〈「장애인 등에 대한 특수교육법」 제8조〉

국가 및 지방자치단체는 특수교육대상자의 통합교육을 지원하기 위하여 일반학교의 교원에 대하여 특수교육 관련 교육 및 연수를 정기적으로 실시하여야 한다.

위 교사는 또박또박 법을 읽어나갔다.

"아! 특수교육대상자의 통합교육을 지원하기 위해 일반학교 교원들을 대상으로 특수교육 관련 교육 및 연수를 하도록 법에서 명시하고 있네요?"

"네, 이를 근거로 시·도 교육청 특수교육 운영계획에도 통합학급교사의 특수교육 관련 역량 강화를 위해 연수 운영계획을 포함하죠. 그런데 이런 행정적인 이유보다도 통합학급교사와 특수교사가 특수교육대상학생을 이해하고 협력적으로 지도하기 위해 관련 연수를 듣는 것이 필요하겠죠?"

"당연하죠! 통합교육에 대해 알아갈수록 더 궁금해지네요."

"국립특수교육원 사이트에 들어가면 더 다양한 정보를 얻으실 수 있어요."

위 교사는 교실로 돌아와 퇴근을 미루고 바로 국립특수교육원 사이트에 접속해 보았다. 국립특수교육원은 특수교육을 발전시키고, 장애인의 삶의 질 향상을 지원하기 위한 특수교육 연구, 관련 정책 개발, 교육과정 및 교과서 개발, 담당 교원의 연수, 특수교육 정보화 사업 등을 하는 곳이었다. 위 교사는 사이트를 좀 더 자세히 살펴보았다. 특수교육 관련 연구물과 교육과정 등 위 교사가 궁금했던 많은 자료가 있었다.

띠띠띠띠. 현관문을 열고 집에 들어가니 닭볶음탕 냄새가 위 교사의 코를 자극한다.

"여보! 오늘 닭볶음탕이야?"

"네, 여보. 오늘 고생했을 텐데 어서 씻고 와서 맛있게 먹어요."

"오늘 메뉴 핑계로 소주 한잔해야겠네."

"피, 술 먹고 싶어서 별 핑계를 다 대는군요."

아내가 끓여준 닭볶음탕을 먹으며 위 교사는 오늘 학교에서 있었던 일들을 이야기했다.

"요즘 통합수업에 대해 많이 고민돼. 지금까지 내가 가르쳤던 특수교육대상학생들에게 매우 미안하고."

"자책하지 말아요. 잘하고 있었잖아요."

"맞아. 일반학생과 특수교육대상학생 모두가 서로의 다름을 이해하고 함께 어우러지는 학급 분위기를 만들기 위해 노력했어. 그런데 학습에서도 내가 조금만 더 고민했더라면 특수교육대상학생도 학급에서 의미 있는 시간을 보낼 수 있었을 텐데 그러지 못한 것 같아 아쉬움이 남아."

"지금부터 그러면 되죠. 당신도 참 욕심이 많아요."

위 교사는 아내와 이런저런 이야기를 나누다 갑자기 한 가지 궁금한 점이 생겼다.

'나야 지금까지 특수교사가 있어서 특수교사에게 특수교육대상학생들의 학력을 맡기고 있었지만, 만약 특수교사가 없는 학교는 어떻게 특수교육대상학생들을 교육하지?'

위 교사는 지금까지 특수교사가 있는 학교에서만 근무했기 때문에 이런 걱정을 해본 적이 없었다. 궁금했지만 이미 시간이 늦은 터라 다음 날에 박 교사에게 가서 물어보기로 했다.

다음 날, 수업을 마치고 위 교사는 습관처럼 박 교사를 찾아갔다.

"선생님, 어제 국립특수교육원 사이트를 잘 살펴보았습니다. 통합학급 선생님들이 알아둔다면 학급을 운영하는 데 도움이 많이 될 것 같아요."

"다행이네요. 저도 궁금한 점이 생기면 국립특수교육원 사이트에서 자주 찾아봐요."

"오늘도 많이 배우네요. 그런데 선생님! 우리 학교는 선생님처럼 특수교사가 있잖아요. 그런데 특수교사가 없는 학교도 있지요?"

"그럼요. 특수교사는 특수교육대상학생이 일반적으로 4명은 있어야 배치돼요. 그래서 특수교사가 없는 학교도 있어요."[11]

"어? 그런데 특수교사가 2명 이상인 학교도 있던데요?"

"「장애인 등에 대한 특수교육법」 제27조에 따르면 특수학급 정원이 유치원은 4명, 초등학교와 중학교는 6명, 고등학교는 7명으로 정해져 있고, 정원이 초과하면 특수학급을 증설해야 해요. 특수교사가 2명인 학교는 특수교육대상학생 수가 기준을 넘어서 더 배치된 거예요."

"그렇구나. 어제 저녁 식사하다가 갑자기 궁금했거든요. 그럼 특수교사가 없는데 특수교육대상학생이 있는 학급은 어떻게 해야 하나요? 우리 학교처럼 특수교사가 배치된 학교의 경우는 박 선생님께서 특수교육대상학생의 학습이나 생활지도를 해주시잖아요. 그런데 특수교사가 없는 학급에서는 어려운 부분이 많을 것 같아요."

"맞아요. 그래서 특수교육대상학생이 있는데 특수교사가 없는 학교는 특수교육지원센터 순회 교사 또는 순회 강사, 인근 학교의 특수교사가 순회하며 특수교사의 역할을 대신해요."

"특수교육지원센터라는 곳도 있어요? 지금까지 몰랐던 것이 너무나도 많네요. 특수교육지원센터에서는 또 어떤 일을 하나요?"

"특수교육대상자 진단·평가와 선정·배치 업무를 담당하고 특수교육에 필요한 기기들을 대여해 주기도 해요. 그 밖에 장애로 인해 특수교육대상학생이 학교에 출석하지 못할 경우라면 집으로 방문하여 순회 교육을 하기도 해요."

---

11 「장애인 등에 대한 특수교육법 시행령」 제22조(특수학교 및 특수학급에 두는 특수교육교원의 배치기준) 법 제27조 제3항에 따라 배치하는 특수교육 담당 교사는 학생 4명마다 1명으로 한다. 다만, 도시와 농촌·산촌·어촌 교육의 균형발전, 특수교육지원센터의 운영현황 및 특수교육대상자의 지역별 분포 등을 고려하여 특별시·광역시·도·특별자치도별 교사는 교육부장관이, 단위 학교·학급별 교사는 해당 교육감 또는 교육장이 배치 기준의 40퍼센트의 범위에서 가감하여 배치할 수 있다. 〈개정 2013. 3. 23.〉

"특수교육지원센터에서 많은 일을 하고 있군요."

위 교사는 박 교사에게 들은 말을 메모하며 생각을 정리했다. 그때 문이 드르륵 열리며 특수교육실무사가 들어왔다.

"위 선생님, 안녕하세요. 요즘 자주 보네요."

"안녕하세요, 실무사님. 제가 요즘 특수교육에 대해 궁금한 것들이 많아서 박 선생님을 자주 찾게 되네요."

위 교사는 멋쩍은 웃음을 지어 보였다.

"그러셨구나. 그럼 어서 마저 이야기 나누세요. 저는 준비물 챙기러 왔어요."

특수교육실무사는 가위, 풀, 색종이를 챙겨 교실 밖으로 나갔다. 위 교사는 생각했다.

'가만있자, 특수교육실무사님은 내가 자주 뵙고 인사하는데 저분은 정확히 어떤 일을 하시는 분이지?'

"박 선생님. 저기 죄송한데, 제가 방금 궁금한 점이 또 생겼습니다."

"네? 뭔데요? 이야기해 보세요."

"특수교육실무사님이 항상 학생들 옆에 계시는데 정확히 어떤 일을 하고 계시는지 몰라서요."

"이야기가 길어질 것 같은데 위 선생님 지금 시간 괜찮아요?"

"네, 어서 이야기해 주세요."

"특수학급에는 특수교육대상학생의 학교생활을 지원해 주는 특수교육실무사와 사회복무요원이 있어요. 특수교육실무사를 특수교육실무원 또는 특수교육지도사라고도 부르는데 명칭은 시·도 마다 달라요. 우리는 이분들을 통틀어서 특수교육 보조 인력이라고 해요. 보조 인력의 역할은 법에 명시되어 있어요."

박 교사는 「장애인 등에 대한 특수교육법 시행규칙」 제5조를 찾아 위 교사에게 보여주었다.

〈「장애인 등에 대한 특수교육법 시행규칙」 제5조(보조 인력의 역할 및 자격)〉

법 제 28조 제3항에 따라 학교에 배치되는 보조 인력은 교사의 지시에 따라 교수학습 활동, 신변처리, 급식, 교내외 활동, 등하교 등 특수교육대상자의 교육 및 학교 활동에 대하여 보조 역할을 담당한다.

"특수교육 보조 인력의 역할을 구체적으로 살펴보면 특수교육대상 학생의 학교생활을 지원하기 위해 학습자료 및 학용품 준비, 이동 보조, 교실과 운동장에서의 학생 활동 보조, 학습자료 제작 및 지원, 용변 및 식사 지도, 보조기기 착용, 착·탈의, 건강 보호 및 안전 생활 지원, 적응 행동 촉진 및 부적응 행동 관리 지원, 또래와의 관계 형성 지원, 행동 지도를 위한 프로그램 관리 등 특수교육대상학생의 학교생활을 지원하기 위한 다양한 일을 해요. 하지만 교사 고유의 업무인 수업, 학생 지도, 평가·상담, 행정업무, 행정실 업무 보조, 학교의 전체적인 잡무, 교사 개인의 사적인 업무에 지원되어서는 안 돼요."

위 교사는 박 교사가 한 말을 하나하나 받아 적느라 분주했다.

"위 선생님, 손 아프지 않으세요? 제가 인쇄해서 드릴게요."

"하하. 박 선생님, 고마워요. 그렇지 않아도 적는 데 놓친 부분이 있어서 다시 이야기해 달라고 해야 하나 고민하고 있었어요."

박 교사는 보조 인력 업무 예시를 뽑아 위 교사에게 주었다.

〈구체적인 보조 인력 업무 예시〉[12]

주요 활동	활동 내용 및 방법
학습자료	• 시간표를 참고하여 활동 자료 미리 준비
학습 활동 지원	• 준비물 꺼내기, 모델링
학습 활동 지원	• 예체능 활동을 스스로 할 수 있도록 신체적, 언어적 촉구 모델링 • 모둠 활동 시 주어진 역할을 수행할 수 있도록 신체적, 언어적 촉구 및 모델링
학습 활동 보조	• 중요한 낱말이나 문장을 불러주거나 보고 쓰게 하기 • 알림장 내용을 불러주거나 보고 쓸 수 있도록 지원 • 미술 시간 준비물 꺼내고 활동하도록 언어적 촉구
신변처리 지도	• 용변을 본 후 뒤처리 및 옷 바르게 입기 지도
식사 지도	• 배식 보조, 편식 지도
문제행동 관찰 기록 및 관리	• 자리를 이탈하지 않도록 신체적, 언어적 촉구 및 과제 지시 • 울거나 소리를 지르는 경우 요구나 거부 등의 감정을 말로 표현 • 친구를 때리는 행동을 하는 경우 위험한 행동을 제지하고 요구나 거부 등의 감정을 말로 표현하도록 모델링
이동 보조	• 교실까지 안전하게 이동할 수 있도록 보조

"생각해 보니 특수교육실무사님이 하시는 일들이 많네요."

"그렇지요. 특수교육대상학생의 학교생활을 지원하기 위해 없어서는 안 될 중요한 분들이세요."

"그러면 특수교육실무사님과 관련된 업무는 박 선생님이 처리하시겠네요?"

"그렇죠. 특수교사가 없는 학교에서는 통합학급교사가 업무를 담당

12 교육부·경기도교육청(2015). 특수교육 *가이드북*. pp.140-144.

하고요."[13]

"통합학급교사가요?"

위 교사는 특수교사가 없는 경우 통합학급교사가 특수교육실무사 관련 업무를 담당해야 한다는 말에 당황했다.

"어떤 업무를 하게 되나요?"

"우리가 업무를 추진할 때 먼저 계획을 세우잖아요. 특수교육실무사 운영도 계획을 세워야 해요. 일과 시간별로 학생에게 무엇을 지원할 것인지요. 이때 유의해야 할 점이 있는데 특수교육실무사는 학습지도를 담당하는 인력이 아니라 보조하는 역할임을 기억하셔야 해요. 그리고 한 가지 더 말씀드리자면 특수교육실무사가 하루 동안 지원한 내용은 일지에 기록하고 보관해 두어야 하고요."

위 교사는 박 교사에게 물어보며 모르는 것을 알아가니, 가려운 곳이 긁힌 듯 시원해졌다.

"요즘 통합교육 공부하는 것이 정말 재밌어요. 박 선생님, 감사해요. 덕분에 오늘도 많은 것을 알게 되었습니다."

"뭘요. 오늘은 더는 궁금증 없는 거지요? 호호."

"네, 오늘은 궁금증 다 해결했습니다. 귀한 시간 내주셔서 감사합니다."

"저도 도움이 되었다니 기쁘네요. 언제든지 궁금한 점이 있으면 혼자 고민하지 마시고 저에게 물어보세요."

"말씀만으로도 감사합니다."

위 교사는 가벼운 마음으로 자신의 교실로 돌아갔다.

---

13 교육부·경기도교육청(2015). *특수교육 가이드북*. p.141.

8. 특수교사의 일반교육과정 공부하기

박 교사는 담희의 학습 수준과 개별화교육계획을 반영한 교육과정 수정을 위해 먼지가 쌓여 있던 '초등학교 교육과정' 책을 꺼내 들었다.

박 교사의 행복초등학교 2년 차

박 교사는 김 교사, 위 교사와 통합수업에 관해 공부하면서 「장애인 등에 대한 특수교육법」에 명시된 특수학급 설치목적을 다시 꼼꼼하게 읽어보았다.

〈「장애인 등에 대한 특수교육법」 제2조(2019. 12. 10. 일부개정)〉

제2조(정의) 이 법에서 사용하는 용어의 정의는 다음과 같다. 〈개정 2012. 3. 21.〉 6. "특수학급"이란 특수교육대상자의 통합교육을 실시하기 위하여 일반학교에 설치된 학급을 말한다.

박 교사는 특수학급을 어떻게 운영해 왔는지 자신에게 몇 가지 물음을 던졌다.

'통합교육을 위해 나는 무엇을 하고 있는가?'

'통합교육을 위한 구체적인 방법들을 고민해 보았는가?'

'통합학급 교육과정과 학급 실태를 알고 학생을 지원하고 있는가?'

'통합학급교사와 소통하며 협력하여 학생을 지도하고 있는가?'

박 교사는 두 교사를 만나 공부하기 전까지는 특수교육대상학생의 장애 특성과 수준을 고려한 개별화교육을 특수학급에서 지도하고 있는 것만으로도 특수교사로서 의무를 다하고 있다고 생각했다. 물론 특수교육대상학생이 일반학급에 소속되어 또래와 함께 같은 공간에서 교육받는 것도 통합교육이라고 할 수 있겠지만 이는 근시안적인 시야로 특수교육을 바라보는 것이었다.

'우물 안 개구리에서 벗어나야 한다! 어떤 것부터 시작해야 할까?'

박 교사는 며칠 전 김 교사, 위 교사와 함께 읽었던 '일반교사와 특수교사를 위한 통합교육 지침서'[14]를 다시 훑어보았다. 그때 박 교사의 눈에 띄는 표 하나가 있었다.

〈일반교사와 특수교사의 역할〉

특수교사 역할	일반교사 역할
• 장애 학생에 대한 적절한 기대 점검 • 통합학급의 교과와 장애 학생의 개별화교육계획(individualized education plan: IEP) 연계 가능성 및 장애 학생의 현행수준 파악 • 일반교사에게 장애 학생 현행수준에 대한 정보 제공 • 적절한 교수적 수정의 정도와 전략 확정 • 교수적 수정 아이디어 제시	• 장애 학생에 대한 적절한 기대 점검 • 통합학급 교과의 핵심 목표 및 학습 활동에 대한 정보 제공 • 통합학급 시간에 사용할 학습지 및 활동 방안에 대해 특수교사와 의견 교환 • 수정된 학습지 및 교육과정 수정 사항 적용 • 교육과정 수정 사항을 장애 학생의 특성 및 교과 내용에 맞추어 지속해서 적용 • 특수교사와 협력하여 완전 통합된 학생의 통합학급 지원을 위한 주도적 역할 수행

14 교육부·세종특별자치시교육청(2017). *통합교육 실행 가이드북 I*. p.49.

그렇다. 통합학급에서 특수교육대상학생의 적극적인 수업 참여를 끌어내기 위해서는 학생의 학습 수준과 교육목표를 통합학급교사와 함께 공유하고 학생의 수준에 맞게 교육과정을 수정하는 과정이 필요하다.

박 교사는 먼저 통합학급의 학급교육과정을 위 교사에게 받았다. 학급교육과정에는 본 학급 학생이 성취해야 할 각 성취기준과 목표들이 쓰여 있었다.

'담희가 성취하기에는 어려운 것들이 많이 있구나.'

한글도 제대로 못 읽는 담희가 성취하기에는 너무 높은 수준의 목표들이었다. 학급 전체 학생 대상으로 계획된 일반적인 학급교육과정이었기 때문에 담희의 수준이 반영되지 않은 것은 당연했다. 박 교사는 담희의 학습 수준과 개별화교육계획을 반영한 교육과정 수정을 위해 먼지가 쌓여 있던 '초등학교 교육과정' 책을 꺼내 들었다. 초등교육과정을 다시 공부하기 위해서였다. 교육과정을 정확히 알고 있어야 특수교육대상학생의 교육과정 수정 방안을 통합학급교사와 고민할 수 있을 것 같았다.

박 교사는 특수교사 임용시험을 준비하며 친구들과 기본교육과정[15] 외에 초등교육과정 전 과목을 왜 공부해야 하는지 투덜대며 공부하던 때가 떠올랐다. 박 교사는 이제야 왜 초등 특수교사 임용시험에 초등교육과정에 관한 문항이 있었는지 알 것 같았다.

월요일 아침, 박 교사는 여느 때처럼 김 교사, 위 교사와 함께 통합교

---

15 기본교육과정: 공통 교육과정 및 선택 교육과정에 참여하기 어려운 특수교육대상학생을 지원하기 위하여 그 내용을 대체한 대안 교육과정이다.

육을 공부하기 위해 만났다.

"위 선생님, 저번에 주신 학급교육과정 잘 봤어요. 그런데 담희가 성취하기에 너무 어려운 목표들이 많더라고요."

박 교사가 안타까운 표정을 지으며 말했다.

"학급교육과정은 전체 학생들을 대상으로 작성된 계획이니 담희가 성취하기에 어려울 수밖에요. 저희도 특수교육대상학생을 지도할 때 그 부분이 항상 고민이에요."

김 교사와 위 교사도 박 교사와 같은 마음이었다.

"그래서 제가 담희가 통합학급에서도 학습에 참여할 수 있도록 담희의 수준에 맞게 교육과정을 재구성해 보려고 '초등학교 교육과정' 책을 폈는데 혼자 교육과정을 보려니 어렵고 답답하더라고요."

박 교사는 김 교사와 위 교사에게 고민을 털어놓았다.

"저희도 학생들을 어떻게 지도하면 좋을지 교육과정을 들여다보며 매일 연구해요. 어떻게 하면 학생들에게 더 쉽고 의미 있게 전달할 수 있을까 하고 말이에요. 그러면 박 선생님! 요즘 우리가 통합수업에 관해 관심을 두고 있으니 같이 초등교육과정도 살펴보지 않을래요?"

"좋아요. 위 선생님! 선생님들과 함께라면 즐겁게 공부할 수 있을 것 같아요."

"김 선생님은요?"

"저도 좋습니다."

그렇게 박 교사와 김 교사, 위 교사는 초등교육과정도 함께 공부하게 되었다. 많은 양의 교육과정을 하나씩 살펴본다는 것은 쉽지 않은 일이었다. 아침 시간에 만나 많은 이야기를 나누기에는 한계가 있었기 때문에 매주 과목을 정해 주말에 공부하고 월요일 아침에 모였다. 그리고 각자가 재구성한 성취기준과 활동들을 나누었다.

"김 선생님, 이 성취기준과 저 성취기준을 묶으면 더 재미있는 활동이 될 수 있겠어요. 특수교육대상학생도 수업에 즐겁게 참여할 수 있고요."

"그러네요. 박 선생님, 내년에는 프로젝트 활동으로 교육과정을 재구성해 볼까요? 친구들과 프로젝트 문제를 해결하다 보면 자연스럽게 함께 공부하는 분위기도 형성되고 친구들 간의 관계도 좋아질 것 같아요. 어때요?"

"좋은 생각이에요!"

교육과정을 공부하며 각자의 생각들을 나누다 보니 어떻게 특수교육대상학생을 지도하면 좋을지 좋은 아이디어들도 떠올랐다. 힘든 시간이었지만 그들은 함께 성장하는 이 시간이 소중하게 느껴졌다.

9. 우리 학생들을 소개합니다

모든 사람의 생김새가 다르듯 학생들의 특성 또한 제각각이다. 학생들의 모습에서 부족한 부분이 부각되어 보이겠지만 그것을 어떻게 긍정적으로 끌어낼 수 있을지 고민해야 한다.

금요일 퇴근 시간.

한 주의 고됨을 훌훌 털어버리고 가벼운 발걸음으로 퇴근하는 길은 언제나 즐겁다. 박 교사도 이날은 남자친구와 데이트가 있는 날이라 화장을 고치고 한껏 꾸민 얼굴로 교실에서 나왔다. 김 교사와 위 교사도 서둘러 교실에서 나왔다.

"선생님들 일찍 퇴근하시네요?"

평소에 퇴근 시간 넘어서까지 남아 수업 준비를 하던 김 교사와 위 교사였다.

"금요일이잖아요. 한 주간 학생들에게 에너지를 쏟았으니, 이젠 육아에 전념해야죠."

김 교사는 학교에서 소문난 애처가이다. 누군가가 '김 선생님은 어떤 사람이야?'라고 물어본다면 열에 아홉은 '학교에서는 책임감 있게 일을 해내는 성실한 사람 그리고 가정에서는 육아면 육아, 살림이면 살림, 못하는 것이 없는 가정적인 남자야.'라고 대답할 것이다.

세 교사가 행복초에서 근무한 지도 벌써 2년이라는 시간이 흘렀고 새로운 학생들을 맞이해야 할 시기가 다가오고 있었다. 박 교사는 문득 김 교사와 위 교사가 행복초 3년 차에는 몇 학년을 희망했는지 궁금했다.

"김 선생님! 몇 학년 희망하셨어요?"

"6학년이요."

"정말요? 이번 6학년은 특수교육대상학생이 3명이나 있어서 모든 선생님이 꺼리는 학년인데, 대단하세요! 위 선생님은요?"

"저는 5학년 희망했어요."

"홍민이가 위 선생님을 많이 좋아하는데 잘됐어요. 전에 홍민이에게 어떤 사람이 되고 싶은지 물어본 적이 있는데, 위 선생님처럼 배구 잘하는 사람이 되고 싶대요."

"아휴, 홍민이도 참…."

위 교사는 멋쩍은 웃음을 지어 보였다.

김 교사와 위 교사가 희망한 대로 학년 배정이 될지는 모르는 일이었지만 두 교사는 지금 공부하고 있는 통합수업을 적용해 보고자 특수교육대상학생이 있는 학년을 선택한 듯했다.

월요일 아침.

금방이라도 하늘에서 눈이 펑펑 쏟아져 내릴 것 같은 날씨였다. 세 교사는 꾸준히 월요일 아침에 만나 통합교육과 교육과정 지식을 쌓아가며 일반교육과 특수교육 사이의 간격을 메워갔다. 한 주를 시작하는 월요일이 피곤하긴 했지만 배우며 성장하는 즐거움이 컸기에 피곤함도 이길 수 있었다.

"박 선생님, 우리가 계속 통합교육과 교육과정에 관해 공부하고는 있는데 정작 특수교육대상학생들의 특성은 잘 모르고 있네요."

위 교사의 말에 김 교사가 맞장구치며 말을 이었다.

"맞아요. 어떤 학생들인지 알아야, 어떻게 통합학급에서 지도할지 좀 더 생각해 볼 수 있을 것 같은데요. 우리가 그 부분을 놓치고 있었네요. 박 선생님, 특수교육대상학생들의 특성에 대해 간략하게 이야기해 주실 수 있어요?"

"물론이죠."

박 교사는 특수교육대상학생들의 특성을 두 교사에게 이야기하기 시작했다.

"전체 특수교육대상학생 중 가장 큰 비율을 차지하고 있는 학생은 지적장애 학생이에요. 특수교육 연차보고서에 따르면 특수학급 전체 특수교육대상학생 중 약 70%가 지적장애를 지닌 특수교육대상자[16]라고 보고하고 있어요."

"와, 정말 많네요. 우리 학교도 지적장애 학생이 가장 많지요?"

"네, 우리 학교 특수교육대상학생 8명 중 5명이 지적장애 학생이에요. 지적장애 학생은 지적 기능과 적응 행동상의 어려움을 함께 보여 학업성취에 어려움이 있는 학생이에요. 평균 이하의 지적인 능력과 적응 행동상의 어려움을 동시에 겪고 있죠. 일반적으로 주의집중 시간이 짧고 단기기억에 어려움이 있어 지속적인 주의 환기와 반복 학습이 필요해요. 일반화에도 어려움이 있어 배운 내용을 쉽게 다른 환경에 적용하지 못하고요."

위 교사는 박 교사의 말을 듣고 작년에 지도했던 동현이가 떠올랐다.

"맞아요. 작년에 동현이가 저희 반 학생이었는데 '선생님, 오늘 점심

---

16 교육부(2019). *2019년 특수교육 연차보고서*. p.21.

은 뭐예요?', '쉬는 시간에는 뭐해요?' 하면서 수업과 관련 없는 질문을 계속하다 보니 주어진 과제를 완성하지 못한 채 수업이 끝났어요. 주의하라고 하면 잠깐 집중하는데 얼마 가지 못했고요. 방금 가르쳐준 내용도 금방 잊어버려 속이 새카맣게 탔던 기억이 나요."

박 교사가 계속 이야기를 이어갔다.

"또 지적장애 학생들은 계속된 실패 경험으로 할 수 있는 것조차 쉽게 포기하거나 다른 사람에게 의존하려는 학습된 무기력을 보여요. 요즘 서희가 그래요. 그래서 스스로 해결할 수 있는 과제를 주고 성취감을 경험할 수 있도록 하고 있어요."

김 교사가 고개를 갸우뚱거리며 물었다.

"그러면 지능검사 결과가 낮고 학습에 어려움이 있으면 모두 지적장애에 해당하나요?"

"아니요. 아까 말씀드렸듯이 지적장애 학생들은 낮은 인지적 능력뿐만 아니라 친구 사귀기, 규칙 따르기, 화장실 스스로 사용하기 등 원만한 학교생활을 하기 위한 적응 행동상의 어려움이 함께 있어요. 김 선생님! 가인이 알죠? 가인이를 생각하면 이해하기 쉬울 것 같아요. 가인이는 상상력이 풍부한 학생이에요. 그림도 잘 그리고요. 하지만 학습의 어려움이 있을 뿐만 아니라 친구들과 어울리거나 상황에 맞는 대화를 주고받는 등 적응 행동상에 어려움도 함께 있어요."[17]

박 교사는 김 교사와 위 교사의 이해를 돕기 위해 현재 재학 중인 특수교육대상학생들을 예로 들며 이야기했다. 김 교사와 위 교사도 해당 학생들을 떠올리니 그들만이 가진 특성들이 머릿속에 쏙쏙 들어왔다. 박 교사는 목을 가다듬고 이어서 자폐성 장애 학생의 특성을 이야기했다.

---

17 이소현·박은혜(2020). *특수아동교육(3판)*. 서울: 학지사. pp.87-89.

"그다음으로 특수학급에 많이 있는 특수교육대상학생은 자폐성 장애 학생이에요. 자폐성 장애 학생들은 사회적 상호작용과 의사소통에 결함이 있고 제한적이고 반복적인 관심과 활동을 보이기 때문에 교육적 성취와 일상생활 적응에 도움이 필요해요. 그리고 자폐성 장애 학생들은 상대방의 마음을 이해하거나 자신의 감정을 표정으로 나타내는 걸 어려워해요. 친구와 눈을 맞추고 대화하거나 놀이 활동에 참여하는 등 다른 사람과 즐거움을 함께 나누는 것도 힘들어하고요. 또 특정한 사물에만 관심을 두거나 고정된 행동을 반복하기도 하고, 운율 없이 말하거나 반향어를 사용하는 등 독특한 행동과 대화 양식을 보여요."

"박 선생님, 반향어가 뭔가요?"

위 교사가 고개를 갸우뚱거리며 물었다.

"학교에서 장한이가 선생님이나 친구들 말을 그대로 따라 하는 걸 본 적 있으실 거예요."

"네, 본 적 있어요."

"그게 반향어에요. 반향어[18]란 일반적으로 다른 사람이 말한 단어나 문장을 의미 없이 반복하는 것으로 정의돼요. 과거에는 반향어가 비기능적일 뿐만 아니라 언어를 이해하지 못하기 때문에 나타나는 것으로 여겨졌는데, 현재는 반향어가 지닌 다양한 형태와 기능이 보고되고 있어요."

"아! 그러면 장한이는 자폐성 장애 학생이군요. 말 나온 김에 장한이에 관해서도 이야기해 줄 수 있을까요?"

위 교사는 내년에 자신의 반이 될지도 모르는 장한이에 대해 더 자세

---

18 이소현·박은혜(2020). *특수아동교육(3판)*. 서울: 학지사. p.227.

히 알고 싶었다.

"장한이는요, 웃음이 많은 학생이에요. 쉬는 시간에 '띠띠뽀'라는 기차가 나오는 애니메이션 주제곡을 틀어주면 특정 구간만 반복해서 듣는데 뭐가 그리 즐거운지 깔깔대며 웃느라 정신이 없어요. 또 색연필을 줄지어 늘어놓는 걸 좋아해요. 장한이는 갑작스럽게 상황이 바뀌는 걸 힘들어하는데 그때마다 바뀐 상황을 예측할 수 있도록 충분히 설명해 주면 이해하고 잘 따라와요."[19]

"박 선생님, 그러면 홍민이는 어떤 장애를 갖고 있나요?"

홍민이가 절뚝거리며 걷는 모습은 누가 보더라도 불편해 보였기 때문에 김 교사는 홍민이가 어떤 장애인지 궁금했다.

"홍민이는 뇌성마비가 있는 지체 장애 학생이에요. 지체 장애 학생은 기능·형태상 장애를 가지고 있거나 몸통을 지탱하거나 팔다리의 움직임 등에 어려움을 겪는 신체적 조건이나 상태로 인해 교육적 성취에 어려움이 있어요. 지체 장애 유형 중 뇌성마비는 출생 전, 출생 시, 출생

---

19 이소현·박은혜(2020). *특수아동교육(3판)*. 서울: 학지사. pp.87-89, 220-232.

후에 뇌에 손상을 입음으로 인해서 신체 여러 부위의 마비와 자세 및 운동능력 장애를 가져오는 것을 말하는데 주로 만 2세 이전에 발생해요. 흥민이는 오른쪽 팔과 다리가 불편한 편마비예요."[20]

"아! 어쩐지 흥민이가 왼쪽 팔과 다리만 사용하려고 하더라고요."

김 교사는 흥민이가 물건을 잡을 때나 조작 활동을 할 때 왼쪽 팔만 사용하던 모습이 떠올랐다.

"선생님, 마비가 되지 않은 쪽만 지나치게 사용하게 되면 발작(seizure)이 나타날 우려가 있어서 주의가 필요해요."[21]

"발작이요?"

위 교사는 전에 있던 학교에서 특수교육대상학생이 급식실에서 발작한 모습을 보고 놀랐던 때가 떠올랐다.

"그러면 어떻게 지도해야 해요?"

"마비된 손을 이용하여 물건을 집거나 조작하는 데 '조력자'로 사용하도록 지도해야 해요. 또 오른쪽 편마비 학생의 경우에는 책 또는 필통을 오른쪽에 두어 오른쪽을 조금이라도 사용하도록 유도하거나 책을 펼 때 두 손으로 잡도록 하고, 오른쪽으로 고개를 돌려서 칠판을 볼 수 있도록 자리 배치를 해주는 것이 좋아요. 그리고 그림을 그리거나 필기할 때 책상 위에서 종이를 고정하는 데 마비된 팔과 손을 사용하도록 하고 신체의 중심선을 중심으로 균형을 잃지 않고 움직일 수 있도록 연습시켜야 해요."[22]

---

20 이소현·박은혜(2020). *특수아동교육(3판)*. 서울: 학지사. pp.367-368.

21 박은혜·김정연·표윤희(2019). *함께 생각하는 지체장애 학생 교육*. 서울: 학지사. p.70.

22 한동기(2004). *특수체육의 이론과 실제*. 서울: 무지개사. [재인용] 박은혜·김정연·표윤희(2019). *함께 생각하는 지체장애 학생 교육*. 서울: 학지사. p.403.

"모든 사람의 생김새가 다르듯 우리 학생들의 특성 또한 제각각이네요."

김 교사와 위 교사는 앞으로 맡을 학생들의 정보를 빠짐없이 기록했다. 두 교사의 표정은 어떻게 특수교육대상학생들을 지도해야 할지 생각에 빠진 듯 진지했다.

"그 외에도 시각장애, 청각장애, 정서·행동 장애, 의사소통 장애, 학습장애, 건강 장애, 발달 지체 학생들이 있어요."

박 교사는 「장애인 등에 대한 특수교육법 시행령」에 나온 특수교육대상자 선정 기준표를 보여주었다.

〈「장애인 등에 대한 특수교육법 시행령」 제10조 관련 [별표]〉

「장애인 등에 대한 특수교육법 시행령」 제10조 관련 (특수교육대상자의 선정 기준)

1. 시각장애를 지닌 특수교육대상자
   시각계의 손상이 심하여 시각 기능을 전혀 이용하지 못하거나 보조공학기기의 지원을 받아야 시각적 과제를 수행할 수 있는 사람으로서 시각에 의한 학습이 곤란하여 특정의 광학기구·학습 매체 등을 통하여 학습하거나 촉각 또는 청각을 학습의 주요 수단으로 사용하는 사람
2. 청각장애를 지닌 특수교육대상자
   청력 손실이 심하여 보청기를 착용해도 청각을 통한 의사소통이 불가능 또는 곤란한 상태이거나, 청력이 남아 있어도 보청기를 착용해야 청각을 통한 의사소통이 가능하여 청각에 의한 교육적 성취가 어려운 사람
3. 지적장애를 지닌 특수교육대상자
   지적 기능과 적응 행동상의 어려움이 함께 존재하여 교육적 성취에 어려움이 있는 사람
4. 지체 장애를 지닌 특수교육대상자
   기능·형태상 장애를 가지고 있거나 몸통을 지탱하거나 팔다리의 움직임 등에 어려움을 겪는 신체적 조건이나 상태로 인해 교육적 성취에 어려움이 있는 사람
5. 정서·행동 장애를 지닌 특수교육대상자
   장기간에 걸쳐 다음 각 목의 어느 하나에 해당하여, 특별한 교육적 조치가 필요한 사람
   가. 지적·감각적·건강상의 이유로 설명할 수 없는 학습상의 어려움을 지닌 사람
   나. 또래나 교사와의 대인관계에 어려움이 있어 학습에 어려움을 겪는 사람
   다. 일반적인 상황에서 부적절한 행동이나 감정을 나타내어 학습에 어려움이 있는 사람
   라. 전반적인 불행감이나 우울증을 나타내어 학습에 어려움이 있는 사람
   마. 학교나 개인 문제에 관련된 신체적인 통증이나 공포를 나타내어 학습에 어려움이 있는 사람

6. 자폐성 장애를 지닌 특수교육대상자
사회적 상호작용과 의사소통에 결함이 있고, 제한적이고 반복적인 관심과 활동을 보임으로써 교육적 성취 및 일상생활 적응에 도움이 필요한 사람
7. 의사소통 장애를 지닌 특수교육대상자
다음 각 목의 어느 하나에 해당하여 특별한 교육적 조치가 필요한 사람
가. 언어의 수용 및 표현 능력이 인지능력과 비교해 현저하게 부족한 사람
나. 조음 능력이 현저히 부족하여 의사소통이 어려운 사람
다. 말 유창성이 현저히 부족하여 의사소통이 어려운 사람
라. 기능적 음성 장애가 있어 의사소통이 어려운 사람
8. 학습장애를 지닌 특수교육대상자
개인의 내적 요인으로 인하여 듣기, 말하기, 주의집중, 지각(知覺), 기억, 문제 해결 등의 학습기능이나 읽기, 쓰기, 수학 등 학업성취 영역에서 현저하게 어려움이 있는 사람
9. 건강 장애를 지닌 특수교육대상자
만성질환으로 인하여 3개월 이상의 장기입원 또는 통원치료 등 계속 의료적 지원이 필요하여 학교생활 및 학업 수행에 어려움이 있는 사람
10. 발달 지체를 보이는 특수교육대상자
신체, 인지, 의사소통, 사회·정서, 적응 행동 중 하나 이상의 발달이 또래와 비교해 현저하게 지체되어 특별한 교육적 조치가 필요한 영아 및 9세 미만의 아동

"박 선생님, 우리 학교에 있는 특수교육대상학생들의 일반적인 특성에 대해 참고할 만한 자료도 있을까요?"

"네, 김 선생님! 때마침 우리 학교 특수교육대상학생들의 일반적인 특성을 정리해 둔 자료가 있어요."

박 교사는 정리해 놓은 자료를 뽑아 김 교사와 위 교사에게 나눠 주었다.

〈장애 영역별 일반적 특성〉

장애 영역	일반적 특성
지적장애[23]  가인  서희  동현	**인지능력과 학업성취** 지적장애 아동은 그 정도에서는 차이가 있지만, 주의력과 기억력의 결함을 지니고 있다. 적절한 곳에 주의를 기울이지 못하고 엉뚱한 곳에 주의를 기울이거나 주의집중 시간이 짧고, 장기 및 단기기억력도 일반 아동보다 부족하다. 관찰이나 모방을 통하여 배우는 모방 학습이나 우발학습의 능력도 부족하므로 일반 아동의 경우 교사가 가르치지 않아도 스스로 알게 되는 내용에 대해서도 교사의 직접적이고 세부적인 교수를 필요로 한다. 한 가지를 배우면 지나치게 여러 가지에 그것을 적용하는 과도한 일반화의 문제를 보이기도 하고, 반대로 교실에서 배운 내용을 다른 환경에서는 적용하지 못하는 일반화 부족의 문제를 나타내기도 한다. 누적된 실패의 경험으로 인해 아무리 하고자 해도 안 된다고 생각하게 되어, 하고자 하는 의욕을 잃은 '학습된 무기력(learned helplessness)'의 상태가 되는 경우도 빈번하다. 실패의 경험뿐만 아니라 스스로 할 수 있는 기회가 주어지지 않고 주위에서 모든 것을 대신해 주기 때문에 이러한 학습된 무기력이 생기기도 한다. **언어 및 사회성 발달** 언어 발달에 있어서 지체되거나 비정상적인 패턴을 보이는 것은 거의 모든 지적장애 아동에게서 나타나는 특성이다. 예를 들어, 말을 정확하게 발음하지 못하는 조음의 문제는 지적장애 아동에게서 흔히 나타난다. 대부분의 지적장애 아동은 전형적인 언어 발달의 단계를 따르되, 발달 속도가 일반 아동과 비교해 지체된다. 지적장애 아동은 사회성 발달에도 다양한 문제를 보인다. 이들은 다른 사람과 어떻게 상호작용해야 하는지를 몰라서 친구를 사귀지 못하는 경우가 많다.

23 이소현·박은혜(2020). *특수아동교육(3판)*. 서울: 학지사. pp.88-89.

자폐 범주성 장애[24]  장한	**사회적 의사소통과 사회적 상호작용의 지속적인 결함** 사회적-정서적 상호성(즉, 다른 사람들과 어울리고 생각과 감정을 공유하는 능력)의 결함을 보이며, 사회적 상호작용을 위해 사용되는 비언어적 의사소통 행동에서 결함을 나타낸다. 이러한 결함은 눈 맞춤(문화적 규준에 비교하여), 몸짓, 표정, 신체정위, 말의 억양을 보이지 않거나 적게 보이거나 비전형적으로 사용하는 것으로 나타난다. 또한, 관계를 형성하고 유지하고 이해하는 데에 결함을 보인다. **제한적이고 반복적인 행동, 관심, 또는 활동 패턴** 상동적이거나 반복적으로 동작을 하거나 물건을 사용하거나 말을 하는 특징을 보이며 동일성 고집, 일상 활동에 대한 완고한 집착, 의식화된 언어적·비언어적 행동 패턴을 보인다. 강도나 초점이 비정상적인 매우 제한적이고 고착된 관심을 보이며, 감각적 입력에 대한 과대반응이나 과소반응을 나타내고 환경의 감각적 측면에 대해서 이례적인 관심을 보인다.
지체 장애[25]  홍민	**지능 및 학업성취** 신체적 능력에만 결함이 있는 지체장애 아동의 경우에는 일반인과 마찬가지의 분포로 인지능력을 나타낸다. 즉, 심한 뇌성마비가 있더라도 정상 또는 그 이상의 우수한 지적 능력을 보이는 일도 있을 수 있다. 지체 장애의 유형과 정도가 다양하므로 이들의 학업성취에 대하여 일반화시켜 말하기는 어렵다. **사회-정서적 특성** 지체 장애는 성장기 아동의 정서적 발달에 큰 영향을 미치게 된다. 수술, 입원 등으로 인한 심한 고통, 병원 치료 등은 아동의 성격이나 학교생활에 영향을 미친다. 신체적으로 남에게 많이 의존하게 됨으로 인하여 학습된 무기력(learned helplessness)이라 불리는 수동적인 양상을 보이게 되기도 한다. **신체 운동적 특성** 지체 장애 아동은 근육의 협응이 어렵고 비정상적인 운동패턴의 영향을 받으며, 특정 근육이 마비 또는 위축되거나 신체 일부를 상실하는

24 이승희(2016). *자폐스펙트럼장애의 이해(2판)*. 서울: 학지사. pp.64-65.
25 이소현·박은혜(2020). *특수아동교육(3판)*. 서울: 학지사. pp.375-377.

	예도 있다. 일반적으로 신경 근육계에 이상이 있으므로 정상적 운동 발달이 이루어지지 않으며 운동 발달의 속도가 매우 느리거나 특정 발달 단계에서 더는 발달이 이루어지지 않는 예도 있다.

박 교사는 학년을 맡기도 전에 특수교육대상학생들에게 관심을 가지고 다가가는 선생님들의 열정이 대단하다고 느껴졌다.

"아, 그리고 선생님들께 당부드리고 싶은 말이 있는데…."

"뭔데요?"

"모든 사람들이 잘하는 부분과 부족한 부분이 있듯이 특수교육학생들도 같아요. 물론 학생들의 모습에서 부족한 부분이 부각되어 보이겠지만 그것 또한 어떻게 긍정적으로 끌어낼 수 있을지 같이 고민해 보았으면 좋겠어요."

"당연하죠!"

박 교사는 자신이 한 이야기가 아직 특수교육대상학생들을 만나보기도 전에 통합학급교사에게 선입견으로 다가올까 봐 조심스러웠다.

다음 날.

박 교사는 퇴근 후 오케스트라 연습을 하러 가기 위해 자신보다 큰 악기를 들쳐 메고 평소보다 늦게 교실 문을 나섰다. 그리고 누군가에게 전화를 걸었다.

"우정 씨, 뭐 해?"

우정 씨는 서울에 있는 한 초등학교에서 근무하고 있는 박 교사의 남자친구이다. 박 교사와 그는 제주도 여행 중 게스트하우스에서 우연히 알게 됐고 그 후로도 연락을 주고받으며 연인 사이로 발전했다.

"퇴근하자마자 집에 와서 침대에 누웠어. 자기는?"

"오케스트라 연습 가려던 중이었어. 오늘 많이 힘들었나 보네. 침대에 쓰러져 있는 걸 보니…."

"자기야! 내가 전에 말했던 정민이 있잖아. 오늘도 그 녀석이랑 한바탕했어. 아무래도 특수교육이 필요한 학생인 것 같아."

평소에 학교에서 힘든 일이 있으면 사소한 이야기라도 마음 편히 박 교사에게 털어놓는 그였다. 그는 특수교사인 여자친구에게 차근차근 정민이의 학교생활을 이야기하기 시작했다.

"정민이가 수업에 집중하기 많이 어려워해. 수업 시간 내내 손발을 가만히 두지 못하고 발을 동동 구른다거나 책상 속을 뒤져. 수업 중 갑자기 일어서서 돌아다니기도 하고. 주의하라고 하면 잠깐 자리로 돌아오는데 금세 일어나 또다시 돌아다녀. 그리고 다른 친구들이 공부하고 있을 때 방해하지 않았으면 좋겠는데 자꾸 건들어서 서로 싸운 적이 여러 번이야. 오늘은 과제를 줬는데 하기 싫다고 찢어서 쓰레기통에 버렸어. 이러다 보니 점점 학습에서도 다른 친구들에 비해 뒤처지고…."

그의 말투에서 답답함이 가득 묻어났다. 그는 여러 방면으로 학생을 지도해 보았지만 쉽게 바뀌지 않았다.

"우정 씨, 오늘도 힘들었겠다."

"응, 너무 힘들어. 한두 번도 아니고 매일 이런 일상이 반복돼. 어떻게 해야 할까?"

"장애가 의심되면 교육장에게 진단·평가를 의뢰할 수 있어."

"그래? 자기야, 자세히 설명 좀 해줘."

"잠깐만 기다려봐."

박 교사는 남자친구가 이해하기 쉽도록 특수교육대상자 선정·배치

과정을 문자로 보냈다.

"방금 선정·배치 절차 문자로 보냈는데, 보면서 이야기하자."

그는 박 교사가 보낸 문자를 자세히 살펴보았다.

〈특수교육대상자 선정·배치 절차〉[26]

보호자 또는 각급 학교의 장 (보호자 동의)	• 장애가 있거나 장애가 있다고 의심되는 영유아 및 학생 발견 시 진단·평가 의뢰
⇩	
교육감 또는 교육장	• 특수교육지원센터에 진단·평가 회부
⇩	
특수교육지원센터	• 진단·평가 회부된 후 30일 이내에 진단·평가 시행 • 선정 여부 및 필요한 교육지원 내용에 대한 최종의견을 작성하여 교육장 또는 교육감에게 보고 • 진단·평가 과정에서 보호자의 의견 진술 기회 충분히 보장
⇩	
교육장 또는 교육감	• 특수교육지원센터로부터 최종의견을 통지받은 때부터 2주일 이내에 특수교육대상자로의 선정 여부 및 교육지원 내용을 결정하여 보호자에게 서면으로 통지 – 특수교육운영위원회에서 대상 선정 및 학교 지정·배치에 대해 심사 ※ 시·군 특수교육운영위원회: 유·초·중학생 ※ 도 특수교육운영위원회: 고등학생 • 특수교육대상자의 학교 지정·배치를 신청인에게 서면으로 통지
⇩	
학생 또는 보호자	• 배치된 학교에 취학

26 전라남도교육청(2020). *특수교육대상자 선정·배치 업무처리 지침*. p.11.

"먼저 보호자 또는 각급 학교의 장이 보호자의 동의를 얻어 교육장에게 특수교육대상자 진단·평가를 의뢰할 수 있어. 진단·평가가 의뢰되면 교육장은 다시 특수교육지원센터에 진단·평가를 의뢰하는데 특수교육지원센터에서는 진단·평가가 회부된 후 30일 이내에 진단·평가를 시행해야 해. 그리고 진단·평가한 결과 특수교육대상자로의 선정 여부 및 필요한 교육지원 내용에 대한 최종의견을 작성하여 교육장에게 보고해. 이때 보호자의 의견 진술의 기회는 충분히 보장되어야 하고."

"보호자의 진단·평가 의뢰 동의와 의견 반영이 중요하구나!"

"맞아. 보호자의 동의 없이 특수교육대상자 진단·평가를 의뢰할 수 없어."

"최종의견을 받은 교육장은 그다음에 어떻게 해?"

"교육장은 특수교육지원센터에서 최종의견을 받은 때부터 2주 이내에 특수교육운영위원회 심사를 거쳐 특수교육대상자 선정 여부와 배치 학교를 결정하고, 특수교육대상자로의 선정 여부 및 교육지원 내용을 보호자에게 서면으로 통보해."

"역시 자기가 설명해 주니까 이해가 잘 된다. 고마워. 그런데 특수교육대상자 진단·평가 의뢰에 필요한 서류들을 어디에서 찾아볼 수 있어?"

"교육지원청 특수교육지원센터 홈페이지에 들어가면 선정·배치 절차와 관련 서식들을 확인할 수 있을 거야."

박 교사의 남자친구는 박 교사와 이야기하는 것만으로도 그동안 답답했던 마음이 어느 정도 해소되는 것 같았다. 하지만 부모님께 어떻게 정민이의 상황을 이야기해야 할지 고민이 됐다.

"그런데 자기야, 어떻게 학부모님께 말씀드리지?"

"우정 씨! 진단기준과 절차를 잘 알고 상담하는 것도 중요하지만 상담할 때 학부모의 마음을 이해하려는 노력 또한 중요해. 처음으로 담임교사에게 자녀가 다른 학생들과 다르다는 이야기를 듣게 되었을 때 학부모가 받는 심리적인 충격은 이루 말할 수 없을 거야. 교사의 말을 받아들이기 힘드시겠지."

"그렇겠지. 매우 조심스러운 일이지."

"맞아. 학부모는 자신의 자녀이기 때문에 객관적으로 상황을 판단하기 어려울 수도 있어. 학부모를 상담할 때 이 점을 항상 염두에 두고 있어야 해."

박 교사의 남자친구는 잠시 곰곰이 생각하더니 박 교사에게 다시 물었다.

"그럼 어떻게 상담하면 좋을까?"

"우선 학생과 있었던 일을 꾸준히 기록해 놓는 것이 중요해. 한두 번의 사건으로는 학부모도 심각하게 받아들이지 않아. 대수롭지 않게 넘기는 경우가 많지. 그래서 사건이 있을 때마다 상세히 기록하고 그 내용을 부모와 이야기해야 해."

"자기야! 그러면 자꾸 전화해서 정민이가 학교에서 잘못했던 이야기만 하게 되잖아. 그러면 학부모도 내가 전화하는 것을 예민하게 받아들이지 않을까?"

"그렇겠지. 하지만 객관적인 사실을 꾸준히 전달하는 것이 대단히 중요하다고 생각해. 내가 예전에 근무했던 학교에서 있었던 일을 하나 이야기해 줄게. 내가 섬에서 근무할 때 수혁이라는 학생이 있었어. 수혁이가 3학년 때의 일이야. 수혁이가 화를 참지 못하고 물건을 던져 부수는 행동이 잦아지자 담임선생님이 학부모에게 심리 검사를 받아보는 게 어떻겠냐고 권유했어. 그런데 학부모가 우리 아이는 문제가 없다며 도리어 선생님이 친절하게 해주면 그렇지 않을 것이라고 화를 냈대."

"헉! 그 담임선생님, 힘들었겠네."

"그렇지. 그 후로도 담임선생님이 몇 번 더 수혁이가 심리 검사를 받아보는 게 좋겠다고 학부모에게 이야기했는데 돌아오는 답변은 같았어. 결국 담임선생님도 다시는 학부모에게 수혁이의 문제행동을 이야기하지 않게 되었고."

"그러면 수혁이의 문제행동은 계속되었겠네?"

"응, 그리고 수혁이가 4학년이 되었어. 4학년 담임선생님도 학기 초에 수혁이의 문제행동에 대해 학부모와 상담했지만 학부모는 계속 아이는 괜찮다고 이야기했어. 심지어 담임선생님과의 상담을 거부하셨고. 5학년이 되어서도 수혁이의 문제행동은 멈추지 않았고 담임선생님은 수혁이의 행동이 심각하다고 느끼고 이 사실을 알리기 위해 학부모에게 전화를 걸었어. 그런데 학부모가 어떻게 이야기했을 것 같아?"

"글쎄?"

"학부모가 '선생님! 우리 수혁이를 잘 몰라서 그러시는데 학기 초에 적응하느라 그러는 거예요. 조금 지나면 괜찮아질 거예요. 3학년 때도, 4학년 때도 학기 초에는 힘들어했는데 그 뒤로는 잘 지냈어요.'라고 이야기했대."

"아…."

박 교사 남자친구의 입에서 짧은 탄식이 나왔다.

"그 후로 수혁이는 어떻게 됐어?"

"그렇게 초등학교를 졸업하고 중학교에 진학했는데 나랑 친한 수진 선배 있잖아. 그 선배에게 우연히 들었는데 학교폭력 사건에 연루되어 심리 검사를 권유받았대. 그 결과 병원에서 정서·행동 장애로 진단받았고…. 정말 안타까운 경우지."

"그랬군. 빨리 진단을 받았더라면 학생이 적절한 특수교육 관련 서비스 지원을 받을 수 있었을 텐데. 그 학생도 얼마나 힘들었을까?"

"그런데 우정 씨! 학생을 장기간 관찰하지 않고 섣불리 검사를 권유하거나 의뢰하는 것도 조심해야 해. 검사를 의뢰했는데 문제가 없는 경우도 종종 있거든. 그러니까 다시 한 번 말하자면 학부모에게 학생의 행동에 대한 객관적 사실을 꾸준히 전달하는 것이 중요해. 학부모가 학생의 상태를 인정하고 받아들일 수 있도록 말이야. 낙숫물로 돌에 글자를 새기듯이 꾸준히! 이제 올해 거의 끝났다고 넘기지 말고 계속 말씀드려. 내년 담임선생님에게도 잘 이야기하고…."

"알았어. 자기야! 그런데 연습 시간 안 늦었어?"

"아, 맞다! 자기랑 통화하다 보니까 시간 가는 줄 몰랐네. 끝나고 다시 전화할게. 사랑해."

장애 유형별 DSM-5 진단기준

본 진단기준은 일반교사가 학생을 지도하면서 특수교육대상학생을
조기 발견하는 데 도움을 주고자 인용하여 수록함.

1. 지적장애의 DSM-5 진단기준[27]

지적장애(지적발달장애)는 발달 시기에 시작되어 개념, 사회, 실행 영역의 지적 기능과 적응 기능 모두에 결함이 있는 상태를 말한다. 다음의 세 가지 조건을 충족해야 한다.

A. 지적 기능(추론, 문제 해결, 계획, 추상적 사고, 판단, 학습, 경험학습 등)의 장애가 임상적 평가와 개별화, 표준화된 지능검사에서 확인되어야 한다.
B. 적응 기능의 장애로 인해 개인의 자립과 사회적 책무에 대한 발달학적, 사회문화적 기준을 충족하지 못한다. 지속적인 도움 없이는 적응 기능의 결함으로 다양한 환경(집, 학교, 일터, 공동체 등)에서 하나 이상의 일상 활동(의사소통, 사회참여, 독립적인 생활)에 지장을 받는다.
C. 지적 결함과 적응 능력의 결함은 발달 시기 동안에 시작되어야 한다.

현재의 심각도 명시
· 317(F70) 경도
· 318.0(F71) 중등도
· 318.1(F72) 고도
· 318.2(F73) 최고도

27 American Psychiatric Association[APA]. (2013). *Diagnostic and statistical manual of mental disorders* (5th ed.). Arlington VA: American Psychiatric Association. [재인용] 홍강의 외(2020). *DSM-5에 준하여 새롭게 쓴 소아정신의학*. 서울: 학지사. p.136.

2. 자폐 스펙트럼 장애의 DSM-5 진단기준[28]

다음 A, B, C, D 진단기준을 모두 충족해야 한다.

A. 다양한 맥락에 걸친 사회적 의사소통과 사회적 상호교류의 지속적인 장애로, 현재 또는 발달력상에서 다음 모든 양상이 나타난다(예로 든 것은 실제 예를 보여주기 위함이며, 해당되는 예를 모두 망라한 것은 아니다).
(1) 사회·정서적 상호교환성의 결핍: 비정상적인 사회적 접근 및 주고받는 대화를 나누기 어려운 것(관심사, 감정, 정서의 상호 교환과 반응이 적은 것 등에 의함)부터 사회적 상호작용을 전혀 시작하지 못하는 것까지의 범위에 걸쳐 있다.
(2) 사회적 상호작용에 사용되는 비언어적 의사소통 행동의 결핍: 잘 협응되지 않는 언어성·비언어성 의사소통(눈 맞춤이나 신체 언어의 이상, 또는 비언어적 의사소통을 이해하고 사용하는 능력의 결핍)부터 얼굴 표정이나 제스처가 전혀 없는 것까지 이에 해당한다.
(3) 부모 이외의 사람과 발달연령에 맞는 적절한 관계를 형성하고 유지하지 못함: 서로 다른 사회적 상황에 맞게 행동을 조절하기 어려운 것(상징놀이를 공유하기 어렵거나 친구를 만들기 힘든 것으로 나타남)부터 타인에 대한 관심이 없는 것까지 포함된다.

B. 행동, 관심 및 활동이 한정되고, 반복적이고 상동적인 양상으로, 현재 또는 발달력상에서 다음 중 두 가지 이상의 양상이 나타난다(예로 든 것은 실제 예를 보여주기 위함이며, 해당되는 예를 모두 망라한 것은 아니다).
(1) 상동화되고 반복적인 움직임, 사물의 사용, 또는 말(예: 단순한 운동 상동증, 장난감을 줄 세우기, 사물을 튕기는 행동(flipping), 반향어, 또는 개인 특유의 어구 사용 등)
(2) 같은 상태를 고집함. 일상적으로 반복되는 것(routines)에 대한 융통성 없는 집착, 또는 틀에 박힌(routinized) 언어적·비언어적 행동(예: 사소한 변화에 대한 극심한 불편감, 하나에서 다른 것으로의 전환을 어려워함, 융

28 American Psychiatric Association[APA]. (2013). *Diagnostic and statistical manual of mental disorders* (5th ed.). Arlington VA: American Psychiatric Association. [재인용] 홍강의 외(2020). *DSM-5에 준하여 새롭게 쓴 소아정신의학*. 서울: 학지사. p.152.

통성 없는 사고 패턴, 인사하는 행동이 틀에 박혀 있음(greeting rituals), 똑같은 일상 규칙을 반복해야 하는 것, 매일 같은 음식을 먹음)

(3) 매우 제한적이고 고정된 관심을 갖고 있으며, 그 강도나 집중의 대상이 비정상적(예: 유별난 사물에 너무 강하게 애착이 되거나 몰두함, 관심사가 매우 한정적이거나 집요함)

(4) 감각적인 자극에 대한 지나치게 높거나 낮은 반응성, 또는 환경의 감각적 측면에 대해 유별난 관심(예: 통증/열감/차가운 감각에 대한 무반응이 분명히 있음, 특정한 소리나 질감에 대해 특이한 반응을 보임, 지나치게 사물의 냄새를 맡거나 만져봄, 불빛이나 빙글빙글 도는 물체에 대해 시각적으로 매료됨)

C. 증상은 어린 시절부터 나타나야 한다(하지만 사회적인 요구가 제한된 능력을 상회할 때까지는 완전히 드러나지 않을 수 있다).

D. 증상은 함께 매일의 기능을 제한하고 장해를 유발해야 한다.

3. 주의력 결핍과 과잉행동장애의 DSM-5 진단기준[29]

A. 다음과 같은 증상이 발달수준에 맞지 않고, 부적응하게 6개월 이상 지속될 때

(1) 주의산만 증상(여섯 가지 이상)

a. 학업, 일, 기타 활동 중 세심한 주의를 기울이지 못하거나, 부주의한 실수를 자주 한다.

b. 과제 수행이나 놀이 중 주의집중을 지속하는 데 어려움을 자주 갖는다.

c. 대놓고 이야기하는데도 듣지 않는 것처럼 보일 때가 자주 있다.

d. 지시를 따라오지 않거나 학업, 심부름, 업무를 끝내지 못하는 경우가

---

29 American Psychiatric Association[APA]. (2013). *Diagnostic and statistical manual of mental disorders* (5th ed.). Arlington VA: American Psychiatric Association. [재인용] 홍강의 외(2020). *DSM-5에 준하여 새롭게 쓴 소아정신의학*. 서울: 학지사. p.184.

자주 있다.

e. 과제나 활동을 조직적으로 하는 것에 곤란을 자주 겪는다.

f. 지속적으로 정신을 쏟아야 하는 일을 피하거나, 싫어하거나, 거부하는 것이 자주 있다.

g. 과제나 활동에 필요한 것을 자주 잃어버린다(예: 숙제 연필, 책 등).

h. 외부 자극에 의해 쉽게 주의가 산만해진다.

I. 일상적인 일을 자주 잊어버린다.

(2) 과잉행동(1~6)/충동성(7~9) 증상(여섯 가지 이상; 17세 이상인 경우 다섯 가지 이상)

a. 손발을 가만두지 않거나, 자리에서 꼬무락거린다.

b. 가만히 앉아 있어야 하는 상황에서 자주 자리를 뜬다.

c. 적절하지 않은 상황에서 지나치게 달리거나 혹은 기어오른다(성인은 '안절부절못함').

d. 조용하게 놀거나 레저 활동을 하지 못하는 경우가 자주 있다.

e. '쉴 사이 없이 활동하거나' 혹은 마치 '모터가 달린 것같이' 행동하는 경우가 자주 있다.

f. 지나치게 말을 많이 하는 경우가 자주 있다.

g. 질문이 끝나기도 전에 대답해 버리는 경우가 자주 있다.

h. 차례를 기다리는 것을 자주 어려워한다.

I. 다른 사람이 하는 것을 중단시키거나 무턱대고 끼어드는 경우가 자주 있다.

B. 이러한 증상이 12세 이전에 있어야 한다.

C. 적어도 2군데 이상(예: 학교와 가정)에서 이러한 증상이 존재해야 한다.

D. 사회활동, 학업, 직업 기능의 방해 혹은 질적 저하의 명백한 증거가 있어야 한다.

E. 조현병의 경과 중이거나 혹은 기분장애, 불안장애, 해리장애, 성격장애, 물질급성중독 혹은 금단에 의한 것이 아니어야 한다.

Ⅲ
통합수업 함께하기

10. 개별화교육계획이란?

개별화교육계획은 특수교육대상학생의 능력을 계발하기 위해 제공되는 교육과 지원을 포함하는 실행 계획 및 과정, 결과에 대한 평가를 기록한 법적인 문서이다.

박 교사의 행복초등학교 3년 차 2월

겨울이 지나고 봄이 다가오고 있었다.

"광양 매화꽃이 예쁘게 피었던데 오랜만에 드라이브 갈까?"

"좋지, SNS에도 매화꽃 찍은 사진들이 많이 올라오더라고!"

장거리 연애 중인 박 교사가 남자친구와 데이트하는 날은 보통 주말이다. 물론 연애 초기에는 광주에서 서울까지 KTX를 타고 자주 만났지만, 이제는 서로가 하는 일에 조금 더 집중하기로 했다.

박 교사와 남자친구는 일주일간 전화 통화로도 못다 한 대화를 깔깔대며 이어갔다. 사소한 대화이지만 웃음이 끊이질 않았다. 한창 박 교사의 남자친구가 자신이 근무하는 학교 이야기를 하던 중에 물었다.

"참! 자기야, 그런데 개별화교육계획(individualized education plan: IEP)이 뭐야?"

"응? 갑자기? 뜬금없이?"

"올해 맡은 학생 중에 특수교육대상학생이 있는데, 개별화교육계획을 세워야 한다고 교감 선생님께서 말씀하시더라고."

"아, 우정 씨네 학교에는 특수교사가 없어?"

"응, 없어."

"너무 걱정하지 마. 내가 있잖아. 개별화교육계획 정의는 「장애인 등에 대한 특수교육법」 제2조에서 찾아볼 수 있어. 잠깐만."

박 교사는 「장애인 등에 대한 특수교육법」 제2조를 검색하여 남자친구에게 읽어주었다.

〈「장애인 등에 대한 특수교육법」 제2조(2019. 12. 10. 일부개정)〉

> 제2조(정의) 이 법에서 사용하는 용어의 정의는 다음과 같다. 〈개정 2012. 3. 21.〉
>
> 7. 개별화교육이란 각급학교의 장이 특수교육대상자 개인의 능력을 계발하기 위하여 장애유형 및 장애특성에 적합한 교육목표, 교육방법, 교육내용, 특수교육 관련서비스 등이 포함된 계획을 수립하여 실시하는 교육을 말한다.

"다시 말해서 특수교육대상학생의 능력을 계발하기 위해 제공되는 교육과 지원을 포함하는 실행 계획 및 과정, 결과에 대한 평가를 기록한 법적인 문서야.[30] 개별화교육계획을 작성하기 위해서는 각 특수교육대상자에 대한 개별화교육지원팀을 구성해야 하는데 매 학년 시작일로부터 2주 이내에 구성하게 되어 있어. 개별화교육지원팀에는 보호자, 일반교육 교원, 진로 및 직업교육 담당 교원, 특수교육 관련 서비스 담당 인력 등이 포함돼. 개별화교육지원팀이 구성되면 개별화교육지원팀의

30 국립특수교육원(2019). *개별화교육계획 운영 가이드북*. p.12.

협의를 거쳐 매 학기 시작일로부터 30일 이내에 개별화교육계획을 작성하지."

〈「장애인 등에 대한 특수교육법」 제22조〉

> 제22조(개별화교육) ① 각급학교의 장은 특수교육대상자의 교육적 요구에 적합한 교육을 제공하기 위하여 보호자, 특수교육교원, 일반교육교원, 진로 및 직업교육 담당교원, 특수교육 관련서비스 담당 인력 등으로 개별화교육지원팀을 구성한다.
>
> ② 개별화교육지원팀은 매 학기마다 특수교육대상자에 대한 개별화교육계획을 작성하여야 한다.
>
> ③ 특수교육대상자가 다른 학교로 전학할 경우 또는 상급학교로 진학할 경우에는 전출학교는 전입학교에 개별화교육계획을 14일 이내에 송부하여야 한다.
>
> ④ 특수교육교원은 제1항부터 제3항까지의 규정에 따른 업무를 수행하기 위하여 각 업무를 지원하고 조정한다.
>
> ⑤ 제1항에 따른 개별화교육지원팀의 구성, 개별화교육계획의 수립·실시 등에 관하여 필요한 사항은 교육부령으로 정한다. 〈개정 2008. 2. 29., 2013. 3. 23.〉

〈「장애인 등에 대한 특수교육법 시행규칙」 제4조〉

> 제4조(개별화교육지원팀의 구성 등) ① 각급학교의 장은 법 제22조 제1항에 따라 매 학년의 시작일로부터 2주 이내에 각각의 특수교육대상자에 대한 개별화교육지원팀을 구성하여야 한다.
>
> ② 개별화교육지원팀은 매 학기의 시작일부터 30일 이내에 개별화교육계획을 작성하여야 한다.
>
> ③ 개별화교육계획에는 특수교육대상자의 인적사항과 특별한 교육지원이 필요한 영역의 현재 학습수행수준, 교육목표, 교육방법, 평가계획 및 제공할 특수교육 관련서비스의 내용과 방법 등이 포함되어야 한다.

④ 각급학교의 장은 매 학기마다 개별화교육계획에 따른 각각의 특수교육대상자의 학업성취도 평가를 실시하고, 그 결과를 특수교육대상자 또는 그 보호자에게 통보하여야 한다.

박 교사의 이야기를 듣고 남자친구의 얼굴이 굳어졌다.

"내 말이 너무 길었지. 특수교육대상학생을 위한 개별화된 교육계획을 개별화교육지원팀 협의를 거쳐 세우는 걸로 생각하면 돼."

박 교사는 남자친구의 심각해진 표정이 귀여웠다. 특수학급이 없고 특수교육대상학생들을 처음 맡는 대부분의 통합학급교사들이 남자친구와 비슷한 궁금증을 가지고 있을 것이라는 생각이 들었다.

"그러면 우리 학교에는 특수교사가 없으니 담임교사인 내가 개별화교육계획을 작성해야 하는 건가?"

커진 목소리와 함께 남자친구의 눈이 동그랗게 커졌다.

"놀라기는…. 걱정하지 말라니까! 특수교사가 있는 학교는 특수교사가 개별화교육지원팀에서 협의한 내용을 가지고 개별화교육계획을 작성하지만 특수교사가 없는 경우에는 특수교육지원센터나 인근 학교의 순회 특수교사가 개별화교육계획을 세우는 데 도움을 줘."

"휴…, 다행이다."

남자친구는 일단 순회 특수교사의 도움을 받을 수 있다는 말에 안도의 한숨을 내쉬었다.

"그런데 우정 씨, 개별화교육계획에 어떤 것들이 기록되어 있는지 알아야 순회 특수교사와 함께 학생을 지도할 수 있지 않을까?"

남자친구는 이미 순회 특수교사가 있다는 안도감에 별 관심이 없는 듯했지만, 담임교사로서 책임감을 가지고 함께 지도해야 한다는 박 교사의 말에 이내 수긍했다.

“그렇지! 개별화교육계획에는 어떤 것들이 들어가는데? 자기가 미리 좀 알려줘.”

“오늘은 여기까지! 우리 둘만의 시간이니까 데이트에 집중하자! 다음에 만날 때 내가 개별화교육계획 나이스(NEIS) 화면 보여줄게. 직접 보면 더 이해하기 쉬울 거야.”

그로부터 며칠 후 박 교사는 평소에 읽고 싶었던 책과 일기장, 노트북을 들고 집을 나섰다. 박 교사는 어릴 적 옛 추억을 불러일으키는 복고풍 감성의 카페를 좋아했는데 집 근처에 그런 카페가 있어 일주일에 한 번 그곳에 가 자기만의 시간을 즐기곤 했다. 카페가 평소보다 꽤 조용했다. 커피를 주문하고 자리에 앉으려던 찰나 적막을 깨는 벨 소리가 울렸다.

“여보세요?”

“자기야, 뭐 해?”

남자친구에게 걸려 온 전화였다.

“나 집 근처 카페야.”

“아! 자기가 항상 가던 카페? 친구 만나고 이제 서울 가기 전에 자기 보고 가려고 전화했지.”

박 교사는 화장도 하지 않은 민낯인 데다 자기만의 시간이 없어진 것 같아 남자친구를 만나는 것이 별로 내키지 않았지만, 노트북을 가지고 나온 김에 저번에 이야기했던 개별화교육계획을 남자친구에게 보여주어야겠다고 생각했다.

“그래, 나 화장도 안 한 상태인데…. 그러면 우정 씨 저번에 내가 개별화교육계획 나이스 화면 보여준다고 했잖아. 노트북 가지고 나온 김에 보여줄까?"

"나야 좋지!"

"우정 씨, 여기!"

박 교사는 손을 번쩍 들어 남자친구를 향해 흔들어 보였다. 남자친구와 갑작스러운 만남에 당황스러웠지만, 막상 얼굴을 보니 기분이 풀렸다. 그들은 한 시간 동안 서로의 이야기를 풀어놓느라 정신이 없었다. 그때 박 교사가 놀란 표정으로 말했다.

"자기야, 벌써 9시 반이야. 개별화교육계획도 못 보여줬는데."

"그러게, 어쩌지?"

"지금이라도 빨리 보자."

박 교사는 남자친구와 더 이야기를 나누고 싶었지만 하던 이야기를 멈추고 노트북을 켰다.

"우정 씨, 저번에 개별화교육계획은 특수교육대상학생을 위한 교육내용과 지원 계획을 포함한 개별화된 교육계획이라고 했잖아. 개별화교육계획에는 특수교육대상자의 인적 사항과 특별한 교육지원이 필요한 영역의 현재 학습 수행 수준, 교육목표, 교육내용, 교육 방법, 평가계획 및 제공할 특수교육 관련 서비스의 내용과 방법이 포함되어야 해. 개별화교육계획은 나이스에 기록하게 되어 있는데 차근차근 살펴볼까?"

박 교사는 숨을 가다듬고 하나씩 설명해 나갔다. 늦은 시간이라 피곤했지만 특수교육에 관심을 두고 이야기를 듣는 남자친구가 대견하게 느껴졌다.

"먼저 개별화교육계획 업무 메뉴에 보면 인적 사항 관리가 있어. 여기에는 특수교육대상의 기본적인 인적 사항과 진단평가 결과가 적혀 있지. 인적 사항 관리는 기본사항 I 과 기본사항 II 가 있는데 기본사항 I 에는 특수교육대상자 인적과 개별화교육계획 시작일과 종료일, 장애 유형과 정도, 특성, 배정학급, 장애인 등록 여부, 통학 수단, 순회 교육 여부를 기록해. 기본사항 II 에는 학생의 흥미와 강점, 약점, 보호자의 희망사항, 그리고 그 밖에 학생에 대해 알아야 할 기타사항을 기록하지."

〈인적사항관리 중 기본사항 I〉

〈인적사항관리 중 기본사항 II〉

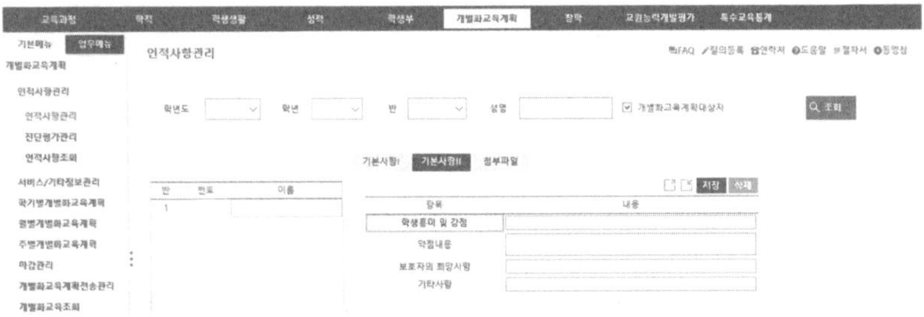

〈인적사항관리 중 첨부파일〉

“또 첨부파일 탭이 있는데 여기에는 해당 학생에 대한 자료들을 보관해 놓을 수 있지. 종이 서류로 만들어지게 되는 각종 확인서나 회의록, 동의서들을 학생별로 저장해 놓고 참고 자료로 활용할 수 있어.”

〈진단평가 관리〉

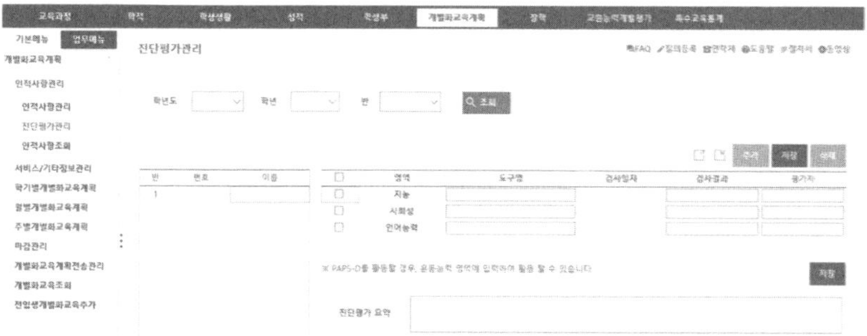

“진단평가 관리도 보이지? 특수교육대상자로 선정·배치받을 때 진단평가 결과와 특수교육대상자로 배치된 후 재진단평가한 결과를 입력해. 진단평가 관리에서는 진단평가 영역과 검사 도구, 검사일, 검사 결과,

평가자, 진단평가 결과 요약을 볼 수 있어."

〈특수교육 관련 서비스 관리〉

"그다음으로 서비스/기타정보관리가 있는데 여기에 「장애인 등에 대한 특수교육법」 제28조 특수교육 관련 서비스에 명시된 가족 지원, 치료 지원, 보조 인력, 통학 지원, 각종 교구, 학습 보조기 및 보조공학기기 등 학생이 받는 관련 서비스를 입력해. 서비스가 언제부터 제공되고 끝나는지, 받는 곳은 어디인지, 어떤 요일과 시간에 참여하는지 자세히 기록하지. 그 외 학생이 받는 관련 서비스가 있다면 기타정보관리에 입력할 수 있어."

〈학기별 개별화교육계획 관리〉

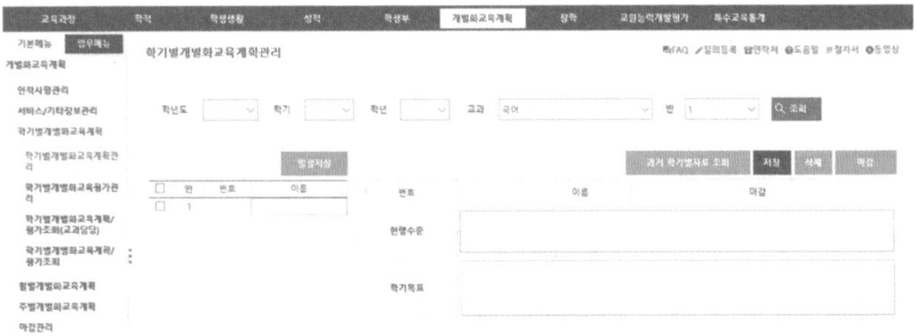

〈학기별 개별화교육 평가 관리〉

“개별화교육계획에서 정말 중요한 건 학기별 개별화교육계획과 월별 개별화교육계획이야. 학기별 개별화교육계획에서는 학생의 현행수준과 한 학기 동안 도달해야 할 목표를 기록하는데, 과거 학기별 자료 조회를 통해 전년도 현행수준과 학기목표를 확인할 수 있어.

학기별 개별화교육 평가에서는 개별화교육계획에 따라 지도한 결과 학생이 얼마나 성장했는지 보여줘. 평가 결과는 다음 개별화교육계획을 수립하기 위한 참고 자료가 되기 때문에 중요하고.

월별 개별화교육계획에서는 학기목표에 도달하기 위해 학생들이 월마다 무엇을 어떻게 배우고 평가받을 것인지 입력해. 즉, 학기목표를 성취하기 위한 교육목표, 교육내용, 교육 방법, 평가 준거를 상세하게 월별로 작성해야 하지.

월별 개별화교육 평가 관리도 학기별 평가와 마찬가지로 학기목표에 도달하기 위해 계획한 월별 개별화교육 목표를 얼마나 달성했는지 평가 결과를 서술하게 되는데 월별 평가들은 학기목표 도달 정도를 평가하기 위한 자료가 돼.

개별화교육계획 전체를 한꺼번에 보고 싶다면 개별화교육 조회에서

〈월별 개별화교육계획 관리〉

〈월별 개별화교육 평가 관리〉

재학생과 졸업한 학생의 개별화교육계획을 확인할 수도 있어. 또 전입이나 전출 학생이 있으면 해당 학생의 개별화교육계획을 추가하거나 전출학교로 보낼 수도 있지."

〈개별화교육 조회〉

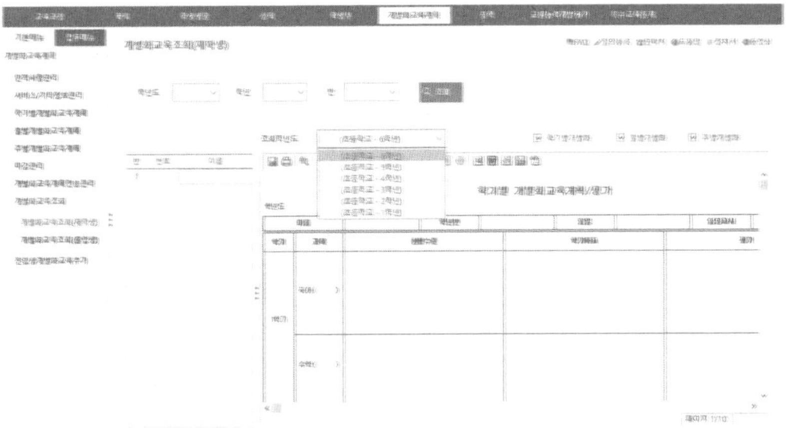

〈전입생 개별화교육 추가〉

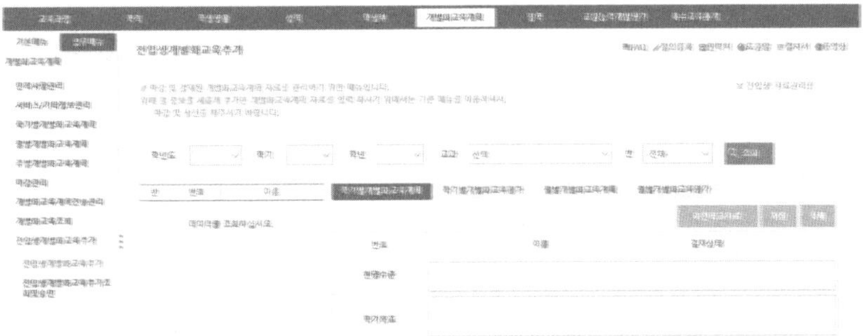

〈개별화교육계획 전송 관리〉

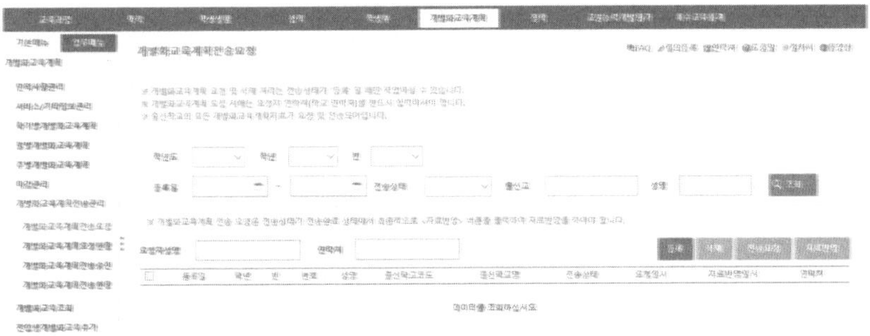

이야기가 끝나고 시계를 보니 10시 반이 되어 있었다. 박 교사는 서둘러서 노트북을 껐다.

"어때, 개별화교육계획이 이제 뭔지 알겠어?"

"응, 보니까 학교생활기록부랑 비슷한데 개별화교육계획에는 개별 학생의 장애 유형과 특성에 따라 특수교육대상학생을 어떻게 지도하고 무엇을 지원할 것인지 구체적으로 적혀 있는 것 같아. 이제 순회 특수교사와 어떤 부분을 이야기하고 협력해서 지도해야 할지 감을 좀 잡았어. 고마워."

이제 박 교사는 남자친구와 학교에 관한 이야기는 그만하고 그가 서울로 떠나기 전에 서로의 이야기를 더 하고 싶었다. 하지만 남자친구의 표정은 아직도 무엇인가 궁금함이 해소되지 않은 모습이었다. 박 교사가 물었다.

"잘 알겠다고, 고맙다고 했으면서 아직도 뭔가 풀리지 않은 표정은 뭐지?"

"아무것도 아니야."

"내가 우정 씨 표정을 모르겠어? 얼른 이야기 해봐. 내가 알려주지."

"사실 자기야! 내가 학생평가를 하면서 항상 고민하던 것이 있었어. 우리 통합학급에서는 평가할 때 학기 초에 나이스 시스템에 교과별 평가계획을 입력하거든. 거기에 입력되는 내용은 교과 영역 이름, 성취기준, 평가 내용, 평가단계 정도야. 이렇게 입력된 평가계획을 기준으로 학생의 교과 평가를 하게 되는데, 학기 말에 평가 결과를 입력할 때 초임 학교에서는 '◎, ○, △'로 입력했고, 두 번째 학교에서는 '매우 잘함, 잘함, 보통, 노력 요함' 같은 평어로 입력을 했거든. 그런데 이렇게 입력하다 보니까 우리 반에서 내가 통합수업으로 가르치는 특수교육대상학생은 평가 기준에 모두 도달하지 못하는 거야. 그래서 나는 모든 교과에서 '노력 요함'으로 입력했던 것 같아. 그런데 생각해 보면 특수교육대상학생이라서 목표에 도달할 수가 없는데 그런 목표를 계획해서 '노력 요함'이라는 평어를 입력하는 것이 좀 맞지 않다는 생각이 들어."

"우리 우정 씨가 특수교사 여자친구 만나더니 특수교육대상학생에 대해 고민을 많이 하는군! 아주 긍정적인 방향이야. 나도 이것은 통합학급 선생님들이 어떻게 평가하고 계시는지 학교에 가서 한번 여쭤봐야겠네. 알아보고 알려줄게."

"알았어. 이제 다 됐어. 하하하."

"자기야! 그런데 몇 시 기차라고 했지?"

"11시 40분. 벌써 시간이 이렇게 됐네."

박 교사와 남자친구는 서둘러 카페에서 나왔다.

"조심히 가. 집에 도착하면 연락해."

다음 날, 박 교사는 지난밤 남자친구의 질문에 대한 답을 찾기 위해 수업이 끝나자마자 김 교사를 찾아갔다.

"김 선생님! 바쁘세요?"

"바쁘죠. 항상 바쁘지만 일하기 싫어서 좀 멍하니 있었어요. 정말 하루 여섯 시간 수업은 힘드네요. 그런데 무슨 일이세요?"

"네, 궁금한 것이 있어서요. 김 선생님, 나이스에 학생 성적 입력하실 때 특수학급에서 수업하는 교과의 평가는 저에게 의견으로 적어달라고 하시잖아요. 그것은 어떻게 활용하시는 거예요?"

"아! 특수교육대상학생 성적 평가가 궁금하셨군요? 그럼 나이스 화면 함께 보면서 설명해 드릴까요?"

〈나이스 메뉴 중 성적 ▷ 학생평가 ▷ 교과평가 ▷ 영역별 평가 화면〉

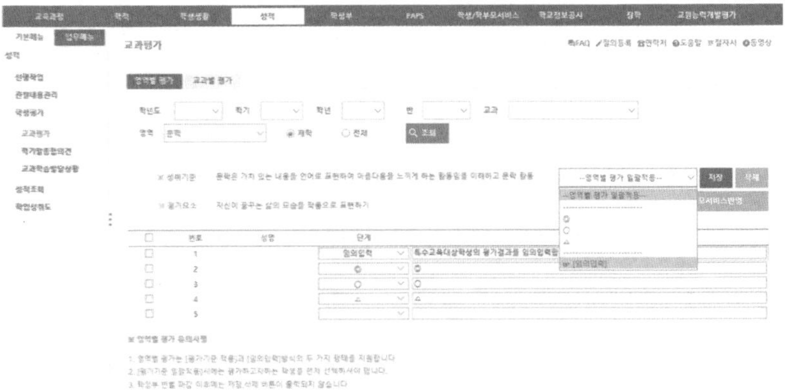

김 교사가 나이스 화면을 켜며 말을 이어나갔다.

"통합학급에서는 '나이스 - 성적 - 학생평가 - 교과평가' 메뉴에 평가를 입력하는데요. 일반적으로 평가계획을 수립할 때 평가단계를 설정해요. 학교마다 다른데 지금 우리 학교는 '◎, ○, △'의 세 단계로 평가를 해요. 그런데 특수교육대상학생의 경우에는 평가계획의 3단계로 평가하기에 무리가 있어요. 그러므로 특수교육대상학생의 평가는 학업성적관리위원회의 심의를 받아 서술형으로 평가하겠다고 계획할 수 있어요. 그렇게 되면 특수교육대상학생이 전 교과에서 '△'단계로만 평가되는 일은 없겠죠."

"그래서 통합학급 선생님들께서 국어, 수학 평가 의견을 적어달라고 하셨던 것이군요."

"맞아요. 우리 학교는 학업성적관리규정에 의해 평어로만 평가 결과를 적기 어려운 특수교육대상학생의 성적은 서술형으로 평가할 수 있게 되어 있어서, 나이스 시스템의 '임의 입력' 방법을 활용하여 교과 평가 결과를 입력하고 있어요."

박 교사는 이전에 근무했던 학교에서의 평가를 떠올리며 김 교사에게 다시 물었다.

"김 선생님, 전임 학교에서는 특수교사에게 교과 평가 의견을 써서 달라고 하지 않았거든요. 그럼 특수교육대상학생들의 교과 평가는 어떻게 하셨을까요?"

"아마…. 통합학급에서 일반학생들과 같이 3단계로 평가되었을 거예요. 그러니까 여기서 박 선생님께서 기억하셔야 할 것은 특수교육대상학생의 평가 또한 학업성적관리위원회에서 결정되니 학업성적관리위원회에 특수교사가 포함되는 것이 특수교육대상학생의 적합한 평가 활동을 위한 첫걸음이 된다는 것이에요. 우리 학교는 박 선생님께서 위원이 아니셔도 이전부터 그렇게 평가하고 있었고요."

"아! 그렇네요. 역시 연구부장님은 다르시네요. 감사해요."

"이야기하다 보니 또 퇴근 시간을 넘겼네요. 내일 수업 준비도 해야 하는데 얼른 하고 퇴근합시다. 퇴근 잘 하세요."

이렇게 박 교사는 남자친구의 질문에 대한 답을 얻고 남자친구에게 알려주려는 설렌 발걸음으로 김 교사의 교실을 나섰다.

11. 학급교육과정과 개별화교육계획의 관계

특수교육대상학생이 학급교육과정에 계획된 활동에 참여할 수 있도록 개별화교육계획을 수립하게 되는데, 이때 통합학급 선생님이 개별화교육지원팀 회의에 참석해 학급교육과정에 관해 설명하는 것이 중요하다.

2월.

일반적으로 2월은 새해가 시작되어 한 달이 지난 조금은 안정된 시기이다. 하지만 학교에서는 이전 학년을 마무리하고, 3월에 시작될 새 학년을 준비하는 중요한 시기이다. 수면 위에 우아하게 떠 있는 백조가 수면 밑에서는 분주히 발을 움직이는 것처럼 학교는 학생들이 없어 조용한 듯하지만 선생님들은 분주하다.

특수교육대상학생의 수업을 고민하던 세 교사에게도 행복초에서의 2년 차가 저물고 새롭게 3년 차를 준비하는 2월이 되었다. 세 교사의 머릿속에 이 해는 지난해에 공부했던 통합수업에 관한 내용을 실제 내 학교, 내 교실에서 풀어내어 담당 학급에 있는 특수교육대상학생들에게 성장할 수 있는 일 년을 선물하겠노라고 모두 마음먹고 있었다. 물론, 다른 학교였다면 자신의 학급에 다시 특수교육대상자가 배치될지 모르는 일이었다. 그렇지만 세 교사가 근무하는 학교는 그런 고민을 할 필요가 없었다.

왜냐하면 세 교사가 근무하는 학교는 소규모 학교이지만 특수학급이 2개나 되는 특수교육대상학생이 많은 학교이기 때문이다. 그래서 모든 학년에 적으면 한 명, 많으면 세 명까지 특수교육대상학생이 포함되어 있다. 이미 위 교사와 김 교사는 각각 5학년과 6학년을 하겠다고 마음먹고 있었으며 겨울방학 이전에 학급 배정희망원을 제출해 놓은 상태였다. 작은 학교의 장점이라면 장점이고 단점이라면 단점일 수 있겠으나, 일곱 명의 초등교사가 함께하는 작은 학교에서 학년 경합은 애초에 만들어지기 어렵다. 어떤 선생님이 맡아온 학년을 포함해서 이런저런 상황으로 배정되기 어려운 학년들을 제외하고, 그 선생님의 희망이 더해지면서 다른 선생님들과 이야기를 하다 보면 자연스럽게 다음 해 학년이 정해지기 때문이다. 물론, 학년 배정의 권한은 교장 선생님에게 있으나 교장 선생님 또한 이런 이야기들이 오가는 속에 함께 공감하는 경우가 많다. 그래서 일찌감치 위 교사와 김 교사의 학년 배정은 윤곽이 드러나 있었다고 할 수 있다.

작은 학교의 특징을 하나 더 꼽자면 각 학년에 한 학급밖에 되지 않는 경우가 많다. 그래서 어떠한 학년을 하겠다고 희망을 하면 그 학년에 학생이 갑자기 전학을 가거나 오지 않는 이상, 학급의 학생들은 결정된다. 그 학생들을 몇 년 전부터 담임은 아니었지만 봐왔고, 당시 담임선생님들과의 이야기로 학생들의 중요 정보는 거의 알고 있다. 그래서 위 교사와 김 교사는 학생들의 특성을 고려하고 자신이 희망하는 학년과 학생들을 선택할 수 있었다.

그렇다고 매년 있는 담임 발표 시간에 긴장되지 않는 것은 아니다. 공립학교에 근무하는 교사들은 공무원이다. 대부분 공직 사회에서 떠도는 이 우스갯소리에 공감하는데 '인사(人事)는 공문이 올 때까지는 확정된 것이 아니다.'라는 말이다. 이 말이 문득 생각난 듯 교사들이 다 모이기 전 김 교사는 위 교사에게 작은 목소리로 말했다.

"뭐 바뀌고 그렇진 않겠지?"

"설마요."

이윽고 교장 선생님이 회의실로 들어오시고 언제나처럼 신임 직원 소개와 함께 교감 선생님의 담임 배정 발표가 시작되었다.

"다음으로 5학년은 위○○ 선생님, 6학년은 김○○ 선생님께서 맡아 주시겠습니다."

교감 선생님의 발표로 교무실에 모인 모든 선생님의 새로운 학년도가 시작되었다. 이제 주사위는 던져졌고, 모든 것이 새로운 시작이다. 새로운 교실, 새로운 학생, 새로운 관계 형성, 교육과정 운영 등 이전에 막연히 생각했던 고민을 바탕으로 이제는 구체적으로 고민을 시작해야 한다. 학생들과 어떻게 일 년을 보낼지 고민해야 하고 그렇게 하기 위해서는 학생들이 어떤 생각을 하고 있는지 알아보아야 한다. 학생들이 무엇을 좋아하고 무엇을 싫어하는지, 무엇에 관심이 있고 무엇에 관심이 없는지, 나에게 원하는 것은 무엇이고 교사인 내가 원하는 것이 무엇인지, 학부모들은 우리 학급에 무엇을 원하고, 국가수준 교육과정에서는 무엇을 원하는지. 김 교사는 교실에 돌아와 한참을 가만히 앉아 있었다. 아마 다른 교사들도 그러했을 것이다.

그러나 김 교사는 한 가지 더 고민해야 했다. 김 교사의 반에는 특수교육대상학생이 세 명 있었다. 행복초에 온 첫해부터 특수교육대상학생에 관해 관심을 두고 나름대로 공부도 했으며 준비했다고 생각했는데 막상 시작하려고 하니 부담이 되었다. 그래도 김 교사는 다시 마음을 다잡았다.

'이제 본격적으로 학급교육과정을 준비해야겠다.'

김 교사는 지금까지 위 교사, 박 교사와 함께 공부했던 내용을 바탕으로 일 년 동안 학생들과 함께할 설계도를 작성해야겠다고 생각했다. 때마침 학교 교육과정 편성 담당자로부터 메일이 도착해 있었다. 메일 제목은 '학교 교육과정 초안 및 학급교육과정 편성 안내'였다. 김 교사는 보직교사로 새 학년도 학교 교육과정 편성에 깊이 참여했던지라 학교 교육과정 초안의 내용을 잘 알고 있었다. 그래서 먼저 학급교육과정 편성 안내 자료 파일을 열어보았다. 이제 드디어 생각만 무성했던 새로운 학년의 계획을 세워야 할 때가 되었다.

학급교육과정의 앞부분에서는 국가수준 및 학교 수준 교육과정의 분석, 그리고 담임교사 교육관 및 학급경영관 등 김 교사의 이야기를 써 내려갔다. 김 교사도 이제 제법 경력이 쌓여 이 부분을 쓰는 데에는 자신만의 노하우가 생겨 어렵지 않았다. 올해 어떻게 학생들과 지낼지 들뜬 마음으로 한참을 작성하고 있을 때, 김 교사의 휴대전화가 울렸다.

"유 선배! 어쩐 일이세요?"

김 교사와 절친한 유 선배의 전화였다.

"오늘 뭐 하냐? 오랜만에 네 생각나서 전화했는데 한잔할까?"

"아! 좋지요. 안 그래도 오늘 본격적으로 일 시작하기 전에 한잔하면 좋겠다고 생각했는데 어떻게 이렇게 텔레파시가 통했을까요?"

"무슨 일인데?"

"우리 오늘 학년 배정 끝났거든요. 그래서 이제 학급교육과정 작성하려고요."

"그걸 벌써 시작해? 하여간 유난은…. 아무튼 이따 6시에 항상 만나던 곳에서 만나."

"알았어요. 이따 봐요."

김 교사는 하던 일을 후다닥 마무리하고 유 선배를 만나러 발길을 재촉했다. 약속한 장소에 도착한 김 교사는 유 선배가 앉아 있는 것을 확인하고 반갑게 손을 흔들었다.

"유 선배! 오랜만이에요. 주문했어요?"

"응, 항상 먹던 걸로. 근데 넌 무슨 학급교육과정을 벌써 작성한다고 그러고 있냐?"

"작년부터 6학년 하려고 했는데 올해 학년 배정되어서 이제 본격적으로 한번 해보려고요. 그래서 그냥 끄적끄적하고 있었어요."

"그래서 잘 써지든?"

"뭐, 앞부분 쓰다 나왔는데 이제부터 고민해야죠. 그런데 선배는 좀 못마땅한 눈치네요?"

"못마땅하다기보다 학교마다 다르니깐. 너는 작은 학교에 근무를 오래 해서 그런지 몰라도 큰 학교에서는 바로 학급교육과정을 작성하기가 어렵거든. 왜냐하면, 학급교육과정을 작성하기 위해서는 학생들의 실태조사가 기본이 되어야 하는데, 학급이 배정된 첫날에 알 수 있는 것이라고는 학생들 이름과 성별 정도밖에 없어. 그래서 너의 현재 상태가 생소해서 그러는 거야."

"그렇죠. 제가 근무하는 상황이 일반적인 학교 상황은 아니죠. 저는 올해 6학년 희망하려고 2학기 때부터 영어 교과전담교사를 하면서 학생들과 여러 가지 이야기도 많이 해보고 실태조사 설문까지 다 해놓았으니까요."

"정말? 네가 정말 작정했구나! 일반적으로는 그렇게 2월에 학급교육과정 작성을 시작하기는 하지만 완전히 작성하기는 어려워. 일부 학교에서는 3월 초에 학급교육과정을 제출받기도 하는데 그것은 초안에 불과하고 계속 수정하게 되지. 너도 '만들어가는 교육과정'이라는 말 들어봤지? 그래서 사실 개학 후에 학생들과 새로운 관계를 맺어가면서 학생들의 삶에서 소스도 얻고 교사의 교육관이 어우러지면서 일 년 계획이 완성되는 거야."

"그렇죠. 저도 뭐 완벽한 학급교육과정을 작성해서 3월을 시작하기는 어렵겠지만 학생들의 실태를 먼저 알았으니 빨리 계획을 세우면서 더 많이 고민하려고 하는 거예요. 또 저희 반에 특수교육대상학생들이 여러 명 있고요."

"맞아. 그렇다고 했었지?"

"네, 그래서 특수교육 선생님과 작년부터 전문적 학습 공동체도 하고 수업에 관한 이야기도 많이 나누고 있어요."

김 교사는 유 선배를 만나 올해 학생들과 어떻게 지낼지 이런저런 이야기를 하면서 자신의 머릿속 계획을 정리해 나갔다. 유 선배도 자신의 이런저런 노하우를 이야기해 주며 학생들의 이야기를 안주 삼아 밤이 깊어갔다.

다음 날. 김 교사는 학교에 출근하여 학급교육과정 작성을 이어갔다. 학생들의 특성을 조사한 설문지를 다시 한 번 살펴보고 학생들의 생활기록부와 학업성취에 관한 평가 결과 등의 자료를 작년 담임교사에게 받아 꼼꼼히 읽어보았다. 읽어본 결과 학생들의 특성은 명확했다. 학생들은 책상에 앉아 공부하는 것을 싫어했고 활동적인 학습을 원했다. 자기 주도적 학습이 잘 되지 않았고 가정에서도 교과 학습보다는 건강하게 생활하는 것에 만족하는 듯했다. 특히 학생들이 새 학년 담임교사에게 가장 원하는 것은 체육 시간과 체험학습이었고, 국어, 영어, 수학과 같은 수업은 많이 하지 않는 것이었다. 사실 학생들의 이야기대로 공부보다는 학생들과 추억을 쌓는 일에 집중한다면 학생들의 요구를 들어주는 것이 그렇게 어려운 일은 아니었다. 그러나 김 교사는 학력과 생활지도를 함께 책임지는 담임교사로서 학력에 대한 고민을 빼놓을 순 없었다. 어떤 사람들은 소수 학생 학급에 대해 이렇게 이야기한다.

"학생들 수가 적으면 거의 개인지도나 과외처럼 수업하겠네. 그러면 학생들은 다 공부 잘하는 것 아니야?"

사실은 김 교사도 이런 생각을 하지 않았던 것은 아니다. 그러나 현실은 다른 경우가 많다. 새로 배정받은 이 학급도 학생들의 학습 수준은 지금까지 가르쳐왔던 6학년 학생들보다 훨씬 낮다고 알고 있었다. 그도 그럴 것이 이 학급에는 특수교육대상학생을 제외하고도 교과별로 기초학력 부진으로 판정된 학생들이 여러 명 있었다. 지난해에 이 학급의 영어 교과를 지도했던 김 교사로서는 더 확실히 느끼고 있었다.

'어떻게 해야 학생들과 즐겁게 공부할 수 있을까? 게다가 특수교육대상학생도 여러 명이고, 대부분 학생이 책상에 앉아 교과서를 놓고 수업하는 것에 부담을 느끼는데….'

그때 문득 작년에 위 교사, 박 교사와 함께 국가수준 교육과정 전문적 학습 공동체를 할 때가 생각났다. 교육과정 총론과 함께 교과별 모든 성취기준을 꼼꼼히 다시 읽어보면서 교과를 연계하여 함께 지도하면 좋을 성취기준들이 있다고 서로 공감했던 때가 있었다. 그래서 김 교사는 이런저런 고민을 하다 성취기준을 재구성하여 학생들과 프로젝트 학습을 해보기로 마음을 먹었다.

김 교사가 혼자 골똘히 고민하고 있을 때 박 교사가 김 교사의 교실 문을 노크했다. 그런데 김 교사는 그 소리도 듣지 못하고 계속 프로젝트 학습에 관한 책을 뒤적거리고 있었다.

"김 선생님! 뭐하시길래 사람이 들어오는 줄도 몰라요?"

"아! 박 선생님 오셨어요? 학급교육과정 작성한다고 이 책 저 책 뒤져보고 있어서 그랬어요. 그런데 어쩐 일이세요?"

"네, 3월이 시작되면 개별화교육지원팀 회의를 하고 개별화교육계획을 수립해야 하는데요. 개별화교육지원팀 회의 일정 잡으려다 통합학급 선생님들께서 3월에 워낙 바쁘시니깐 일정을 미리 의논하러 올라왔어요."

"아! 그러셨군요. 저도 학생들과 이제 일 년을 어떻게 지내야 하나 고민하고 있었네요. 새 학년도 시작이 얼마 남지 않아 계획을 세우느라 정신이 없네요. 요즘은 3월이 출장 없는 달이어서 사전에 일정 안내만 해 주시면 크게 상관은 없을 것 같아요."

지금도 그렇지만 교사들의 3월은 일 년 중 가장 바쁜 한 달이다. 새로운 학급에 대한 계획과 적응, 일 년을 좌우한다는 학기 초 생활지도와 더불어 학교 업무에 대한 일 년 계획을 수립하고 조정, 안내하느라 정신없었고, 게다가 관할 교육청의 업무 안내 또는 협의회 등에 참석하기 위해 출장도 잦았다. 그래도 요즘은 3월 출장 없는 달 정책이 시행되면서 조금 나아졌다. 박 교사는 밝은 표정으로 대답했다.

"네, 알겠어요. 그나저나 학급교육과정 작성 때문에 고민이 많으시죠? 저도 요즘 특수학급교육과정 작성하는데 매년 하는 일이어도 쉬워지지 않네요."

"맞아요. 매년 학생들이 달라지다 보니까 매년 하는 일이라도 다른 일이 되죠. 개별화교육지원팀 회의 전에 제가 준비해야 할 것이 있나요?"

"개별화교육지원팀 회의 후에 특수교육대상학생 각각에 대한 개별화교육계획을 작성하는데요, 개별화교육지원팀 회의 때 학급교육과정 운영에 관한 이야기를 자세히 해주시면 좋겠어요. 왜냐하면, 통합학급에서 어떤 내용의 교육과정을 운영하는가에 따라서 학생들에게 지도해야 할 개별화된 교육내용과 형태들이 달라질 수 있거든요."

"아! 그렇군요. 그렇다면 제가 개별화교육지원팀 회의 전에 학급교육과정 초안을 작성해서 박 선생님과 공유를 하면 좋겠네요. 그렇게 되면 학급교육과정 내에 있는 교과 진도 계획이나 창의적 체험활동 운영계획, 체험학습 계획 등도 공유할 수 있겠네요."

"네, 특수교육대상학생들이 통합학급에서 주로 공부하게 되니 제가 통합학급의 교육과정을 알고 있으면 해당 교과 진도에서 학생들에게 사전 또는 사후에 필요한 내용을 수업할 수도 있죠. 그리고 창의적 체험

활동이나 체험학습을 하러 갈 때도 실질적인 지원을 할 수 있고요."

김 교사는 박 교사의 말을 들으면서 학급교육과정 작성을 좀 더 서둘러야겠다는 생각이 들었다.

"알겠습니다. 제가 얼른 작성해야겠네요."

"그렇게 부담을 드리려고 드린 말씀은 아니에요. 선생님께서도 새로운 학급 학생들의 실태 파악도 하셔야 하고 그에 따라 하실 일이 많으실 텐데요. 사실 일반적인 학교에서는 학급 인원이 25명 내외라고 하면, 그중에서 특수교육대상자는 한두 명이잖아요. 그래서 학급교육과정에 특수교육대상학생의 실태나 특성이 두드러지게 반영되기는 어렵죠. 학생의 대부분인 일반학생들의 실태가 많이 반영되어 학급교육과정이 작성되는 것은 어쩔 수 없는 일이잖아요. 그래서 학급교육과정이 계획되고 나면 개별화교육지원팀 회의를 통해 학급교육과정에 계획된 학습 내용을 반영하여 특수교육대상학생에게 적합하도록 개별화교육계획을 수립하는 것이고요. 이런 이유에서 개별화교육지원팀 회의 때 통합학급 선생님께서 꼭 참석하셔서 계획된 학급교육과정에 관해 이야기해 주시는 것이 중요해요."

김 교사는 자리를 고쳐 앉으면서 박 교사에게 재차 질문을 던졌다.

"그럼 개별화교육계획을 작성할 때는 통합학급의 학급교육과정이 어떤 역할을 해요?"

"김 선생님께서 학급교육과정을 작성하실 때 교과별 학습 목표나 수업에 따른 성취기준을 작성하시잖아요. 그런데 특수교육대상학생들은 학급교육과정 내 목표나 성취기준을 달성하기가 어려운 경우가 많아요. 그래서 그 목표들을 수정하거나, 학습 방법들을 조정해서 특수교육대상학생들에게 맞는 개별화된 교육목표를 수립하게 돼요. 사실, 통합학급

학급교육과정의 목표들이 우리 사회에서 생활하기에 필요한 목표라고 한다면 우리 특수교육대상학생들도 그 사회의 일원이니까 해당 학년에서 달성해야 하는 목표를 함께 지향해서 달려가는 것이지요. 물론, 좀 늦고 방법이 다르더라도 말이에요."

"그래야죠. 그럼 학급교육과정과 개별화교육계획이 밀접한 관계가 있는 것이네요?"

김 교사의 질문에 박 교사는 분필을 들고 칠판에 간단한 그림을 그리면서 설명을 이어나갔다.

〈박 교사가 그린 통합학급 교육과정과 개별화교육계획의 관계〉

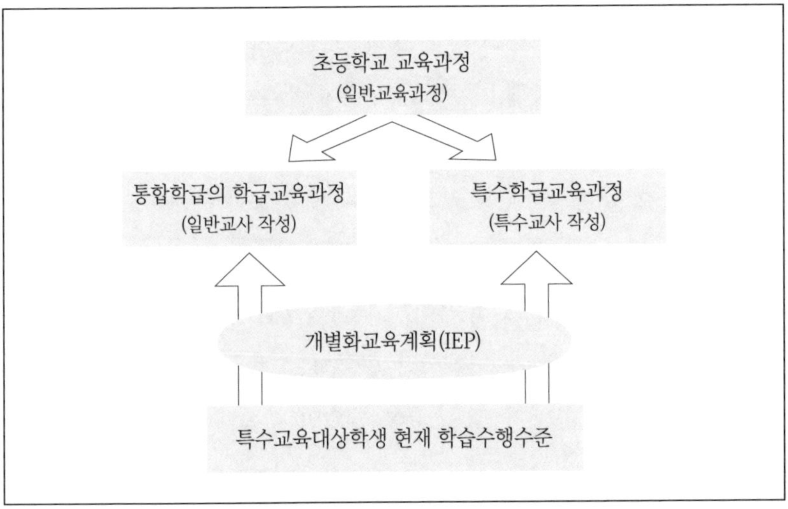

"김 선생님께서도 통합학급에서 학급교육과정을 작성하시듯 저도 특수학급에서 일반교육과정을 바탕[31]으로 특수학급교육과정을 계획해요. 통합학급이든 특수학급이든 학생 실태조사를 통해 특수교육대상학생의 특성을 학급교육과정에 반영하기는 하지만 일반교육과정을 바탕으로 계획되기 때문에 특수교육대상학생이 원활하게 참여하기 어려울 때가 있죠. 이때, 개별화교육계획은 특수교육대상학생 개인의 특성에 알맞은 개별화된 목표를 세워 성취해 나가면서 현재 학습수행수준에서 통합학급교육과정과 특수학급교육과정에 참여할 수 있도록 필요한 부분을 보완해 주는 역할을 한다고 할 수 있죠."

31 특수학급의 경우에는 공통 교육과정 및 선택 중심 교육과정을 편성하고 필요할 경우 '내용 대체'의 방법으로 교육과정을 조정하여 운영할 수 있다. 〈출처: 교육부(2015). *2015 개정 특수교육 교육과정 총론 해설서*. pp.94.〉

"그렇군요! 그림을 그려주시니 이해가 잘 되는 것 같아요."

박 교사의 이야기를 들으면서 김 교사는 혼자 고민했던 학급교육과정 내용을 박 교사와 함께 나누면 좋겠다고 생각하며 말을 이어나갔다.

"그래서 말인데요. 올해는 학생들이 책상에 앉아 공부하는 것을 너무 힘들어해서 활동 중심으로 프로젝트 활동을 해볼까 하거든요."

"그것도 참 좋은 생각인 것 같아요. 저도 지금은 특수교육대상학생들을 직접 수업을 진행해 본 것은 아니지만 학생들의 특성을 고려했을 때 교과서와 함께 책상에 앉아 장시간 공부하는 것은 어렵겠다고 생각하기는 했거든요. 혹시 제가 도울 일이 있으면 말씀해 주세요. 저도 통합학급의 학급교육과정 작성하실 때 내용을 작성 중이라도 먼저 공유해 주시면 특수학급교육과정이나 개별화교육계획 작성에 대해 고민을 할 때 더 좋은 아이디어가 생각날 수도 있을 것 같아요."

박 교사의 눈이 반짝였다. 김 교사의 학급교육과정에 관한 이야기를 들으며 박 교사도 특수학급교육과정의 아이디어를 얻고 있었기 때문이었다. 잠시 정적이 흐르고 김 교사는 고민이 되는 듯 입을 열었다.

"그렇지 않아도 프로젝트 활동을 생각하다 보니 다양한 현장체험학습을 생각하게 되었는데요. 현장체험학습에 관해서 한 가지 여쭤볼 것이 있어요. 저희 학급의 특수교육대상학생들이 특수학급에서 계획한 현장체험학습에 따로 참여하는 때도 있나요?"

"상황에 따라 특수학급에서 특수교육대상학생들만을 대상으로 현장체험학습을 계획하기도 해요. 학년 초에 통합학급에서 현장체험학습을 계획하고 특수학급에 공유해 주시면, 저도 체험학습의 내용을 파악하면서 특수교육대상학생들에게 필요한 부분이 있으면 추가로 시행하기도 하고, 통합학급 현장체험학습과 통합해서 운영하기도 하고요. 예를 들면 특수교육대상학생들에게는 교과 연계 학습만큼 또 중요한 것이 일상생활 요소를 체험하는 것이거든요. 해당 목적지에 대중교통을 이용해서 이동한다든지 필요한 물건을 스스로 산다든지와 같은 활동들이요. 그런 활동들이 통합학급 체험학습에서 가능하다면 통합운영하고 통합운영이 불가능하면 따로 계획해서 진행하기도 해요. 또, 교과 연계 체험학습 중에서도 보고서 쓰기와 같은 활동이 계획되어 있다면 글자를 모르는 특수교육대상학생의 경우에는 통합학급 선생님과 협의해서 현장체험학습은 통합으로 운영하되 그리기 활동으로 변경하거나 일반학생들이 보고서 작성 활동을 하는 시간에는 다른 활동으로 변경하여 운영할 수도 있죠."

박 교사는 잠시 머뭇거렸지만, 말을 이어나갔다.

"말씀드린 김에 한 가지 더 말씀드리면, 전에 근무하던 학교에서 통합학급 현장체험학습의 변경된 일정이 공유가 안 되어서, 그날 제가 특수학급에서 다른 수업을 준비했었는데 특수교육대상학생들이 통합학급 체험에 참여하는 바람에 바람맞은 적이 있었다니까요."

"아! 그런 상황도 생길 수 있겠네요. 결국, 우리가 많은 이야기를 나누어야겠네요."

"그렇죠. 우리는 개별화교육지원팀이잖아요! 하하하."

김 교사와 박 교사가 대화를 마무리 지었을 때는 이미 퇴근 시간이 훌쩍 지나 있었다.

12. 통합수업은 어떻게 만들까?

특수교육대상학생을 일반학급 수업에 함께 참여시키는 것이 무엇보다도 중요하다.

위 교사, 박 교사는 5학년 통합수업을 계획하기 위해 수업을 마치고 만났다.

"박 선생님, 이제 학급교육과정을 수립해야 할 것 같은데요. 홍민이와 장한이를 고려해서 통합수업을 하려면 어떻게 해야 할까요?"

"일반학생들처럼 일반교육과정이나 일반 성취기준을 적용하면 홍민이나 장한이가 따라가기 어려울 것 같아요. 일단 홍민이는 아직 한글을 쓰거나 읽는 데 어려움이 있고, 장한이도 간단한 글을 읽고 쓸 수는 있지만 자폐성 장애가 있는 학생이기 때문에 학생에게 맞는 접근이 필요하다고 생각해요."

"저도 그렇게 생각하는데, 막상 통합수업을 계획하려니 무엇부터 해야 할지 막막하네요."

"너무 어렵게 생각하지 마세요. 홍민이와 장한이를 수업에 함께 참여시키는 것이 무엇보다도 중요하다고 생각해요."

"함께 참여시키는 것이라…. 선생님께서 그 말씀을 하시니 생각나는 게 있어요. 제가 요즘 특수교육에 관심을 가지면서 어떤 영상을 보게 되었는데, 그 내용이 장애가 있는 자녀를 둔 부모들의 대화였어요. '특수학교에 보낼 것인가, 일반학교에 보낼 것인가.'라는 주제였는데 두 학교 모두에서 장단점은 있지만 일반학교를 선호하는 부모들 입장은 학생들의 사회성이나 학습력 증진 면에서 일반학교가 더 효과가 있는 것 같다고 말하더라고요. 일반학생들의 여러 모습을 보면서 자녀가 더 많은 것을 배울 수 있다고 하면서요. 그 영상을 보면서 저도 '특수교육대상학생이 일반학급 수업에 함께 참여하는 것이 중요하겠구나!'라고 생각했어요."

"그 영상 저도 보고 싶네요. 그런데 그와 관련된 연구 결과가 정말로 있어요. '특수교육대상학생들이 통합학급에서 나와서 교육받을 때보다 자신의 또래 옆에서 함께 교육을 받을 때 학업 수행이 더 잘 되는 경향이 있다.'라는 결과예요."[32]

"와! 정말요? 그런 연구 결과도 있군요. 그럼 더욱더 홍민이와 장한이를 일반학생들과 함께 가르치면 좋을 것 같은데, 앞에서 말씀드린 것처럼 일반적인 성취기준이나 과정들이 홍민이나 장한이가 소화하기에는 어려운 부분이 있잖아요. 그래서 차시를 구성할 때 어떻게 해야 할지 고민이 돼요."

"그럼 먼저 이것부터 생각해 볼까요? 교과서를 보면 글도 있고 그림도 있고 때에 따라서는 듣기 파일도 있잖아요. 왜 이렇게 구성해 놓았을까요?"

---

32 Theoharis, G., Causton, J., & Tracy-Bronson, C. P.(2015). *Inclusive reform as a response to high-stakes pressure?: Leading toward inclusion in the age of accountability*. NSSE(National Society for the Study of Education), an annual yearbook published with Teachers College Record. [재인용] 이효정 역(2018). *통합교육—일반교사와 특수교사를 위한 안내서—*. 서울: 학지사. p.68.

"학생들이 너무 지루해 할 수도 있으니까 그런 것 아닐까요?"

"좀 더 생각해 보세요."

"흠…. 학생들마다 잘 받아들일 수 있는 자료가 다 달라서요."

"맞아요! 학생들마다 인지 양식, 표현 양식, 흥미가 달라서 자료를 다양하게 제공하고 있지요. 이것을 바로 '보편적 학습 설계(Universal Design for Learning : UDL)'라고 해요."

"보편적 학습 설계요? 저는 처음 듣는 용어인데요. 구체적으로 설명해 주세요."

"보편적 학습 설계는 '시작 단계에서부터 개인차를 다루기 위해 계획적이고 체계적으로 설계된 교육과정(즉 목표, 방법, 교수자료, 평가)의 절차'[33]를 의미해요. 사람마다 생각하는 것도 다르고 똑같은 자료를 보더라도 어떤 사람은 이해하고 어떤 사람은 이해하지 못하잖아요? 그래서 사람마다 인식하는 방법, 표현하는 방법, 흥미가 다르므로 교육과정 수립 단계에서부터 다양한 매체나 자료를 제공하자는 것이지요."

"박 선생님, 그런데 사람은 다 다르잖아요. 보편적 학습 설계는 특수교육대상학생들을 대상으로 하는 방법이 아닌 건가요?"

"보편적 학습 설계는 특수교육대상학생들만을 위한 방법이 아니에요. 학급 내 모든 학생의 개인차를 고려해서 교육과정을 수립하자는 접근법이지요. 우리가 지향해야 할 방향이라고 생각해요."

"그렇구나. 그런데 박 선생님, 흥민이나 장한이 같은 경우에는 다양한 자료나 매체를 제공해 준다고 하더라도 어려운 경우가 있을 것 같아요. 이럴 때는 어떻게 해야 하나요?"

---

33 CAST(2011). *Universal Design for Learning Guidelines version 2.0*. Wakefield, MA: Author, p.9.

"방금 말씀드린 대로 보편적 학습 설계를 통해 해결할 수도 있어요. 개인차를 고려하여 자료나 매체를 선정하면 되니까요. 하지만 다른 접근법도 있어요. 바로 '교수적 적합화'라는 접근법이지요."

"교수적 적합화요? 이것도 처음 듣는 용어인데요?"

"교수적 적합화는 통합학급에서 특수교육대상학생과 일반학생이 같은 학급에서 같은 수업에 함께 참여할 수 있도록 특수교육대상학생의 개별적인 능력, 강점, 필요를 고려하여 교수 목표 및 활동, 교수 환경을 수정하는 것을 말해요."[34]

"박 선생님, 그런데 보편적 학습 설계와 교수적 적합화가 비슷한 것 같은데요?"

"크게 보면 그렇게 볼 수도 있어요. 결국에는 보편적 학습 설계나 교수적 적합화 모두 다양한 학생들에게 적합한 교육을 하자는 목표를 가지고 있지요. 하지만 앞에서 설명했던 것처럼 보편적 학습 설계는 교육과정을 따로 바꾸지 않고 모든 학생의 개인적인 특성을 반영하여 공부할 수 있도록 하는 것이에요. 그러니까 특수교육대상학생과 일반학생을 구분하지 말고, 모두 각자의 특성이 다름을 인정하고 각자가 학습을 잘 할 수 있도록 자료나 매체를 다양화해서 교육하자는 접근법이지요. 하지만 교수적 적합화는 일반적인 수업 상황에서는 특수교육대상학생이 성취기준에 도달하기에 어려움이 있다는 것을 인정하고 개인의 능력에 맞게 다양한 영역을 바꾸어주는 것이에요."

"아. 그럼 보편적 학습 설계는 모든 학생을 대상으로 하는 접근법이고, 교수적 적합화는 특수교육대상학생을 대상으로 하는 접근법으로 이

---

34 교육부·세종특별자치시교육청(2017). *통합교육 실행 가이드북 I*. p.47.

해하면 될까요?"

"네, 잘 이해하셨네요."

"박 선생님, 그럼 교수적 적합화가 특수교육대상학생의 특성에 맞추어 교수 목표 및 활동, 교수 환경을 바꾸어주는 것이라고 이야기하셨는데, 좀 더 자세하게 설명해 주실 수 있을까요?"

"그럼요. 제가 표 하나를 그려볼게요."

〈박 교사가 그린 교수적 적합화의 유형〉

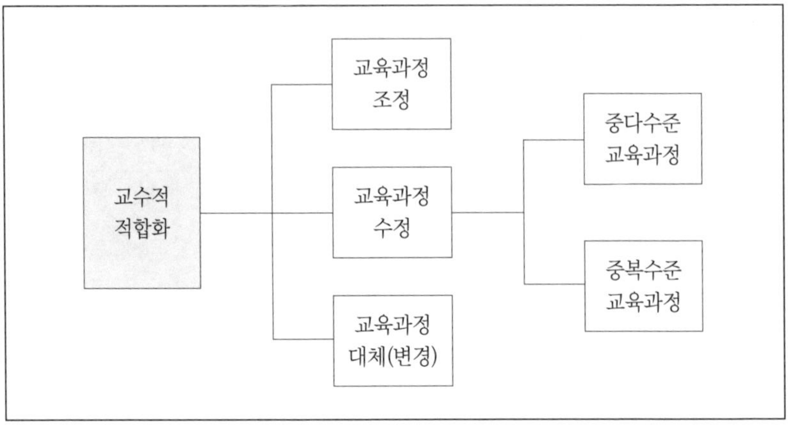

박 교사는 칠판에 교수적 적합화의 유형에 대해 그리고는 설명을 시작했다.

"교수적 적합화는 표에서 보는 것처럼 크게 교육과정 조정과 교육과정 수정, 그리고 교육과정 대체로 구분돼요."

"그렇구나, 그럼 이제 어서 설명해 주세요."

"교수적 적합화에 대해 구체적으로 설명할게요. 먼저 '조정'이에요. '조정'은 쉽게 생각하면 특수교육대상학생이 학습 목표나 성취기준을 달성할 수 있을 때 쓰는 방법이에요. 그래서 성취기준이나 학습 목표는 그대로 유지하고, 어떻게 하면 특수교육대상학생이 성취기준이나 학습 목표를 달성할 수 있을까 하는 고민에서 시작하는 것이지요. 예를 들어, 조명이 있는 것을 싫어하는 학생에게는 조명을 조절해 준다든지 작은 글씨를 잘 보지 못하는 학생에게는 확대경을 주거나 확대 자료를 주는 식으로 바꾸어서 학생이 학습 목표와 성취기준을 달성할 수 있도록 해 주는 것이지요."

"그럼 '조정'은 특수교육대상학생들도 같은 학습 목표와 성취기준으로 가르치되, 해당 학생이 성취기준이나 학습 목표를 달성하는 데 필요로 하는 조건들을 바꾸어주는 것으로 생각하면 되겠네요."

"네, 바로 그거예요."

"그럼 '수정'은 무엇인가요?"

"먼저 개념부터 말씀드릴게요. '수정'은 '조정'과 달라요. '수정'은 학생의 수준이나 학생이 가진 특성에 맞추어서 학습 목표나 내용, 성취기준에 대한 기대 수준을 바꾸어주는 거예요. 예를 들어, 글쓰기가 어려운 학생 같은 경우는 글쓰기보다는 그림을 그리게 한다거나 다른 학생들이 5문제를 풀어야 한다면 특수교육대상학생은 1문제만 풀게 한다는 식으로 바꾸는 것이지요. '수정'은 크게 2가지로 나누어져요. 하나는 '중다수준 교육과정(multilevel curriculum)', 다른 하나는 '중복수준 교육과정(curriculum overlapping)'이 있지요."

"'중다수준 교육과정'과 '중복수준 교육과정'이요? 뭔가 비슷한 것 같으면서도 다른 것 같아서 어렵게 느껴지네요."

"위 선생님, 어렵지 않아요. 이해하기 쉽도록 최선을 다해서 설명해 볼게요. 먼저 중다수준 교육과정이에요. 특수교육대상학생이 학습 목표나 내용, 성취기준을 달성하기 어려울 때 쓰는 방법이지요. 예를 들어, 학습 목표가 '글을 읽고, 글쓴이의 마음을 알 수 있다.'라고 했을 때 홍민이는 아직 한글을 잘 읽지 못하잖아요. 그래서 홍민이에 대한 학습 목표를 '글에서 '가'로 시작하는 단어를 찾게 한다.'라고 바꾸는 거지요."

"아! 작년 국어 시간에 담희와 함께 수업할 때 담희는 글을 읽고 쓰는 것이 어려우니까 우리가 교과서에 나온 단어를 사용하여 따로 한글을 가르쳤던 적이 있었잖아요. 그럼 그것도 '중다수준 교육과정'인가요?"

"네! 맞아요. 역시 위 선생님. 대단하시네요!"

"헤헤. 그런데 박 선생님, 지금 설명해 주신 부분이 '중다수준 교육과정'의 전부인가요?"

"아! 중요한 부분이 있어요. '중다수준 교육과정'은 같은 과목 안에서 성취기준에 대한 기대나 학습 목표, 내용이 바뀌는 거예요."

"그럼 다른 예도 있는 건가요?"

"네. 그게 바로 지금 설명해 드릴 '중복수준 교육과정'이에요. 중복수준 교육과정은 같은 과목에서 성취기준에 대한 기대나 학습 목표, 내용을 바꾸기보다는 다른 과목이라든지 다른 영역의 목표나 성취기준을 적용하여 운영하는 방식이에요. 예를 들어, 담희 같은 경우에는 사실 수업 시간에 계속해서 앉아 있지 못했잖아요. 그럼 일반학생들과 같은 공간에서 수업하지만 담희의 목표는 '친구들과 차례 지켜서 행동하기, 20분 동안 꾸준히 앉아 있기' 등으로 바꾸어서 운영하는 거지요. 중요한 것은 일반학생들이 하는 활동을 함께 하면서 목표가 이뤄져야 한다는 것이에요."

"아, '중복수준 교육과정'이 그런 의미군요. 저는 무조건 '중다수준 교육과정'처럼 해야 하는 줄 알았어요. 특수교육대상학생들도 일반학생들과 같은 내용을 배워야 한다고만 생각해서요. 그런데 생각해 보니 다른 영역이나 과목의 목표를 성취하는 것이 그 학생들에게는 더 필요한 것일 수도 있겠다는 생각이 드네요."

"네, 특수교육대상학생들도 그 특성이 너무나 다양하니까 해당 학생의 특성을 고려한 교육과정을 수립하기 위해 고민해야 해요."

위 교사는 박 교사의 말을 들으며 메모를 보았다. 이것을 안 것만으로도 벌써 통합수업 전문가가 된 것 같았다. 하지만 위 교사의 메모에는 아직 한 가지가 적혀 있지 않았다. 위 교사는 박 교사의 말이 끝나기 무섭게 질문했다.

"박 선생님, 이제 '교육과정 대체'를 알고 싶어요. 어서 빨리 설명해 주세요."

"제가 설명을 잘 하는 건지 잘 모르겠네요. 이해는 잘 되세요?"

"네, 아주 귀에 쏙쏙 들어옵니다. 그러니까 어서 설명해 주세요."

"네, 알겠어요. '교육과정 대체'는 '중복수준 교육과정'과 조금 비슷해요. 하지만 다른 점은 수업 시간에 특수교육대상학생이 완전히 다른 영역을 공부하는 것이지요. '중복수준 교육과정'이 같은 수업내용 안에서 필요한 다른 영역의 목표를 달성하고자 하는 운영 방식이었다면 '교육과정 대체'는 같은 수업내용이 아니라 완전히 다른 교육과정을 운영하는 방식이에요. 예를 들어 특수교육대상학생 중 일상생활 유지를 위한 기본 생활 습관 형성이 필요한 학생들이 있어요. 이 학생들은 '중다수준 교육과정'이나 '중복수준 교육과정'을 적용하여 운영하기는 어려워요. 그래서 이 경우에는 안전하게 길을 건너는 방법 배우기, 자리에 앉는 방법 배우기 등 생활에 필요한 목표를 세우고 그것을 달성해 나가기 위해 배우는 것이지요."

위 교사는 빠르게 메모하며 질문했다.

"그럼 작년에 박 선생님이 특수교육대상학생들과 함께하셨던 마트에 가서 직접 물건을 사고 계산하기 같은 활동이 '교육과정 대체'라고 할 수 있는 건가요?"

"오, 맞아요. 역시 위 선생님은 하나를 알려주면 열을 아세요."

위 교사는 자기도 모르게 어깨가 덩실거렸다. 그리고는 생각했다.

'통합교육이 멀리 있는 것이 아니었구나. 그래, 조금만 더 공부하면 나도 통합교육을 할 수 있을 것 같아!'

이렇게 생각하며 위 교사는 자신이 메모해 둔 종이를 훑어보았다. 그런데 의문점이 있었다. 보편적 학습 설계와 조정이 비슷했기 때문이다.

'뭐지? 보편적 학습 설계나 조정 모두 학습자들의 수준에 맞는 자료를 주자는 의미 아닌가? 왜 굳이 구분해 놓았을까?'

위 교사는 급히 손을 들어 박 교사에게 질문했다.

"박 선생님. 그런데 질문이 한 가지 더 있어요. '보편적 학습 설계'와 '조정'의 차이점은 무엇인가요? 비슷한 것 같아서요."

"아! 설명한다고 해 놓고 안 했나 보네요. 맞아요. 보편적 학습 설계와 조정은 둘 다 학습자들에게 알맞은 자료를 제공하자는 데 있어요. 하지만 '보편적 학습 설계'는 교육과정이나 교과서를 개발하는 단계에서 모든 학습자를 고려해서 개발하자는 의미이고, '조정'은 차시별로 수업을 할 때 학습자 수준에 맞추어 바꾸어서 자료를 제공하자는 의미예요. 사실 우리가 많이 접하는 것은 '조정'이라고 할 수 있지요."

"아, 그렇구나! 어려운 내용인데 박 선생님께서 예를 들어 설명해 주셔서 이해가 쉽게 되었습니다!"

"이해되셨다니 다행이에요. 열심히 공부한 만큼 우리 함께 멋진 통합수업을 만들어보아요."

"네."

위 교사는 통합수업에 한 걸음 더 다가갈 용기가 생겼다.

며칠 후, 김 교사, 위 교사, 박 교사는 월요일 아침이 아닌 수업이 끝난 오후에 모였다. 통합수업에 적용할 수 있는 다양한 방법들에 관해 공부하고 발표하기 위함이었는데, 오늘은 위 교사의 차례였다. 위 교사는 자신이 공부한 부분을 발표하기 시작했다.

"이번에 제가 공부한 것은 통합수업에 적용할 수 있는 다양한 수업 방법입니다. 일단 공부한 부분만 말씀드려 볼게요. 제가 공부한 바로는 통합수업을 위한 협력 교수 방법이 6가지 정도가 있었어요. 첫 번째가 교수-관찰 교수법, 두 번째가 교수-지원 교수법, 세 번째가 평행 교수법, 네 번째가 스테이션 교수법, 다섯 번째가 대안적 교수법, 여섯 번째가 팀티칭입니다."

6가지 협력 교수 방법에 대한 간단한 소개를 마친 위 교사는 김 교사와 박 교사에게 자신이 만든 표를 나누어 주었다.

〈통합수업을 위한 6가지 협력 교수 방법〉[35]

유형	정의
교수-관찰 교수	• 한 교사가 전체 학생을 대상으로 수업을 진행하고, 다른 교사는 한 명 혹은 소수의 학생을 특별한 목적을 가지고 면밀히 관찰하여 필요한 정보를 수집하고 함께 자료를 분석함

35 교육부·세종특별자치시교육청(2017). *통합교육 실행 가이드북 I*. pp.59-63. 수정.

유형	정의
교수-지원 교수	• 한 교사가 전체 학생을 대상으로 지도에 우선적인 책임을 지고 교수하는 동안 다른 교사는 교실을 순회하면서 개별적인 도움이 필요한 학생들을 지원함
평행 교수	• 두 교사가 수업을 함께 계획하고, 학급의 학생들을 다양한 수준의 학생이 섞여 있는 두 그룹으로 나눈 후 같은 내용을 동시에 각 집단에게 교수함
스테이션 교수	• 수업내용을 나누어 독립적인 학습을 할 수 있는 3개 이상의 교사 주도 또는 독립적인 학습 스테이션을 준비하고, 스테이션의 수만큼 학생들을 그룹으로 나누어 각 그룹이 준비된 각 스테이션을 차례로 이동하면서 학습을 함
대안적 교수	• 한 교사가 대집단의 학생을 대상으로 수업을 진행하는 동안 다른 교사가 도움이 필요한 소집단의 학생에게 수준을 고려한 보충학습 및 심화학습을 제공함(수업 내내 혹은 수업 중 몇 분 동안 운영가능)
팀티칭	• 두 교사가 전체 학생을 대상으로 동등한 책임과 역할을 가지고 같은 내용을 동시에 교수하는 것으로 수업을 하는 동안 번갈아 가며 다양한 역할을 함(개념교수, 시범, 역할놀이 등)

표를 본 김 교사가 만족스러운 미소를 지으며 위 교사에게 말했다.

"위 선생님, 한눈에 보기 좋게 정리를 잘하셨네요!"

"아닙니다. 사실 아직도 잘 이해가 안 돼요. 그래서 제가 이해한 부분만 말씀드리고 나머지는 여쭤보려고요."

"그래요. 한번 이야기해 봅시다."

"그럼 첫 번째로 **① 교수-관찰 교수법**입니다. 이 방법은 일반적인 수업에서 특정 학생의 여러 가지 정보를 알고 싶을 때 사용하는 방법입니다. 한 교사가 수업을 일반적으로 진행하고 다른 교사는 특정 학생을 관찰하는 방법이지요. 수업하는 교사가 하기 어려운 부분을 다른 교사가 특정 학생을 집중적으로 관찰함으로써 다양한 정보를 얻고, 이를 분석하여 다음 수업에 적용할 수 있다고 합니다."

박 교사가 위 교사의 발표가 끝나자 말을 이었다.

"그럼 관찰하는 교사가 무엇을 관찰해야 할지 알고 들어가야겠네요."

"네. 그래야 더 효율적으로 관찰할 수 있겠지요. 하지만 제가 공부한 바로는 교사 간에 이야기하거나 계획할 시간이 다른 방법보다 많이 필요할 것 같지는 않아요."

"그럼 관찰하는 교사는 관찰하는 역할 외에는 다른 역할이 없나요?"

"네. 최대한 관찰에 중점을 두어 진행하는 방법입니다."

"그렇구나. 저도 예전에 공부했던 내용이라 가물가물했는데 선생님 덕분에 정리가 되었네요. 다음 방법도 설명해 주세요."

위 교사는 기분이 좋았다. 다른 사람에게 도움이 된 것 같은 느낌이 들어서였다. 그래서 처음 시작할 때보다 조금 더 자신감을 가지고 이야기를 이어갔다.

"두 번째 방법은 **② 교수-지원 교수법**입니다. 이 방법은 한 교사가 수업을 진행하고 다른 교사는 순회하면서 수업을 어려워하는 학생들을 도와주는 방법입니다. 아무래도 수업하는 교사 한 명이 모든 학생의 개별적인 차이를 다 채워주기 어려우므로 다른 교사가 이를 뒷받침해 줌으로써 많은 학생이 목표를 달성할 수 있을 것 같아요."

위 교사의 이야기를 들은 김 교사가 말했다.

"정말 이 방법이 모든 수업에서 가능하다면 좋을 텐데요."

"네, 저도 그렇게 생각했어요. 이 방법이 더 많은 학생의 목표를 달성하게 할 수 있을 것 같아서요. 하지만 문제점도 있더라고요. 한 명의 교사가 보조 역할로만 보일 수도 있고, 교사가 도움을 줌으로써 오히려 학생들이 스스로 생각하는 시간을 갖기보다는 도움을 먼저 청하게 될 수도 있어서 학생 발전을 저해할 수도 있는 방법인 것 같아요."

이에 김 교사가 위 교사의 말을 받았다.

"맞아요. 아무리 좋은 방법이라도 무턱대고 사용하면 좋지 않지요. 좋은 약도 계속 먹으면 좋지 않은 것처럼 말이에요."

"네, 맞습니다. 혹시 더 보충해야 할 부분이 있을까요?"

이에 박 교사가 위 교사에게 질문했다.

"그럼 이 방법은 교사 간에 준비할 시간이 많이 필요한가요?"

"아무래도 한 교사가 주도적으로 수업을 설계하고 진행하기 때문에 많은 시간이 필요할 것 같지는 않아요."

"그렇죠. 수업을 지원하는 교사는 수업의 흐름만 알고 참여하면 되니까요."

"제 생각도 같습니다. 그럼 이제 다음 방법을 소개해 드려도 될까요?"

김 교사와 박 교사가 같이 대답했다.

"네!"

"두 분 덕분에 제가 힘이 납니다. 그럼 다음 방법을 소개해 보겠습니다. 세 번째 방법은 **③ 평행 교수법**입니다. 쉽게 생각하면 이 방법은 한 교실을 둘로 나누어 같은 내용을 가르치는 방법이라고 생각하면 될 것 같습니다. 학생들을 두 모둠으로 나누어서 교사가 한 모둠씩 맡아서 수업을 진행하는 것이지요."

이에 박 교사가 말을 이었다.

"그럼 한 명의 교사가 맡게 되는 학생의 수가 줄어들겠는걸요?"

“맞습니다. 이 부분이 평행 교수가 가지고 있는 가장 큰 장점이라고 생각합니다. 한 교사가 맡는 학생의 수를 줄여서 많은 학생이 학습 목표에 도달할 수 있게 되는 것이지요. 교사가 한 명 한 명의 학생들에게 더 많은 관심을 가질 수 있게 되니까요.”

“정말 좋은 방법인데요?”

박 교사의 말에 김 교사가 이어 말했다.

“하지만 문제점도 있어요. 아무래도 한 교실에서 2개의 수업이 이루어지는 것이나 마찬가지이기 때문에 교실이 매우 시끄러울 수 있지요. 오히려 학생들이 집중하지 못하는 때도 있고요. 그리고 수업하는 두 명의 교사가 수업하는 방법이 다를 경우 더 즐거운 분위기로 공부하는 모둠에 학생들이 관심을 두게 되면서 수업에 집중하기 어려운 경우도 생기고요. 그래서 이 방법도 잘 생각해서 사용해야 할 것 같아요.”

위 교사도 이에 동의하며 이야기했다.

“맞습니다. 저도 이 방법을 공부하면서 ‘정말 좋은 방법이다’라고 생각했지만 두 명의 교사가 같은 내용을 가르쳐야 해서 수업에 대한 고민의 시간을 많이 가져야 한다는 부담감도 있겠더라고요.”

“맞아요. 완벽한 교수법은 없으므로 우리 교사들은 많이 공부해야 하는 것 같아요.”

“네, 전적으로 동의합니다! 제가 얼른 다음 방법을 소개하도록 하겠습니다. 네 번째 방법은 **④ 스테이션 교수법**입니다. 스테이션 교수법은 과학에서 행성이나 동물들의 특징과 같이 하나의 목표 안에 다양한 것을 알아보아야 할 때 사용할 수 있는 방법입니다. 쉽게 말해서 배워야 하는 내용만큼 무대를 준비해서 각각 배우는 방법이지요. 과학에서 행성을 배운다고 하면 태양, 수성, 금성, 지구, 화성 스테이션을 각각 준비해서 수업을 진행하는 것입니다. 방금 말씀드린 예시로 보면 학급을 5개의 모둠으로 나누어서 5개의 스테이션을 차례로 돌아가면서 각각의 행성에 대해 알아보는 방법이지요. 이때 교사들은 각각의 스테이션을 담당할 수도 있고 모든 스테이션을 학생들이 스스로 알아가도록 구성할 수도 있습니다."

위 교사의 설명이 끝나고, 김 교사가 말을 이어갔다.

"제가 좋아하는 방법이에요. 제가 좀 더 추가 설명해도 될까요?"

"당연하지요."

"스테이션 교수법은 학생들이 스스로 공부해 나가도록 구성하기 때문에 교사가 이야기하는 내용을 수동적으로 받아들이는 수업보다는 학생들이 더 활달하고 적극적인 모습을 보이더라고요. 또 학생들끼리 협동을 해야 해서 더욱 친밀해지는 것 같기도 하고 말이에요."

이에 박 교사가 김 교사에게 질문했다.

"김 선생님은 이 수업 방법을 어떻게 생각하세요?"

"잘만 운영한다면 괜찮은 방법이라고 생각해요. 하지만 완벽한 교수법은 없듯이 이것도 마찬가지예요. 이 방법이 효과적인 수업 상황이 있을 것이지만 무엇보다도 이 수업을 계획하기 위해서는 교사의 치밀하고 정교한 준비가 필요해요. 그만큼 준비 시간이 많이 필요하다는 뜻이지요. 그리고 스테이션 교수법을 사용하기 위해서는 학생들이 이 수업 방법에 대해 훈련되어 있어야 해요. 그러니까 주어진 자료를 보고 분석하는 방법, 토의하는 방법, 정보를 알아가는 방법 등 다양한 학습 방법들을 학생들이 숙지하고 알고 있어야 스테이션 교수법이 빛을 발할 수 있지요. 그리고 학생들이 스테이션을 돌아다니면서 이야기하며 학습하는 방법이기 때문에 교실이 시끄러워질 수도 있고, 교사가 모든 학생의 학습 상황을 체크하기가 어렵기도 해요. 그래서 제가 좋아하는 방법이지만, 정말 많은 수고가 필요한 방법입니다."

이에 위 교사가 대답했다.

"저도 개인적으로 이 방법을 좋아하지만 할 때마다 준비하기까지의 과정도 힘들고 수업을 이끌어가는 것도 매우 힘들었던 기억이 강렬합니다. 그래도 학생들이 스스로 고민하고 공부하는 모습이나 수업이 끝나고 스스로 문제를 해결했다고 기뻐하는 모습을 보면 뿌듯하더라고요."

"저도 그렇게 생각해요. 그럼 이제 다섯 번째 방법이지요? 위 선생님. 다음 방법도 이야기해 주세요."

"네, 바로 시작하겠습니다. 다섯 번째 방법은 ⑤ **대안적 교수법**입니다. 이 방법은 학생의 개별적인 능력이 다 다르다는 것을 인정하고 수업하자는 생각에서 출발합니다. 예를 들어 학생이 수업에 참여하는데 다른 많은 학생과 현격한 수준차가 날 때, 다른 교사가 그 수준 차이가 나는 학생들을 가르치는 것이지요."

위 교사의 말을 들은 박 교사가 질문했다.

"그 수준 차이가 나는 학생이 보충학습이 필요한 학생을 말하는 건가요?"

"아닙니다. 여기에서 수준 차이라는 것은 수업 중 짧은 시간 안에 성취기준을 달성하여 심화학습이 필요한 학생일 수도 있고 수업 시간 내에 성취기준을 달성하기 어려워하는 보충학습이 필요한 학생일 수도 있습니다. 또 개인적인 일 때문에 결석한 학생에게도 적용할 수도 있고요."

"그럼 따로 수업하는 거 아닌가요? 심화학습을 하는 학생은 걱정이

안 되지만 보충학습을 하는 학생은 낙인이 될 수도 있겠어요. 그래서 그 학생의 자존감도 떨어질 것 같고요."

이에 김 교사가 말을 이었다.

"그래서 이 방법은 수업 시간 내내 사용하기보다는 수업 중에 필요할 때 '몇 분'만 사용해야 해요. 그렇지 않으면 지금 박 선생님이 말한 것 같은 문제가 발생할 수 있지요. 하지만 이 교수법의 장점을 무시해서는 안 된다고 생각해요. 한 명의 교사가 집중적으로 도움을 주기 때문에 더 많은 학생이 학습 목표를 달성할 수 있으니까 말이에요. 위 선생님, 그리고 이 밖에 더 다른 내용이 있을까요?"

"네, 있습니다. 교사가 수업을 준비할 때, 수업을 받는 학생들의 학습 목표 도달 정도를 정확히 예상할 수 없어서 교사들의 수업 준비 시간이 많이 필요할 것 같아요. 수준별로 다양한 자료를 준비하고 대비해야 하기 때문이죠."

김 교사와 박 교사가 이에 수긍하는 듯이 고개를 끄덕였다. 위 교사는 이 모습을 보며 내심 뿌듯했다. 이제 마지막 방법만 남았다. 위 교사는 조금 더 힘을 주어 설명을 시작했다.

"자! 이제 마지막입니다. 여섯 번째 방법은 **⑥ 팀티칭**입니다. 제 생각에 이 방법은 함께 수업하는 교사 누구도 소외되지 않고 수업하는 방법인 것 같습니다. 수업에 참여하는 교사들이 각자 역할을 맡아서 수업할 수 있기 때문이지요. 각 교사가 가진 장점을 극대화해서 사용할 수 있는 방법이라고 생각합니다. 수업이 크게 설명과 활동으로 나누어져 있다면 교사의 특성에 따라 한 교사는 설명하는 부분에서 수업을 진행하고 다른 교사는 활동하는 부분에서 수업을 진행하는 방식입니다. 이 방법에서는 학생들이 교사의 활동을 참고하여 학습 목표를 이루는 데 도움이

되는 경우도 있습니다. 하지만 참여하는 교사들이 수업에 대한 완전한 이해와 교육내용 전반에 대한 공유가 있어야 해서 준비하는 데 시간이 많이 필요합니다. 잘못하면 그저 역할 분담에만 치중될 수 있다는 단점이 있습니다."

이에 김 교사가 말을 이었다.

"많은 고민이 필요한 방법이지만 학생들에게는 꼭 필요한 방법인 것 같아요."

"네, 저도 그렇게 생각합니다. 휴…. 이렇게 제가 공부한 내용이 끝이 났네요."

"고생했어요. 이렇게 설명을 들으며 함께 이야기를 나누니 머릿속에 정리가 잘 된 것 같아요. 유익한 시간이었어요."

"도움이 되었다니 다행입니다. 우리 올해 정말 멋지게 통합수업을 해

봐요.”

위 교사는 두 교사에게 도움이 된 것 같아 뿌듯했다. 시계는 퇴근 시간을 가리키고 있었다. 위 교사는 교실로 돌아와 짐을 챙기며 창밖을 바라보았다. 오랜만에 보는 바깥 풍경이었다. 수업이 끝난 뒤 연수를 받거나 업무를 하다 보면 하루에 한 번 창밖을 보는 것도 힘든 날들이 많았다. 그런데 오늘은 창밖으로 눈이 갔다. 창밖에는 봄을 알리는 보슬비가 내렸다.

〈통합수업을 위한 6가지 협력 교수 유형〉[36]

유형	정의	적용 상황 및 예시	장점	단점
교수 -관찰 교수	• 한 교사가 전체 학생을 대상으로 수업을 진행하고, 다른 교사는 한 명 혹은 소수의 학생을 특별한 목적을 가지고 면밀히 관찰하여 필요한 정보를 수집하고 함께 자료를 분석함 • 계획시간 - 비교적 적음	• 특정 학생들의 문제를 파악하고자 할 때 • 학생의 성취 및 진보를 점검하고자 할 때 • 대상 학생과 학급의 다른 학생들의 수행을 비교하기 원할 때 예시) 수업시간에 문제행동을 보이는 학생의 선행사건 파악을 위해 적용함	• 학생을 관찰하는 목적으로 활용할 수 있음	
교수 -지원 교수	• 한 교사가 전체 학생을 대상으로 지도에 우선적인 책임을 지고 교수하는 동안 다른 교사는 교실을 순회하면서 개별적인 도움이 필요한 학생들을 지원함 • 계획시간 - 비교적 적음	• 수업 주제 자체가 한 교사가 주도하기에 적합할 때 • 한 교사가 특정 주제에 전문가일 때 • 수업내용이 학습과정을 중시하여 학생들의 수행과정에 대한 점검이 필요할 때 예시) 한 교사가 영어시간에 영문법에 대해 설명할 때 다른 교사가 도움이 필요한 학생에게 모르는 단어 및 문법용어를 지도함	• 각 교사의 역할이 수업 내용에 따라 수시로 서로 바뀔 수 있는 융통성을 지님 • 도움이 필요한 학생을 개별적으로 지원 가능	• 각 교사의 역할이 수시로 바뀔 때 수업의 흐름이 부자연스러움 • 지원하는 교사가 보조원처럼 보이거나 학생의 주의를 산만하게 할 수 있음 • 학생이 지원교사에게 의존적이 될 수 있음

36 교육부·세종특별자치시교육청(2017). *통합교육 실행 가이드북 I*. pp.59-63. 수정.

유형	정의	적용 상황 및 예시	장점	단점
평행 교수	• 두 교사가 수업을 함께 계획하고, 학급의 학생들을 다양한 수준의 학생이 섞여 있는 두 그룹으로 나눈 후 같은 내용을 동시에 각 집단에게 교수함 • 계획시간 - 중간 정도	• 교사 대 학생의 비율을 줄여 교수 효율성을 높일 필요가 있을 때 • 토론에 학생의 참여를 촉진하고 싶을 때 • 집중적인 지도와 연습이 필요할 때 예시) 수학시간에 사칙연산 과정을 두 그룹으로 나누어 설명하고 연습시킴	• 효과적인 복습이 가능 • 학생의 반응을 독려할 수 있음 • 집단학습과 복습을 위한 교사-학생 간 비율을 감소시킴	• 동일한 수준의 내용을 성취하기 어려움 • 상대방 교사의 속도에 대해 점검해야 함 • 교실이 시끄러움 • 모둠 간 과도한 경쟁이 될 수 있음
스테이션 교수	• 수업내용을 나누어 독립적인 학습을 할 수 있는 3개 이상의 교사주도 또는 독립적인 학습 스테이션을 준비하고, 스테이션의 수 만큼 학생들을 그룹으로 나누어 각 그룹이 준비된 각 스테이션을 차례로 이동하면서 학습을 함 • 계획시간 - 중간 정도	• 학습내용이 복잡하지만 위계가 있지는 않을 때 • 교수내용에 대한 복습이 필요할 때 • 수업이 여러 개의 주제로 구성되어 있을 때 예시1) 사회시간에 세계의 다양한 문화에 대해 학습할 때 각 나라별 스테이션을 구성 예시2) 체육 시간에 다양한 게임이나 운동 스테이션을 구성	• 능동적인 학습 환경을 제시 • 소그룹으로 주의집중을 증가시킴 • 협동과 독립성을 증진시킴 • 학생 반응을 증가시킴 • 전략적으로 집단을 구성할 수 있음	• 많은 계획과 준비가 필요함 • 교실이 시끄러워짐 • 집단으로 일하는 기술과 독립적인 기술이 필요함 • 전체 학생 활동을 감독하기가 어려움

유형	정의	적용 상황 및 예시	장점	단점
대안적 교수	• 한 교사가 대집단의 학생을 대상으로 수업을 진행하는 동안 다른 교사가 도움이 필요한 소집단의 학생에게 수준을 고려한 보충학습 및 심화학습을 제공함(수업 내내 혹은 수업 중 몇 분 동안 운영가능) • 계획시간 - 비교적 많음	• 학습 내용에 대한 학생들의 수준차이가 많을 때 • 학습내용에 대한 성취기준이 높을 때 예시) 대집단은 숙제를 하는 동안 소집단은 추가적인 보충학습을 받음. 대집단이 프로젝트 수업을 하는 동안 소집단은 평가를 받음	• 심화학습의 기회를 제공함 • 결석한 학생의 보충기회를 제공함 • 개인과 전체 학급의 속도를 맞출 수 있음 • 못하는 부분을 개발해 주는 시간을 만들 수 있음	• 도움이 필요한 학생만 계속 선택하기 쉬움 • 분리된 학습 환경을 조성함 • 조율하기가 어려움 • 학생을 고립시킬 수 있음
팀티칭	• 두 교사가 전체 학생을 대상으로 동등한 책임과 역할을 가지고 같은 내용을 동시에 교수하는 것으로 수업을 하는 동안 번갈아가며 다양한 역할을 함(개념교수, 시범, 역할놀이 등) • 계획시간 - 비교적 많음	• 두 교사의 경험이 서로 상호보완적일 수 있을 때 • 학습목표가 학생들에게 상호작용 모델을 보여주는 것과 관련 있을 때 예시1) 과학시간에 한 교사는 실험도구를 설명하고, 다른 교사는 실험을 진행함 예시2) 사회시간에 한 교사는 수업을 진행하고 다른 교사는 칠판에 판서를 함	• 체계적 관찰과 자료수집이 가능함 • 역할과 교수내용을 공유함 • 개별적 도움 제공이 가능함 • 학업과 사회성에 있어서 적절한 도움을 구하는 행동모델을 보여줄 수 있음 • 질문하기를 지도할 수 있음 • 개념, 어휘, 규칙 등을 보다 명확하게 할 수 있음	• 학습을 풍부하게 하는 것이 아니라 교사의 업무를 분담하는 것에 머무를 수 있음 • 많은 계획이 필요함 • 모델링과 역할놀이 기술을 필요로 함

13. 함께하는 통합수업 완성하기

한 학생도 소외되지 않는 수업을 준비한다.

1) 학생의 특성 파악하기

위 교사는 요즘 마음이 심란했다. 그 이유는 통합수업을 실행하기 위해서는 학생의 개별적인 수준에 맞게 학급교육과정을 편성해야 하는데, 막상 짜려니 여러 가지 혼란이 있었던 탓이다. 물론 옆에서 함께해 주는 동료들이 있어서 그 마음은 조금이나마 덜 수 있었지만, 부담이 가는 것은 사실이었다. 장고 끝에 위 교사는 기본에 충실하기로 했다. 능력이 그렇게 뛰어나지도 않을 뿐더러 아직 통합교육에 대해 부족한 면이 많은지라 최대한 기본에 맞추어 그리고 욕심 부리지 않고 한 과목에 좀 더 집중하여 내실 있게 통합수업을 준비해 보리라 마음먹었다. 위 교사는 어떤 과목이 좋을지에 대해 고민하며, 박 교사와 앞서 이야기하며 정리했던 흥민이와 장한이에 대한 메모를 다시 들춰보았다.

〈흥민이와 장한이의 특성〉

이름	특징	할 수 있는 역량	필요한 역량
흥민	**편마비 (지체 장애)** • 오른쪽 팔과 다리의 근력이 약함	• 숙제를 열심히 하려는 모습을 보임 • 자기 생각을 말할 수 있음 • 편마비이기 때문에 체육 시간에 어려움이 있음에도 불구하고 열심히 하는 모습을 보임 • 음성을 지원하는 영상을 보며 내용을 이해할 수 있음 • 태블릿, 컴퓨터에서 간단한 조작을 할 수 있음	• 한글 교육이 필요함 • 자존감을 높일 수 있는 교육이 필요함 • 수학: 덧셈과 뺄셈까지 할 수 있음 • 긍정적인 말하기 연습하기가 필요함 • 배운 내용을 잊어버리지 않도록 반복 학습 시간이 필요함
장한	**자폐성 장애** • 사회적 상호작용과 의사소통에 어려움이 있음 • 제한적이고 반복적인 관심과 활동을 보임	• 웃음이 많음 • 약속을 잘 지키려고 함 • 간단한 글 읽기, 쓰기, 덧셈, 뺄셈이 가능함 • 간단한 그림과 글자를 연결할 수 있음 • 태블릿, 컴퓨터에서 간단한 조작을 할 수 있음	• 집중하는 시간을 늘려주어야 함(수업 시간에 자주 돌아다니거나, 다른 행동을 하는 모습을 보임) • 지속적인 반복 학습이 필요함 • 다른 학생들과 상호작용할 수 있는 경험이 많이 필요함

메모를 보며 위 교사는 '어떤 과목으로 하면 우리 학생들에게 의미 있는 시간을 만들어줄 수 있을까?'라는 고민을 거듭했다. 그리고 고민 끝에 올해는 사회 교과를 중심으로 통합수업 계획을 수립해 보리라 마음먹었다.

2) 성취기준 분석 및 목표 설정하기

김 교사, 박 교사, 위 교사는 오늘도 한자리에 모여 성취기준 분석에 여념이 없었다. 학생들의 특성에 대해서는 파악을 했으니, 그다음 중요한 것은 성취기준 분석이었기 때문이다. 위 교사는 올해 사회 교과에 좀 더 힘을 실어 통합수업을 실행해 보기로 했고, 특히 백워드(Backward) 설계 방식을 활용하여 수업을 구성하고자 했다. 백워드 설계는 성취기준을 통하여 목표 선정-평가계획-수업내용 선정 및 조직 순으로 수업을 구성하는 방법이었기 때문에 성취기준 분석은 무엇보다도 중요했다. 그래서 김 교사, 박 교사, 위 교사가 이렇게 열심히 성취기준을 분석하고 있는 것이었다.

한참을 고민하던 위 교사가 말했다.

"와! 사실 저는 교과서에 대해 조금은 회의적이었는데 성취기준 분석하면서 교육목표를 설정하고 나서 교과서를 보니, 다 교과서에 나온 목표들이네요?"

그러자 김 교사가 웃으며 말을 받았다.

"하하하. 맞아요. 교과서를 쓰시는 분들이 괜히 교과서를 집필하시겠어요? 다들 성취기준에 관해 연구를 많이 하시고 고민 끝에 나온 결과물들인데."

"제가 너무 오만했던 것 같습니다. 교과서에 대해 새롭게 생각이 되네요. 역시 사람은 직접 경험해 봐야 하는 것 같습니다. 하하하."

"위 선생님이 교과서에 대해 새롭게 생각된다고 해서 드는 생각인데, 교과서를 비판 없이 활용하는 것도 문제지만 교사들이 교과서를 활용하여 수업하는 것이 수업 연구를 덜했다고 보는 인식도 문제가 좀 있어요. 교과서도 중요한 학습자료 중 하나이니까요."

"맞습니다. 동의합니다. 하하하."

이렇게 한바탕 웃음이 지나가고 세 교사는 다시 성취기준 분석에 집중했다.

성취기준 분석이 끝나면 세 교사는 자신들이 분석한 성취기준에 관해 이야기하는 시간을 가지며 성취기준에 근거한 목표들을 설정해 나갔다. 위 교사 차례가 되고, 위 교사는 자신이 분석한 자료에 관한 이야기를 시작했다.

"제가 분석한 성취기준은 이것입니다."

위 교사는 김 교사와 박 교사에게 자신이 분석한 성취기준을 보여주었다.

〈위 교사가 분석한 5학년 사회 2단원의 성취기준〉

[6사02-01] 인권의 중요성을 인식하고 인권 신장을 위해 노력했던 옛사람들의 활동을 탐구한다.
[6사02-02] 생활 속에서 인권 보장이 필요한 사례를 탐구하여 인권의 중요성을 인식하고, 인권 보호를 실천하는 태도를 기른다.

김 교사는 빠르게 성취기준을 읽어보았다. 그리고는 대충 감을 잡았다는 듯이 이야기했다.

"이 성취기준이라면 인권이 무엇인지부터 알아야 할 것이고, 그리고 인권 신장을 위해 노력한 옛사람들에 대해서도 알아야 할 것 같은데요. 그럼 이런 내용을 중심으로 목표가 선정되겠는데요?"

이에 위 교사는 놀라며 대답했다.

"맞습니다! 역시 김 선생님은 대단하시네요. 저는 보면서도 긴가민가 했는데요."

"에이. 그냥 제 생각을 말씀드려 본 거예요. 그래서 위 선생님은 어떤 목표를 도출했어요?"

"아, 맞다. 그 이야기를 하는 중이었지요? 그래서 저는 일단 교과서와 지도서에 있는 목표들은 그대로 수용하기로 했습니다. 다만 목표를 토대로 평가계획을 세우면서 교과서나 지도서와는 다른 방법으로 목표에 도달해 보려고 합니다."

이에 박 교사가 말했다.

"오, 대단하십니다!"

"아닙니다. 더 고민해 봐야지요. 그래서 다음과 같이 목표를 설정할 예정입니다."

〈5학년 사회과 성취기준 [6사02-01], [6사02-02]를 토대로 수립한 일반 학습 목표〉

일반 학습 목표	1. 인권이란 무엇인지 설명할 수 있다. 2. 인권을 신장하려고 노력했던 옛사람들과 그들의 활동을 설명할 수 있다. 3. 인권 신장을 위한 옛날의 여러 가지 제도를 이해할 수 있다. 4. 우리 주변에서 인권이 침해된 사례를 찾을 수 있다. 5. 인권 보장을 위한 우리 사회의 노력을 설명할 수 있다. 6. 인권을 보호하는 방법을 살펴보고 생활에서 실천할 수 있다.

학습 목표를 가리키며, 위 교사가 말을 이어갔다.

"이렇게 해서 앞서 설명한 성취기준을 토대로 총 6차시의 수업을 진행해 보려고 합니다."

김 교사가 고개를 끄덕이며 이야기했다.

"제 생각에도 이렇게 목표를 정하면 좋을 것 같아요. 그럼 특수교육대상학생에 대한 목표는 따로 있나요?"

"네. 조금 생각은 해보았는데, 아무리 생각해도 이 부분에서는 우리가 공부했던 수정이나 조정이 들어가야 할 것 같았어요. 제가 생각한 부분만 이야기해 볼 테니까 한번 들어봐 주세요."

김 교사와 박 교사는 펜을 들고 위 교사가 나누어 준 종이를 보며 위 교사의 말에 집중했다.

"먼저 흥민이에 관해 이야기해 보겠습니다. 흥민이는 수정된 목표를 설정하지 않으려고 해요. 흥민이의 특성을 보았을 때 편마비이고, 한글을 잘 모르지만 이 부분은 다른 활동을 통해서 해결할 수 있을 것 같기 때문이에요. 예를 들어 인권이라는 의미를 알기 위해서 꼭 문자로 된 글을 읽어야 하는 것은 아니잖아요? 인권 보호 영상을 보고 친구들과 이야기함으로써 흥민이가 목표에 도달할 수 있을 것으로 생각돼요. 그래서 흥민이는 조정을 통해서 목표를 달성하는 것으로 계획을 수립하려고 합니다. 박 선생님, 어떨 것 같아요? 아무래도 저보다는 박 선생님이 흥민이에 대해 더 잘 알고 계시잖아요."

이어 메모를 하던 박 교사가 자기 생각을 이야기했다.

"제 생각에도 흥민이는 글 읽는 것을 어려워할 뿐이지 활동을 조정해 주면 목표 달성이 가능할 것 같아요. 다만 어떻게 조정할 것인지에 대한 고민이 많이 필요하겠지만요."

"박 선생님이 그렇게 말씀해 주시니까 마음이 놓이네요. 그럼 흥민이는 목표를 수정하지 않고 조정하는 방향으로 평가 및 수업내용에 대해 고민을 해보도록 하겠습니다."

이에 위 교사는 자기도 모르게 웃음이 나왔다. 자신이 생각한 것이 잘못되지 않았음을 느꼈기 때문이다. 그래서 처음 발표할 때보다는 조금 더 자신 있게 다음 이야기를 시작했다.

"자! 그럼 다음 내용을 이야기해 보겠습니다. 그런데 사실 고민은 이 부분입니다. 장한이요. 장한이의 특성은 다들 아시겠지만 자폐성 장애가 있는 학생이고 수업에 집중하기 어려워해요. 또 추상적인 것을 이해하기도 어려워하고요. 그래서 목표를 수정해 볼까 해요."

이에 김 교사가 궁금하다는 듯이 물었다.

"어떻게요?"

"장한이의 특성을 보면 무엇을 스스로 탐구하는 것이라든지, 어떤 서술적인 답변을 듣기는 어려운 것 같아요. 하지만 성취기준에서는 탐구도 해야 하고 중요성도 인식해야 하잖아요. 그래서 기대하는 성취수준을 조금 낮추어 보려고요."

이렇게 말하며 위 교사는 수정된 목표가 적힌 종이를 김 교사와 박 교사에게 나누어 주었다.

〈성취기준 [6사02-01]과 관련해 변경한 장한이의 수정된 기대성취수준〉

일반 성취기준		[6사02-01] 인권의 중요성을 인식하고 인권 신장을 위해 노력했던 옛사람들의 활동을 탐구한다. [6사02-02] 생활 속에서 인권 보장이 필요한 사례를 탐구하여 인권의 중요성을 인식하고, 인권 보호를 실천하는 태도를 기른다.
기대성취 수준	장한 (☆장한)	☆(장한) 인권과 인권 신장을 위해 노력했던 옛사람들의 활동을 알아보고, 인권 신장을 위해 노력했던 옛사람들의 이름을 적고 말하며 사진과 연결해 본다. ☆(장한) 생활 속에서 인권 보장이 필요한 사례를 탐구하여 인권의 중요성을 인식하고, 인권 보호를 실천하는 태도를 기른다.

박 교사는 놀란 표정으로 말했다.

"와! 장한이의 수준과 특성에 맞게 목표를 잘 수정하셨네요."

"별거 아닙니다. 다 제 능력이죠. 하하하. 농담이고요. 예전에 공부할 때 박 선생님께서 국립특수교육원에서 발간한 통합교육 교수학습 자료를 보여주셨잖아요. 거기 보니까 성취기준은 그대로인데 성취수준을 조금 수정한 것을 본 적이 있었거든요. 그것을 적용해서 장한이 특성에 맞게 조금 바꾸어보았어요."

"오, 대단하신데요?"

"아까 말씀드렸듯이 별거 아닙니다. 하하하. 그런데 이렇게 바꾸어도 괜찮을까요?"

이에 김 교사가 위 교사에게 물었다.

"위 선생님, 혹시 이렇게 바꾼 이유에 관해 이야기해 줄 수 있을까요?"

"네, 물론 장한이가 성취기준을 다 이룰 수도 있다고 생각해요. 그리고 최대한 같은 내용을 배우는 것도 중요하고요. 하지만 장한이의 특성을 최대한 활용해 수업에 참여할 기회를 주는 것이 가장 중요하다고 생각했어요."

"그래서 옛사람들의 활동을 탐구하는 것보다는 '인물의 이름을 적고 말하며, 사진과 연결한다'로 바꾸셨군요."

"맞습니다. 인권을 아는 것도 중요하고 옛사람들의 활동을 탐구하는 것도 중요하다고 생각해요. 하지만 그것보다는 장한이가 할 수 있는 영역 안에서부터 배울 수 있게 하는 것이 중요하다고 생각했어요."

"좋은 것 같아요. 그런데 왜 두 번째는 안 바꾸신 건가요? 일반 성취기준이랑 같은 것 같은데? 장한이가 탐구하여 인권의 중요성을 파악할 수 있을까요?"

"역시, 핵심을 찌르시네요. 사실은 그 부분이 고민이었어요. 어떻게 해야 할지 감이 잡히질 않았거든요."

"그럼 제 생각을 말씀드려 볼게요. 방금 제가 위 선생님이 준 자료를 보면서 성취기준 해설을 잠깐 살펴봤어요. 인권 보장이 필요한 사례, 인권의 중요성, 인권 보호의 실천, 인권 보장이 이 성취기준을 달성하는데 필요한 학습 요소더라고요. 그런데 장한이는 성취기준을 달성하기가 어려울 것 같아요. 그래서 제 생각에는 성취기준에 대해 기대하는 수준을 좀 낮추어보면 어떨까 해요."

"어떻게요?"

"일단 장한이에게는 인권 보장이 필요한 사례에 대해 안내하는 것이 중요한 것 같아요. 그래서 이를 '탐구한다'보다는 '알아보자'라는 식으로 바꾸면 어떨까 싶어요. 그리고 장한이 같은 경우에는 인권의 중요성을 알기 위해서는 인권침해를 당했을 때 어떻게 대처해야 하는지 직접 체험해 보면 좋을 것 같아요. 그리고 인권 보호 활동은 그대로 둬도 괜찮을 것 같고요."

김 교사의 말을 열심히 적으며 위 교사는 말했다.

"좋은 의견이십니다! 그러면 이렇게 바꾸면 어떨까요?"

〈성취기준 [6사02-02]와 관련해 변경한 장한이의 수정된 기대성취수준〉

일반 성취기준		[6사02-01] 인권의 중요성을 인식하고 인권 신장을 위해 노력했던 옛사람들의 활동을 탐구한다. [6사02-02] 생활 속에서 인권 보장이 필요한 사례를 탐구하여 인권의 중요성을 인식하고, 인권 보호를 실천하는 태도를 기른다.
기대성취 수준	장한 (☆장한)	☆(장한) 인권과 인권 신장을 위해 노력했던 옛사람들의 활동을 알아보고, 인권 신장을 위해 노력했던 옛사람들의 이름을 적고 말하며 사진과 연결해 본다. ☆(장한) 생활 속에서 인권 보장이 필요한 사례와 인권이 침해당했을 때 할 수 있는 행동에 대해 알아보고, 인권 보호 관련 활동을 실천한다.

이를 보고 김 교사가 말했다.

"어, 괜찮을 것 같은데요?"

"그럼 이렇게 해서 학습 목표를 한번 선정해 보겠습니다. 그럼 장한이 같은 경우는 일반 학습 목표를 달성하기 어려우니까 수정된 학습 목표를 써보면 좋지 않을까요?"

"그래요. 그러면 좋을 것 같아요. 그럼 성취기준을 중심으로 장한이를 위한 학습 목표를 한번 수정해 봐요. 위 선생님이 먼저 고민해 보고, 그리고 또 이야기해 보게요."

"네. 알겠습니다!"

김 교사의 말이 끝나고, 위 교사는 일반 학습 목표와 기대성취수준을 보며 장한이를 위한 학습 목표를 수정하기 시작했다.

'장한이에게 인권에 관해 설명하라는 것은 어려울 것 같아. 그럼 설명하기보다는 인권과 관련된 사진을 주고 찾아보라고 하면 어떨까? 그래, 그럼 목표1은 이렇게 바꾸어보자.'

이렇게 하며 위 교사는 학습 목표1을 수정했다.

〈위 교사가 수정한 장한이의 학습 목표1〉

1. 인권이 무엇인지 알아보고, 인권과 관련된 사진을 찾을 수 있다.

'좋아. 다음 2번 목표. 이 목표에서는 인권을 신장하기 위해 노력했던 사람들에 관해 먼저 탐구해야 하는데 이것은 장한이가 만화를 좋아한다는 점을 이용해서 동영상을 제시하고 인물들에 대해 알아보는 것으로 바꾸면 좋겠다. 그리고 장한이에게 설명을 요구하는 것은 어려울 것 같아. 그럼 동영상에서 본 인물들의 사진을 주고 인물을 알고 인물의 이름을 적어보고, 말해보면서 나중에는 인물의 이름과 사진을 연결해 보는 활동을 하면 어떨까? 장한이가 한글 공부도 하고, 역사 속 인물에 대해서도 알게 되는 기회가 될 것 같아.'라고 생각하며 위 교사는 학습 목표2를 수정했다.

〈위 교사가 수정한 장한이의 학습 목표2〉

2. 인권을 신장하려고 노력했던 사람들의 활동을 살펴보고, 인권을 신장하기 위해 노력했던 옛사람들의 이름을 적고 말하며, 해당 인물을 찾을 수 있다.

이렇게 고민을 하면서 학습 목표를 수정해 나가다 보니 위 교사는 조금 흥분되었다. 무언가 제대로 된 수업을 할 수 있을 것만 같은 기분이 들었기 때문이다. 요즘 성취기준을 분석하면서 자주 느끼는 기분이었다. 위 교사는 기분이 좋은지 콧노래를 흥얼거리며 나머지 학습 목표들도 수정해 나갔다.

얼마나 지났을까. 위 교사가 김 교사와 박 교사에게 이야기했다.

"다 했습니다. 한번 봐주실래요?"

위 교사는 두 선생님에게 자신의 결과물을 보여주었다.

〈수정된 기대성취수준을 바탕으로 작성한 장한이의 단원 학습 목표〉

수정된 학습 목표	장한 (☆장한)	1. 인권이 무엇인지 알아보고, 인권과 관련된 사진을 찾을 수 있다. 2. 인권을 신장하려고 노력했던 사람들의 활동을 살펴보고, 인권 신장을 위해 노력했던 옛 인물의 이름을 적고 말하며, 해당 인물을 찾을 수 있다.

수정된 학습 목표	장한 (☆장한)	3. 인권 신장을 위한 옛날의 여러 제도를 읽어보고, 제도와 그림을 연결할 수 있다. 4. 인권을 침해당했을 때 할 수 있는 행동에 대해 알 수 있다. 5. 인권 보장을 위한 우리 사회의 노력을 찾을 수 있다. 6. 인권을 보호하는 활동을 생활에서 실천할 수 있다.

결과물을 본 박 교사가 이야기했다.

"오, 좋아요. 장한이 특성을 잘 반영하신 것 같은데요?"

"그런가요? 다행입니다. 이렇게 목표를 수정해도 괜찮겠지요?"

"네, 이렇게 수정하면 장한이도 통합학급 수업에 적극적으로 참여할 수 있을 것 같아요."

"김 선생님 생각은 어떠세요?"

"제 생각도 좋아요. 이제 종합해서 써볼까요?"

이에 위 교사는 얼른 컴퓨터 앞으로 가서 앉으며 대답했다.

"안 그래도 막 시작하려고 했습니다."

"오케이. 박 선생님! 그럼 우리도 다른 성취기준을 분석해 봅시다."

김 교사와 박 교사가 각자 맡은 성취기준을 분석하는 사이 위 교사는 지금까지 이야기했던 내용을 하나의 표에 정리하기 시작했다. 몇 분이 지나고 프린터에서 종이 세 장이 출력되었다.

"김 선생님, 박 선생님, 바쁘시겠지만 방금 이야기했던 결과물입니다. 한 번 더 확인해 주세요."

위 교사는 김 교사와 박 교사에게 종이를 나누어 주었다.

〈위 교사가 나누어 준 성취기준 및 학습 목표 수정 · 조정 표〉

<table>
<tr><td>단원</td><td colspan="2">2. 인권 존중과 정의로운 사회
(1) 인권을 존중하는 삶</td></tr>
<tr><td>일반
성취기준</td><td colspan="2">[6사02-01] 인권의 중요성을 인하고 인권 신장을 위해 노력했던 옛사람들의 활동을 탐구한다.
[6사02-02] 생활 속에서 인권 보장이 필요한 사례를 탐구하여 인권의 중요성을 인식하고, 인권 보호를 실천하는 태도를 기른다.</td></tr>
<tr><td rowspan="2">기대
성취수준</td><td>홍민</td><td>수정 내용 없음</td></tr>
<tr><td>장한</td><td>· 인권과 인권 신장을 위해 노력했던 옛사람들의 활동을 알아보고, 인물의 이름을 적고 말하며 사진과 연결해 본다.
· 생활 속에서 인권 보장이 필요한 사례와 인권이 침해당했을 때 할 수 있는 행동에 대해 알아보고, 인권 보호 관련 활동을 실천한다.</td></tr>
<tr><td>일반
학습 목표</td><td colspan="2">1. 인권이란 무엇인지 설명할 수 있다.
2. 인권을 신장하려고 노력했던 옛사람들과 그들의 활동을 설명할 수 있다.
3. 인권 신장을 위한 옛날의 여러 가지 제도를 이해할 수 있다.
4. 우리 주변에서 인권이 침해된 사례를 찾을 수 있다.
5. 인권 보장을 위한 우리 사회의 노력을 설명할 수 있다.
6. 인권을 보호하는 방법을 살펴보고 생활에서 실천할 수 있다.</td></tr>
<tr><td rowspan="2">수정된
학습 목표</td><td>홍민</td><td>수정 내용 없음</td></tr>
<tr><td>장한</td><td>1. 인권이 무엇인지 알아보고, 인권과 관련된 사진을 찾을 수 있다.
2. 인권을 신장하려고 노력했던 사람들의 활동을 살펴보고, 인물의 이름을 적고 말하며, 해당 인물을 찾을 수 있다.
3. 인권 신장을 위한 옛날의 여러 제도를 읽어보고, 제도와 그림을 연결할 수 있다.
4. 인권을 침해당했을 때 할 수 있는 행동에 대해 알 수 있다.
5. 인권 보장을 위한 우리 사회의 노력을 찾을 수 있다.
6. 인권을 보호하는 활동을 생활에서 실천할 수 있다.</td></tr>
</table>

김 교사가 정리된 내용을 자세히 들여다보며 말했다.

"특수교육대상학생들에 대한 정성이 느껴지는데요? 저는 괜찮을 것 같아요."

이에 박 교사도 대답했다.

"저도 괜찮은 것 같아요."

"감사합니다. 두 선생님 덕분에 많이 배웁니다."

"허허, 별소리를 다 하시네요. 그럼 이제 다른 성취기준들도 분석해 볼까요?"

이들의 성취기준 분석은 늦은 시간까지 계속되었다.

3) 평가계획 수립하기

백워드 설계 방법에 따르면 성취기준과 학습 목표를 정했으니 이제 평가계획을 수립해야 했다. 위 교사도 평가계획을 수립하느라 바쁜 하루하루를 보내고 있었다. 물론 모든 과목에서 성취기준과 학습 목표를 수립하여 교육과정을 구성하고 있지만, 특히 올해 통합수업의 목표로 잡은 사회과는 조금 더 심혈을 기울여 고민하고 있었다.

위 교사는 크게 숨을 들이쉬며 첫 번째 성취기준과 학습 목표를 다시 살펴보았다.

〈5학년 사회과 성취기준 [6사02-01]과 일반 학습 목표〉

[6사02-01] 인권의 중요성을 인식하고 인권 신장을 위해 노력했던 옛사람들의 활동을 탐구한다.	
일반 학습 목표	1. 인권이란 무엇인지 설명할 수 있다. 2. 인권을 신장하려고 노력했던 옛사람들과 그들의 활동을 설명할 수 있다. 3. 인권 신장을 위한 옛날의 여러 가지 제도를 이해할 수 있다.

위 교사는 성취기준과 학습 목표를 보며 생각했다.

'흠…, 이 성취기준을 보면 목표로 적어놓았듯이 두세 개 정도로 평가할 수 있을 것 같아. 하나는 인권의 중요성을 아는 것이고, 두 번째는 인권 신장을 위해 노력한 옛사람들의 활동에 대해 알아보는 내용이야. 이렇게 평가계획을 짜면 될 것 같은데?'

성취기준을 중심으로 목표를 먼저 마련해 놓은 터라 위 교사는 평가계획 수립이 수월하게 느껴졌다.

'그럼 먼저 인권의 중요성에 대해 알아야 하는데, 인권의 중요성을 알기 위해서는 목표에서 언급한 것처럼 인권이 무엇인지 알아야 해. 그런데 인권이란 것에 대해 개념만 알면 의미가 없을 것 같아. 인권의 중요성을 인식해야 하니까 우리 학생들과 가까운 생활 속에서 알 수 있는 것으로 구성하면 좋을 것 같아. 학생들과 가장 가까운 곳은 학교니까 학교에서 인권을 존중하는 사례를 찾아보면 어떨까? 그리고 왜 이러한 것이 중요한지를 서술한다면 성취기준과 목표를 달성할 수 있을 것 같아.'

이렇게 생각한 위 교사는 컴퓨터 자판을 치며 바쁘게 써 내려갔다.

〈평가 문항 ①〉

평가 문항 ①	학교에서 서로의 차이를 존중하는 것에는 어떤 것들이 있으며 왜 중요한지 써보기

'옳지. 이렇게 하면 성취기준에서 다루어야 할 첫 번째 과제로 좋을 것 같아. 다음으로 인권 신장을 위해 노력한 옛사람들의 활동에 관한 내용이지? 그렇다면 옛사람들의 활동에 대한 탐구 활동이 필요할 것이고, 그냥 아는 것만 적는 것보다는 감사의 마음을 담는 것이 어떨까?'라는

생각으로 위 교사는 다음 평가 문항을 적었다.

〈평가 문항 ②〉

평가 문항 ②	인권 신장을 위해 노력했던 인물을 알아보고, 조사한 인물에게 감사의 편지 써보기

성취기준에서 요구하는 평가 문항이 다 들어가 있는 것 같았다. 위 교사는 나름 만족하며 빠르게 다음 순서를 적어갔다. 다음 순서는 채점 기준을 세우는 것이었다. 문항별로 어떤 기준으로 평가할 것인가에 관한 내용이었다. 나름 과정중심평가와 관련하여 연수를 많이 들었지만, 아직도 멀게만 느껴지는 평가였다. 그래도 최선을 다하리라 마음먹으며 채점 기준을 하나씩 채워갔다.

'아! 이렇게 하면 객관적이고 공정한 평가가 될 수 있을까?'

최대한 공정하고 객관적인 평가 그리고 학생들에게 도움이 되는 평가를 하기 위해 노력하고 싶었다. 하지만 쉬운 일은 아니었다. 얼마나 지났을까. 성취기준 [6사02-01]에 대한 평가 문항과 채점 기준까지 만들고는 위 교사의 눈은 한동안 모니터 앞을 떠나지 못했다. 생각보다 어려운 과정이었기 때문이었다.

하지만 위 교사는 힘을 내어 채점 기준에 근거한 평가 기준을 작성하기 시작했다.

'하….'

습관처럼 위 교사는 크게 한숨을 쉬었다. 드디어 첫 번째 성취기준과 목표에 대한 평가계획을 수립한 것이다. 순간 위 교사의 뇌리에 번뜩 스치는 사람이 있었다. 바로 박 교사였다.

'내가 지금 수립한 것은 일반학생들을 위한 내용이야. 흥민이랑 장한이는 어떻게 평가하면 좋을지 박 선생님과 협의해 보자.'

위 교사는 급히 박 교사를 만나러 갔다. 위 교사가 이렇게 성취기준별로 계획을 세우고 박 교사를 만나러 가는 이유는 한 번에 이야기하게 되면 신중하게 평가계획을 수립하지 못할 것에 대한 염려 때문이었다. 위 교사는 힘들었지만 이렇게 차근차근 학급교육과정을 완성해 나가고 있었다.

"똑똑. 박 선생님 계십니까?"

박 교사는 모니터 옆으로 고개를 내밀며 대답했다.

"어? 위 선생님, 어쩐 일이세요?"

"우리가 올해는 통합수업을 알차게 준비해 보기로 했잖아요. 그래서 흥민이하고 장한이의 평가는 어떻게 하면 좋을까 해서 박 선생님과 협의하러 왔습니다. 시간 괜찮으세요?"

"네, 아까 김 선생님도 다녀가셨어요. 선생님과 같은 이유로요. 저 지금 시간 괜찮아요. 그럼 이야기해 볼까요?"

"감사합니다. 그럼, 여기 이 평가계획 한번 봐주세요."

〈5학년 사회과 성취기준 [6사02-01]에 대한 일반학생 평가계획〉

<table>
<tr><td>성취기준
6사02-01</td><td colspan="4">인권의 중요성을 인식하고 인권 신장을 위해 노력했던 옛사람들의 활동을 탐구한다.</td></tr>
<tr><td>일반
학습 목표</td><td colspan="4">1. 인권이란 무엇인지 설명할 수 있다.
2. 인권을 신장하려고 노력했던 옛사람들과 그들의 활동을 설명할 수 있다.
3. 인권 신장을 위한 옛날의 여러 가지 제도를 이해할 수 있다.</td></tr>
<tr><td>평가 방법</td><td colspan="2">서술형</td><td colspan="2">서술형</td></tr>
<tr><td rowspan="2">평가 요소 / 평가 척도</td><td colspan="2">평가 문항①</td><td colspan="2">평가 문항②</td></tr>
<tr><td colspan="2">학교에서 서로의 차이를 존중하는 것에는 어떤 것들이 있으며 왜 중요한지 써보기</td><td colspan="2">인권 신장을 위해 노력했던 인물을 알아보고, 조사한 인물에게 감사의 편지 써보기</td></tr>
<tr><td>매우 잘함</td><td>학교에서 서로의 차이를 존중하는 사례를 3가지 이상 제시하고, 왜 중요한지 서술한 경우</td><td>5</td><td>인물, 업적, 감사하는 마음이 모두 들어가 있는 경우</td><td>5</td></tr>
<tr><td>잘함</td><td>학교에서 서로의 차이를 존중하는 사례를 2가지 제시하고, 왜 중요한지 서술한 경우</td><td>4</td><td>인물, 업적, 감사하는 마음 중 2가지 들어가 있는 경우</td><td>4</td></tr>
<tr><td>보통</td><td>학교에서 서로의 차이를 존중하는 사례를 1가지 제시하거나, 왜 중요한지 서술한 경우</td><td>3</td><td>인물, 업적, 감사하는 마음 중 1가지 들어가 있는 경우</td><td>3</td></tr>
<tr><td>노력 필요</td><td>학교에서 서로의 차이를 존중하는 사례를 제시하지 못하고, 왜 중요한지도 서술하지 못한 경우</td><td>2</td><td>인물, 업적, 감사하는 마음을 표현하지 못한 경우</td><td>2</td></tr>
<tr><td>점수</td><td colspan="4">평가 기준</td></tr>
<tr><td>9~10</td><td colspan="3">생활 속 특히 학교에서 서로의 차이를 존중하는 사례를 다양하게 알고, 인권 신장을 위해 노력했던 인물의 업적, 감사하는 마음을 가지고 있음을 자세하게 표현함</td><td>상</td></tr>
<tr><td>6~8</td><td colspan="3">생활 속 특히 학교에서 서로의 차이를 존중하는 사례를 알고, 인권 신장을 위해 노력했던 인물의 업적, 감사하는 마음을 가지고 있음을 표현함</td><td>중</td></tr>
<tr><td>4~5</td><td colspan="3">생활 속 특히 학교에서 서로의 차이를 존중하는 사례를 알고, 인권 신장을 위해 노력했던 인물에 대해 알고 있음</td><td>하</td></tr>
</table>

박 교사는 신중하게 평가계획을 살펴보았다. 그리고는 연필을 들고 입을 열었다.

"위 선생님, 평가 문항 ①에 대해 먼저 제 생각을 말씀드릴게요. 평가 문항에서 먼저 학교에서 서로의 차이를 존중하는 것들이 무엇이 있는지 알아보는 것이 중요하잖아요. 그런데 평가 문항에는 써보자고 되어 있어서 이 부분은 홍민이에게는 좀 어려울 것 같아요."

"네, 제 생각도 그래요. 아무래도 홍민이가 글을 쓰지 못하기 때문에 그 부분이 저도 마음에 걸렸어요. 좋은 방법 있을까요?"

"이건 어때요? 이 부분에서 홍민이는 성취기준이나 목표를 일반학생들과 같게 했잖아요. 그러니까 중요한 부분은 그대로 평가하되 쓰기 활동 대신에 말하는 활동으로 변경해 보면 좋을 것 같아요."

"그러네요? 홍민이는 듣거나 보고 공부한 내용에 대해 조금이나마 이해하고 자기 생각을 말할 수 있으니까요. 그럼 홍민이에 대해서는 평가 문항을 '말해보기'로 수정하겠습니다. 오케이! 그럼 첫 번째 문항은 끝났고, 장한이는 어떻게 하면 좋을까요? 장한이 같은 경우는 성취기준에 대한 기대 수준을 낮추었기 때문에 평가계획을 어떻게 수립해야 할지 고민이 되더라고요."

"그러게요. 저도 선생님이 주신 표를 보면서 고민이 되었어요. 잠깐만요. 저번에 우리가 협의했던 성취기준이랑 학습 목표 좀 찾아볼게요."

박 교사는 자신의 파일을 뒤적였다. 회의 결과물들을 착실하게 모아왔던지라 금방 지난 시간에 협의했던 성취기준 관련 내용을 찾을 수 있었다.

〈성취기준 [6사02-02]와 관련해 변경한 장한이의 수정된 기대성취수준〉

일반 성취기준		[6사02-01] 인권의 중요성을 **인식하고** 인권 신장을 위해 노력했던 옛사람들의 활동을 탐구한다. [6사02-02] 생활 속에서 인권 보장이 필요한 사례를 **탐구**하여 인권의 중요성을 인식하고, 인권 보호를 실천하는 태도를 기른다.
기대 성취수준	장한 (☆장한)	☆(장한) 인권과 인권 신장을 위해 노력했던 옛사람들의 활동을 **알아보고**, 인권 신장을 위해 노력했던 옛사람들의 이름을 적고 말하며 사진과 연결해 본다. ☆(장한) 생활 속에서 인권 보장이 필요한 사례와 인권이 침해당했을 때 할 수 있는 행동에 대해 알아보고, 인권 보호 관련 활동을 실천한다.

"위 선생님, 이 부분 같이 보세요. 장한이는 '탐구하기'가 어려우니까 '알아보기'라고 수정했고, 인물의 이름을 적고 말하며 사진과 연결해 보기로 서술했었잖아요. 그리고 목표에도 '인권과 관련된 사진을 찾을 수 있다'라고 서술되어 있고요. 장한이 같은 경우는 다른 친구들과 말을 주고받는 데 어려움이 있으니 '말해보기' 대신에 사진을 주고 연결해 보는 것으로 평가를 하면 어떨까요?"

"아! 그럼 되겠네요! 저도 목표를 보고 평가를 계획하려고 하는데 계속 다른 쪽으로 생각이 커져서요. 우리가 힘들게 성취기준을 분석해서 목표까지 수정한 데에는 다 이유가 있었는데요. 감사합니다."

"아니에요. 그럼 다른 것도 볼까요?"

"네, 어서 보죠!"

이렇게 위 교사와 박 교사는 성취기준 [6사02-01]과 이에 대한 학습 목표를 보며 함께 나머지 평가 계획도 수립했다. 협의는 조금 길어졌지만 평가 기준도 완성되었다. 위 교사가 큰 숨을 쉬며 말했다.

"후…. 매번 하는 것이지만 올해는 좀 더 어깨가 무겁네요."

"저도 그래요. 하지만 이렇게 노력해 주시는 선생님들을 보니 특수교사인 저로서는 힘이 납니다. 저도 이렇게 협의하면서 통합수업을 만들고 싶었거든요."

"저도 그렇습니다. 그럼 얼른 다시 정리해야겠네요. 교실 좀 다녀오겠습니다. 좀 쉬고 계세요."

"네, 천천히 다녀오세요."

몇 분 후, 위 교사는 박 교사와 함께 이야기했던 내용을 정리해서 돌아왔다.

"다시 왔습니다. 피곤하실 텐데 죄송해요."

"아니에요. 우리 같이 하기로 했잖아요."

"그럼 다행입니다. 이번 것은 이렇게 정리해 보았어요."

위 교사는 자신이 정리한 표를 박 교사에게 보여주었다.

〈흥민이의 개인 특성을 고려한 5학년 사회과 성취기준 [6사02-01]에 대한 평가 계획〉

성취기준 6사02-01	인권의 중요성을 인식하고 인권 신장을 위해 노력했던 옛사람들의 활동을 탐구한다.							
일반 학습 목표	1. 인권이란 무엇인지 설명할 수 있다. 2. 인권을 신장하려고 노력했던 옛사람들과 그들의 활동을 설명할 수 있다. 3. 인권 신장을 위한 옛날의 여러 가지 제도를 이해할 수 있다.							
평가 방법	서술형		구술형		서술형		구술형	
평가 요소 / 평가 척도	일반학생		흥민		일반학생		흥민	
	평가 문항①		평가 문항①		평가 문항②		평가 문항②	
	학교에서 서로의 차이를 존중하는 것에는 어떤 것들이 있으며 왜 중요한지 써보기		학교에서 서로의 차이를 존중하는 모습이나 상황은 어떤 것들이 있으며 왜 중요한지 말해보기		인권 신장을 위해 노력했던 인물을 알아보고, 조사한 인물에게 감사의 편지 써보기		인권 신장을 위해 노력했던 인물에게 감사한 마음을 영상으로 표현하기	
매우 잘함	학교에서 서로의 차이를 존중하는 사례를 3가지 이상 제시하고, 왜 중요한지 서술한 경우	5	학교에서 서로의 차이를 존중하는 사례를 3가지 이상 제시하고, 왜 중요한지 제시한 경우	5	인물, 업적, 감사하는 마음이 모두 들어가 있는 경우	5	인물, 업적, 감사하는 마음이 모두 들어가 있는 경우	5
잘함	학교에서 서로의 차이를 존중하는 사례를 2가지 제시하고, 왜 중요한지 서술한 경우	4	학교에서 서로의 차이를 존중하는 사례를 2가지 제시하고, 왜 중요한지 제시한 경우	4	인물, 업적, 감사하는 마음 중 2가지 들어가 있는 경우	4	인물, 업적, 감사하는 마음 중 2가지 들어가 있는 경우	4
보통	학교에서 서로의 차이를 존중하는 사례를 1가지 제시하거나, 왜 중요한지 서술한 경우	3	학교에서 서로의 차이를 존중하는 사례를 1가지 제시하거나, 왜 중요한지 제시한 경우	3	인물, 업적, 감사하는 마음 중 1가지 들어가 있는 경우	3	인물, 업적, 감사하는 마음 중 1가지 들어가 있는 경우	3
노력 필요	학교에서 서로의 차이를 존중하는 사례를 제시하지 못하고, 왜 중요한지도 서술하지 못한 경우	2	학교에서 서로의 차이를 존중하는 사례를 제시하지 못하고, 왜 중요한지도 제시하지 못한 경우	2	인물, 업적, 감사하는 마음을 표현하지 못한 경우	2	인물, 업적, 감사하는 마음을 표현하지 못한 경우	2

점수	평가 기준	
9~10	생활 속 특히 학교에서 서로의 차이를 존중하는 사례를 다양하게 알고, 인권 신장을 위해 노력했던 인물의 업적, 감사하는 마음을 가지고 있음을 자세하게 표현함	상
6~8	생활 속 특히 학교에서 서로의 차이를 존중하는 사례를 알고, 인권 신장을 위해 노력했던 인물의 업적, 감사하는 마음을 가지고 있음을 표현함	중
4~5	생활 속 특히 학교에서 서로의 차이를 존중하는 사례를 알고, 인권 신장을 위해 노력했던 인물에 대해 알고 있음	하

〈장한이의 개인 특성을 고려한 5학년 사회과 성취기준 [6사02-01]에 대한 평가 계획〉

성취기준 6사02-01	인권의 중요성을 인식하고 인권 신장을 위해 노력했던 옛사람들의 활동을 탐구한다.			
기대 성취수준	인권과 인권 신장을 위해 노력했던 옛사람들의 활동을 알아보고, 인권 신장을 위해 노력한 옛 인물의 이름을 적고 말하며 사진과 연결해 본다.			
수정된 학습 목표	1. 인권이 무엇인지 알아보고, 인권과 관련된 사진을 찾을 수 있다. 2. 인권을 신장하려고 노력했던 사람들의 활동을 살펴보고, 인물의 이름을 적고 말하며, 해당 인물을 찾을 수 있다. 3. 인권 신장을 위한 옛날의 여러 제도를 읽어보고, 제도와 그림을 연결할 수 있다.			
평가 방법	선택형		선택형	
평가 요소 / 평가 척도	장한			
	평가 문항①		평가 문항②	
	학교에서 서로의 차이를 존중하는 모습이나 상황 찾아보기		동영상에서 본 인물의 이름을 적어보고, 인물과 사진 연결해 보기	
매우 잘함	학교에서 서로의 차이를 존중하는 상황이나 모습을 3가지 이상 찾은 경우	5	동영상에서 본 인물의 이름을 적기와 연결하기를 5가지 이상 맞춘 경우	5
잘함	학교에서 서로의 차이를 존중하는 상황이나 모습을 2가지 찾은 경우	4	동영상에서 본 인물의 이름을 적기와 연결하기를 3~4가지 맞춘 경우	4
보통	학교에서 서로의 차이를 존중하는 상황이나 모습을 1가지 이상 찾은 경우	3	동영상에서 본 인물의 이름을 적고, 인물과 사진을 1~2가지 연결한 경우	3
노력 필요	학교에서 서로의 차이를 존중하는 상황이나 모습을 찾지 못한 경우	2	동영상에서 본 인물의 이름을 적고, 인물과 사진을 모두 연결하지 못한 경우	2
점수	평가 기준			
9~10	생활 속에서 서로의 차이를 존중하는 상황을 잘 알고 있으며, 인물의 이름과 사진을 잘 연결할 수 있음.			상
6~8	생활 속에서 서로의 차이를 존중하는 상황을 대략 알고 있으며, 인물의 이름과 사진을 연결할 수 있음.			중
4~5	생활 속에서 서로의 차이를 존중하는 상황에 대해 보충학습이 필요하며, 한글이 의미하는 바를 공부할 필요가 있음.			하

박 교사는 위 교사가 가져온 평가계획을 천천히 살펴보았다. 그리고는 웃음 지으며 이야기했다.

"우리 학생들이 발전할 모습이 벌써 보이는 것 같은데요?"

"아닙니다. 휴…. 작은 산을 하나 넘은 기분이네요. 하하하. 힘들어도 이렇게 하나씩 하나씩 넘으면 기분이 너무 좋아요. 무언가 해낸 느낌도 들고요. 교사라면 당연한 일인데 지금까지 그렇게 하지 못한 것 같아 스스로 후회되고 지나간 학생들에게 미안한 마음도 들었거든요."

"어휴, 그렇게 생각하지 마세요. 힘든 과정인 걸 다 아는데요. 우리 지금 할 수 있는 일에 최선을 다해봐요."

"네, 그래요. 박 선생님. 오늘도 감사합니다."

이렇게 위 교사와 박 교사는 함께 협의해 가며 사회과 평가계획을 수립해 나갔다.

4) 단원 수업 계획 수립(수업내용 선정 및 조직)하기

교사들의 3월은 참 바쁘다. 학생들과 만나서 수업도 해야 하고, 밀려드는 공문들도 처리해야 한다. 더구나 학급교육과정도 빠르게 수립해야 한다. 하지만 올해 위 교사는 조금 천천히 그리고 최대한 노력해서 교육과정을 완성하고 싶었다. 성취기준 분석, 목표 선정 그리고 평가계획까지 수립했다. 이제 어떤 내용을 선정하고 조직해서 가르칠지에 대한 고민만 남아 있었다. 여느 때와 같이 수업이 끝나고 위 교사는 박 교사가 있는 교실로 내려갔다. 사회 교과 통합수업을 성공적으로 진행하기 위해서는 특수교육대상학생들에 대해 많이 알고 있는 박 교사의 도움이 꼭 필요했다.

"박 선생님, 저 또 왔습니다."

"안 그래도 기다리고 있었어요. 오늘은 사회 2단원 수업 계획 수립하는 날이지요?"

"네, 맞아요. 박 선생님은 정말 몸이 둘이라도 부족하시겠어요. 김 선생님하고도 이야기해야 하고 저하고도 이야기해야 하잖아요."

"저는 행복합니다. 이런 경험이 처음이라 몸은 조금 힘들지만 통합수업을 함께 계획해 볼 수 있어서 정말 좋아요."

"다행이네요. 그럼 그 좋은 기분으로 얼른 수업 계획을 수립해 볼까요?"

"네, 위 선생님. 일단 여기 커피 한 잔 드세요."

"아이고. 감사합니다."

위 교사는 박 교사가 건네는 커피를 받으며 지금까지 계획했던 결과물들을 펼쳤다.

"박 선생님. 이번 단원에서는 교과서에 나와 있는 순서를 따라가려고 해요. 목표와 순서는 따라가되 우리 학생들 수준에 맞게 내용만 바꿔보려고요. 어떠세요?"

"네, 좋은 생각인 것 같아요. 지난 시간에 김 선생님도 이야기하셨지만 교과서도 좋은 자료이기 때문에 활용할 수 있는 부분은 활용하는 것이 좋을 것 같아요."

"박 선생님도 같은 생각이라니 다행입니다. 그럼 첫 번째 목표와 평가계획을 보면서 1차시를 어떻게 운영할지 이야기해 볼까요?"

"잠시만요, 위 선생님. 저도 자료 좀 가져올게요."

박 교사는 자신의 책상으로 가서 위 교사와 공유했던 자료집을 꺼내왔다.

〈일반학생, 흥민, 장한이에 대한 학습 목표1〉

단원	2. 인권 존중과 정의로운 사회 (1) 인권을 존중하는 삶	
일반 학습 목표	1. 인권이란 무엇인지 설명할 수 있다.	
수정된 학습 목표	흥민	수정 내용 없음
	장한	1. 인권이 무엇인지 알아보고, 인권과 관련된 사진을 찾을 수 있다.

〈학습 목표1에 대한 일반학생과 흥민이의 평가 내용〉

성취기준 6사02-01	인권의 중요성을 인식하고 인권 신장을 위해 노력했던 옛사람들의 활동을 탐구한다.	
일반 학습 목표	1. 인권이란 무엇인지 설명할 수 있다.	
평가 방법	서술형	구술형
평가 요소 / 평가 척도	일반학생	흥민
	평가 문항①	평가 문항①
	학교에서 서로의 차이를 존중하는 것에는 어떤 것들이 있으며 왜 중요한지 써보기	학교에서 서로의 차이를 존중하는 모습이나 상황은 어떤 것들이 있으며 왜 중요한지 말해보기

〈학습 목표1에 대한 장한이의 평가 내용〉

성취기준 6사02-01	인권의 중요성을 인식하고 인권 신장을 위해 노력했던 옛사람들의 활동을 탐구한다.
기대 성취수준	인권과 인권 신장을 위해 노력했던 옛사람들의 활동을 알아보고, 인권 신장을 위해 노력한 옛 인물의 이름을 적고 말하며 사진과 연결해 본다.
수정된 학습 목표	1. 인권이 무엇인지 알아보고, 인권과 관련된 사진을 찾을 수 있다.
평가 방법	선택형
평가 요소 / 평가 척도	장한
	평가 문항①
	학교에서 서로의 차이를 존중하는 모습이나 상황 찾아보기

"오늘 이 부분이지요?"

"네, 맞아요. 먼저 우리가 첫 번째로 평가할 내용이 '학교에서 서로의 차이를 존중하는 모습이나 상황은 어떤 것들이 있는지 알아보고, 왜 중요한지 써보기'입니다. 그래서 저는 인권과 관련된 글을 읽으면서 진행해 볼까 해요. 해당 글에서 사람들의 상황은 어떠했는지 깊이 있게 알아보면서요."

"그럼 읽기 능력이 중요하겠네요? 흥민이에게는 조금 어려울 수도 있을 것 같아요."

"네. 맞아요. 그래서 일반학생들이 한 문장씩 돌아가며 소리를 내 천천히 글을 읽어가도록 진행해 보려고 합니다. 일반학생들도 자신이 소리를 내며 읽어가기 때문에 집중력이나 바르게 읽기와 같은 교육적 효과가 있고, 흥민이도 소리나 영상으로 듣는 활동에 대해서는 이해할 수 있으니까 이렇게 수업하면 좋을 것 같아요. 특히 자기 생각을 말하는 부분이 많도록 계획을 하고 있어서 흥민이도 자기 생각을 말할 기회가 많아질 것 같고요."

"오. 그렇네요? 일반학생들도 성장할 수 있고 흥민이도 같이 할 수 있는 좋은 방법인 것 같아요."

"그렇지요? 박 선생님이 괜찮다고 하시니 저도 뿌듯하네요."

"위 선생님, 충분히 잘하고 있어요. 그럼 장한이는 어떻게 수업을 진행하려고 생각하고 계세요?"

"장한이에 관한 생각은 사실 깊게 하지 못했어요. 일반학생들이 한 문장씩 글을 읽어주는 방법은 장한이가 친구들과 상호작용하는 데 어려움이 있어 수업 목표를 달성하는 데 도움이 안 될 것 같아요. 박 선생님은 좋은 아이디어 있으세요?"

"제 생각에는 장한이에게는 인권과 관련된 영상을 보여주면 어떨까 싶어요. 특히 장한이가 쉽게 이해할 수 있도록 학교에서 인권을 존중할 수 있는 사례가 있는 영상이면 더 좋을 것 같아요."

"좋은 생각이십니다. 역시! 그런데 박 선생님, 장한이가 집중을 오래 못 하잖아요. 학생들이 책을 읽고 있는 시간이 꽤 길 텐데, 장한이가 영상만 보고 있으면 지루해 하지 않을까요?"

"그래서 영상은 너무 길지 않은 것을 보여주고 동영상을 본 후 장한이가 학습한 내용으로 해결할 수 있는 학습지를 주는 게 어떨까요?"

"그렇네요. 좋은 생각입니다!"

위 교사는 손바닥을 치며 얼른 메모했다.

"위 선생님, 그럼 일반학생들이 책 읽는 활동을 마치면 어떤 활동을 할 생각이세요?"

"아무래도 평가계획을 수립했으니 평가와 관련된 활동을 해야 할 것 같아요. 그래서 학교에서 서로의 차이를 존중하는 모습을 찾아보는 활동으로 진행해 보려고 합니다."

"그럼 그때 흥민이나 장한이도 함께 하는 건가요?"

"네, 물론이지요. 학생들이 함께 돌아다니면서 학교에서 찾을 수 있는 인권 존중의 사례를 찾아본다면 이것이 또 통합수업 아니겠습니까?!"

"호호. 그렇네요. 그리고 활동 뒤에는 평가 활동을 하실 거고요?"

"역시, 박 선생님이십니다. 인권 존중 사례를 찾아본 뒤에는 평가 활동을 진행하여 학생들이 그날 배운 내용을 정리하고 피드백을 할 수 있는 시간을 주려고 합니다."

"정말 어떤 한 명의 학생도 소외되지 않고 함께 할 수 있는 통합수업이 될 것 같아요. 위 선생님, 훌륭하십니다."

"박 선생님! 항상 그렇게 칭찬해 주셔서 감사합니다. 박 선생님이 없었다면 엄두도 못 낼 일이었습니다. 감사합니다! 그럼 이제 두 번째 목표에 대한 수업 계획을 함께 짜보실까요?"

"좋습니다. 이번에도 힘내요!"

"네!"

이렇게 위 교사와 박 교사는 늦은 시간까지 학생들의 특성과 성취기준, 목표 그리고 평가계획에 관해 이야기를 나누며 단원 수업 계획을 수립해 나갔다.

위 교사가 기지개를 켜며 이야기했다.

"아우! 이제 끝났네요. 고생하셨습니다. 박 선생님."

"위 선생님도 고생 많으셨어요."

"얼른 퇴근합시다."

"네, 저도 교실 정리만 하고 퇴근하겠습니다. 박 선생님, 조심히 가세요."

위 교사는 교실에 돌아와 책상을 정리하며 오늘 계획한 단원 계획을 찬찬히 살펴보았다.

〈위 교사가 계획한 단원 계획〉

<table>
<tr><th>성취 기준</th><th>차시</th><th>주요 교수·학습 활동</th><th>수정·조정된 내용</th><th>평가 활동</th></tr>
<tr><td rowspan="5">성취 기준 1</td><td rowspan="3">1</td><td rowspan="3">▶ 인권과 관련된 책을 읽기
- 인권에 대해 폭넓게 알기
• 핵심 개념: 모두가 다르다, 인권은 모든 사람에게 평등하게 보장되는 것이다.
- 학교에서 서로의 차이를 존중한 사례를 찾아보기</td><td>★(홍민) (조정) 친구들이 읽어주는 내용을 통해 인권에 대해 알아보기</td><td>▶ 학교에서 서로의 차이를 존중하는 모습이나 상황은 어떤 것들이 있을지 써보고, 왜 중요한지 써보기</td></tr>
<tr><td rowspan="2">☆(장한)(수정) 학교 안에서 인권 존중과 관련한 동영상을 보고, 인권과 관련된 그림 찾기</td><td>★(홍민) 학교에서 서로의 차이를 존중하는 모습이나 상황은 어떤 것들이 있으며 왜 중요한지 말해보기</td></tr>
<tr><td>☆(장한) 학교에서 서로의 차이를 존중하는 모습이나 상황 찾아보기
(조정-교사 도움)</td></tr>
<tr><td rowspan="2">2</td><td rowspan="2">▶ 인권 신장을 위해 노력한 사람들을 찾아 발표해 보기
- 마더 테레사, 마틴 루터 킹, 방정환, 허균(교과서)
- 시린 에바디, 사티아르티, 김복동 할머니, 암베드카르, 대니서 등
- 왜 인권 신장을 위해 노력했다고 생각하는지 이야기하기</td><td>★(홍민) (수정) 인권 신장을 위해 노력한 사람들을 동영상을 보며 알아보기
- (조정) 영상에서 본 내용을 이야기하며, 인물이 한 일에 관해 이야기해 보기</td><td>▶ 인권 신장을 위해 노력했던 인물에게 감사의 편지 써보기
★(홍민) 인권 신장을 위해 노력했던 인물에게 감사한 마음을 영상으로 표현하기</td></tr>
<tr><td>☆(장한) (수정) 인권 신장을 위해 노력한 사람들을 동영상 시청하기
☆(장한) (수정) 인권 신장을 위해 노력한 사람들의 이름 적어보기</td><td>☆(장한) 동영상에서 본 인물의 이름을 적어보고, 인물과 사진 연결해 보기
(조정-교사 도움)</td></tr>
</table>

성취 기준	차시	주요 교수·학습 활동	수정·조정된 내용	평가 활동
성취 기준 1	3	▶ 인권 신장을 위한 옛날의 여러 제도를 알아보기(교과서) - 격쟁, 신문고, 상언, 세 번의 재판	★(홍민) (조정) 또래 학습자가 읽어주는 인권 신장을 위한 여러 제도를 알아보기	
			☆(장한) (조정) 인권 신장을 위한 여러 제도를 교과서에서 읽어보기	
성취 기준 2	4	▶ 우리 주변에서 인권이 침해된 사례 찾아보기	★(홍민) 우리 주변에서 인권이 침해된 사례를 이야기하기	
			☆(장한) (수정) 인권이 침해당했을 때 할 수 있는 행동에 대해 알기	
	5	▶ 인권 보장을 위한 노력 조사해 보기 - 학교에서 찾을 수 있는 인권 보장 노력 찾아보기(활동) - 국가에서 하는 인권 보장 노력 알아보기(교과서)	★(홍민) 인권 보장을 위한 노력 조사해 보기 ★(홍민) 학교에서 찾을 수 있는 인권 보장 노력 찾아보기 ★(홍민) (조정) 또래 학습자가 읽어주는 국가에서 하는 인권 보장 노력에 대해 알아보기(교과서)	▶ 학교에서 더 필요한 인권 신장 방안에는 어떤 것들이 있을지 이야기해 보기 ★(홍민) 학교에서 불편한 점이 있었는지 이야기해 보고, 어떻게 바뀌었으면 좋을지 이야기해 보기
			☆(장한) (수정) 학교에서 찾을 수 있는 인권 보장 관련 장소 알아보기 ☆(장한) 자신의 차례가 되면 교과서에 실린 글을 읽기(교과서)	☆(장한) 인권 보장을 위한 노력과 사진 연결하기 (조정-교사 도움)
	6	▶ 인권 보장 표어, 포스터, 동영상, 사진찍기 등 활동하기	★(홍민)☆(장한) 인권 보장 표어, 포스터, 동영상, 사진 찍기 등 활동하기	▶★(홍민)☆(장한) 인권의 중요성을 알고, 인권을 보호하는 활동하기

단원 계획을 보며 위 교사는 다시 다짐했다.

"그래, 계획하는 데 시간이 오래 걸리지만 이번에는 좀 더 최선을 다해보자! 우리 반 학생들을 위해서!"

5) 단위 차시 계획하기

위 교사는 작은 수업 공개를 하기로 했다. 통합수업에 관해 공부한 것을 직접 적용해 보고, 김 교사, 박 교사와 함께 이야기해 보고 싶었기 때문이다. 위 교사는 먼저 김 교사를 찾아갔다.

"김 선생님, 혹시 다음 주 수요일 6교시에 시간 괜찮으세요?"

"네? 다음 주 수요일 6교시요? 잠깐만요. 괜찮아요. 무슨 일 있어요?"

"제가 사회과로 통합수업을 하고 있는데 이게 제대로 되고 있는지 잘 모르겠어요. 그래서 제 수업을 함께 보고 피드백할 수 있는 시간을 가지면 좋을 것 같아서요."

"안 그래도 저도 그 생각 하고 있었어요. 좋지요. 전 그때 시간 괜찮아요."

"알겠습니다. 그럼 제가 열심히 준비해 보겠습니다."

"네, 그때 뵐게요."

"네, 김 선생님도 힘내십시오."

그리고 위 교사는 박 교사를 찾아갔다.

"박 선생님, 저기 혹시 다음 주 수요일 6교시 시간 괜찮으세요?"

"어? 위 선생님, 잠시만요. 시간표 좀 보고요. 네, 괜찮아요. 무슨 일 있으세요?"

"다름이 아니라 제가 통합수업을 잘하고 있는지 스스로 궁금해서요. 제 수업 보시고 한번 이야기해 보면 좋을 것 같아서요."

"저야 좋지요. 그럼 그때 시간 체크해 놓을게요."

"네, 감사합니다."

위 교사는 부담스러운 마음 반, 즐거운 마음 반을 안고 교실로 올라왔다. 학생들과 수업하는 것은 너무나도 즐거웠지만 수업을 공개하는 것이 부담되는 것은 사실이었다. 하지만 이번 공개를 통해서 자신이 무엇을 더 발전시켜야 할지 꼭 알고 싶었다.

위 교사는 컴퓨터 앞에 앉아 단원 계획 파일을 켰다. 단원 계획을 할 때 나름 자세하게 수립해 놓은지라 수업의 흐름은 금방 보였다. 하지만 문제는 지도안의 틀이었다. 사실 생각해 보면 특수교육대상학생들을 지도안에 넣어 수업한 적이 없었기에 막상 지도안을 작성하려고 하니 특수교육대상학생들의 학습 내용은 어떻게 넣어야 하는지 감이 잡히질 않았다.

'단원 계획을 보면 일반학생, 흥민이 그리고 장한이의 활동이 조금씩 달라. 이것을 어떻게 서술할 수 있을까? 더구나 흥민이와 장한이도 활동이 다른데….'

위 교사는 한참 고민 끝에 결정했다.

'지금까지의 틀은 좀 깨고 일반학생, 흥민이, 장한이 이렇게 따로 활동 계획을 수립하자. 그래야 수업하는 나도 쉽게 파악할 수 있을 것 같아.'

생각이 이렇게 정리되자 위 교사는 단원 계획서, 지도서, 교과서를 보며 빠르게 지도안을 작성해 나갔다.

"휴, 그래도 성취기준을 중심으로 목표와 평가계획을 직접 작성해 보아서 그런지 수월하네. 수업을 구성하는 것은 오히려 더 편해진 느낌이야."

위 교사는 옅은 웃음을 지으며 지도안 파일을 저장했다.

수요일 6교시. 위 교사는 심장이 두근거렸다. 드디어 공개수업을 하기로 한 시간이 되었기 때문이다. 김 교사와 박 교사가 교실 옆쪽에 있는 의자에 앉았다. 위 교사는 수업을 시작하기 전에 지도안을 나누어 주었다. 그리고는 크게 숨을 들이쉰 후 수업을 시작했다.

"그럼 지금부터 사회 2단원 2차시 수업을 시작하겠습니다."

〈5학년 사회과 통합수업 지도안〉

<table>
<tr><td>단원</td><td colspan="6">2. 인권 존중과 정의로운 사회
(1) 인권을 존중하는 삶</td></tr>
<tr><td>성취기준</td><td>일반학생
&홍민</td><td colspan="5">[6사02-01] 인권의 중요성을 인식하고 인권 신장을 위해 노력했던 옛사람들의 활동을 탐구한다.</td></tr>
<tr><td>기대성취
수준</td><td>장한</td><td colspan="5">[6사02-01] 인권과 인권 신장을 위해 노력했던 옛사람들의 활동을 알아보고, 인물의 이름을 적고 말하며 사진과 연결해 본다.</td></tr>
<tr><td rowspan="2">학습
목표</td><td>일반학생
&홍민</td><td colspan="5">인권을 신장하려고 노력했던 옛사람들과 그들의 활동을 설명할 수 있다.</td></tr>
<tr><td>장한</td><td colspan="5">인권을 신장하려고 노력했던 사람들의 활동을 살펴보고, 인물의 이름을 적고 말하며, 해당 인물을 찾을 수 있다.</td></tr>
<tr><td>학습
단계</td><td>교사</td><td>일반학생</td><td>홍민</td><td>장한</td><td>시간</td><td>자료 및
유의점</td></tr>
<tr><td rowspan="3">도입</td><td>ㅇ 전시학습 상기
- 인권이란 무엇인지 알아보기</td><td>- 인권이 무엇인지 발표하기</td><td>★(홍민) 인권이 무엇인지 발표하기</td><td>☆(장한) (수정) 인권 존중과 관련한 사진 찾기</td><td>8분</td><td></td></tr>
<tr><td>ㅇ 생각 열기
• 홍길동전의 줄거리에 관해 묻기</td><td>- 홍길동전의 줄거리에 관해 이야기하기</td><td>★(홍민)(조정-알고 있을 때) 홍길동전의 줄거리에 관해 이야기하기
★(홍민)(조정-모르고 있을 때) 친구들이 이야기하는 홍길동전의 줄거리 듣기</td><td>☆(장한) (수정) 홍길동전과 관련된 짧은 그림책 읽기</td><td></td><td>㊒판서보다는 주의 깊게 이야기를 들을 수 있도록 환경을 조성한다.</td></tr>
<tr><td>• 홍길동은 왜 차별을 받았는지 알아보기</td><td>- 왜 차별받았는지 이야기해 보기</td><td>★(홍민) 왜 차별받았는지 이야기해 보기</td><td></td><td></td><td></td></tr>
</table>

학습 단계	교사	일반학생	홍민	장한	시간	자료 및 유의점
도입	• 홍길동은 나중에 어떻게 했는지 알아보기	- 어떤 행동을 했는지 이야기해 보기	★(홍민) 어떤 행동을 했는지 이야기해 보기			
	• 허균은 왜 홍길동전을 썼는지 생각해 보기	- 자기 생각 말하기	★(홍민) 자기 생각 말하기			
	○ 학습 문제 안내	**(인권)을 신장하려고 노력했던 옛사람들의 활동을 알아봅시다.**				
전개	○ 조사하기 • 인권 신장을 위해 노력한 옛사람들을 조사하기	- 인권 신장을 위해 노력한 옛사람들의 활동 조사하기	★(홍민)(조정) 교사가 제시해 주는 인권 신장을 위해 노력한 사람들에 관한 동영상을 보며 학습하기	☆(장한)(조정) 교사가 제시해 주는 인권 신장을 위해 노력한 사람들에 관한 동영상을 보고, 인물의 이름 써 보기	10분	㉶태블릿 ㉶인권 신장을 위해 노력한 사람에 관한 동영상
	○ 조사한 내용 발표하기	- 조사한 내용을 발표하기	★(홍민) 영상을 보고, 알게 된 내용을 발표하기	☆(장한) 친구들이 조사한 내용 듣기	5분	
	○ 인권 신장을 위해 노력했던 인물에게 감사의 편지 쓰기	- 인권 신장을 위해 노력한 인물에게 감사 편지를 작성하기 (평가 활동)	★(홍민) 인권 신장을 위해 노력한 인물에게 감사한 마음을 영상으로 표현해 보기 (평가 활동)	☆(장한) 동영상에서 본 인물의 이름을 찾아 적어보고, 인물과 사진 연결해 보기 (평가 활동)	10분	㉶영상 촬영 장치 ㉲일반학생들이 활동하는 동안 교사는 장한이의 평가 활동을 지도한다.
	○ 감사 편지 발표하기	- 작성한 편지를 발표하기	★(홍민) 영상 편지를 발표하기	☆(장한) 평가 결과물 발표하기	5분	
정리	○ 정리하기 ○ 다음 차시 예고	- 내용 정리하기	★(홍민) 내용 정리하기	☆(장한) 내용 정리하기	2분	

〈본시 평가 기준이 포함된 학습지(일반학생, 흥민)〉

성취기준	[6사02-02] 인권의 중요성을 인식하고 인권 신장을 위해 노력했던 옛사람들의 활동을 탐구한(알아본)다.
평가 내용: 인권 신장을 위해 노력했던 옛사람들에게 감사(영상)편지 쓰기	

감사 편지에는 다음과 같은 내용이 포함되어야 합니다.
- 인물의 이름 (예시) 허균 - 인물이 인권 신장을 위해 한 일 (예시) 홍길동전을 지어서 당시의 사회제도를 고쳐야 한다고 함 - 감사한 내용

채점 기준		교사 평가
5점	인권 신장을 위해 노력한 인물의 이름, 인물의 업적, 감사하는 마음이 모두 들어가 있는 경우	
4점	인권 신장을 위해 노력한 인물의 이름, 인물의 업적, 감사하는 마음 중 2가지가 들어가 있는 경우	
3점	인권 신장을 위해 노력한 인물의 이름, 인물의 업적, 감사하는 마음 중 1가지가 들어가 있는 경우	
2점	인권 신장을 위해 노력한 인물의 이름, 인물의 업적, 감사하는 마음을 표현하지 못하는 경우	

★ 자신이 조사하거나 친구들이 조사한 인권 신장을 위해 노력했던 옛사람들에게 감사 편지를 써보세요.

★ 흥민: 인권 신장을 위해 노력했던 옛사람들에게 감사한 마음을 영상 편지로 표현해 보세요.

〈본시 평가 기준이 포함된 학습지(장한)〉

성취 기준	[6사02-01] 인권과 인권 신장을 위해 노력했던 옛사람들의 활동을 알아보고, 인물의 이름을 적고 말하며 사진과 연결해 본다.
평가 내용: 동영상에서 본 인물의 이름을 찾아 적어보고, 인물과 사진 연결해 보기	

채점 기준		교사 평가
5점	동영상에서 본 인물의 이름을 적기와 연결하기를 5가지 이상 맞춘 경우	
4점	동영상에서 본 인물의 이름을 적기와 연결하기를 3~4가지 맞춘 경우	
3점	동영상에서 본 인물의 이름을 적고, 인물과 사진을 1~2가지 연결한 경우	
2점	동영상에서 본 인물의 이름을 적고, 인물과 사진을 모두 연결하지 못한 경우	

★ 보기에서 인권 신장을 위해 노력했던 옛사람들의 이름을 찾아 적고, 인물과 사진을 연결해 보세요.[37]

보기				
이순신	방정환	마틴 루터 킹	세종대왕	마더 테레사

37 실제 학습지에서는 교과서의 사진을 사용했으나, 본 도서에서는 저작권 문제로 삽화로 변경하여 수록했다.

6) 수업 후 협의하기

어떻게 지나갔는지도 모르게 공개수업이 끝났다. 위 교사는 수업이 끝나고 학생들에게 알림장을 쓰게 한 뒤, 종례했다. 교실에는 위 교사, 김 교사, 박 교사만이 남았다. 위 교사의 등은 땀으로 범벅이 되어 있었다. 김 교사가 웃으면서 말했다.

"위 선생님, 뭘 그렇게 땀을 흘려요? 많이 긴장했나 보네요. 하하."

"수업을 어떻게 했는지도 모르겠네요. 평소에도 수업 중에 흥민이나 장한이를 많이 신경 쓴다고 썼는데. 오늘은 두 분이 계셔서 그런지 더 의식이 되고 긴장되었나 봅니다."

"하하. 고생했어요. 그럼 이제 이야기를 시작해 볼까요? 통합수업이 주제였으니까 특수교육대상학생 중심으로 이야기해 보는 건 어때요?"

"네, 오늘 공개수업을 한 이유가 바로 그것이니까요."

"좋습니다. 그럼 먼저 위 선생님은 오늘 수업 어땠어요?"

"음…. 항상 통합수업을 진행하면서 느끼는 것이지만 준비가 철저하지 못하다면 '누군가는 소외될 수 있겠다'라는 생각을 했습니다. 특히 우리 반처럼 특수교육대상학생이 있는데 활동이 조금은 다르게 진행될 때는 더 그런 것 같아요. 일반학생들의 활동도 확인해야 하고 특수교육대상학생들의 활동도 확인해야 하니까 많은 준비가 되지 않으면 학생들에게 어려운 수업이 될 것 같았거든요. 그래서 최대한 학습 주제나 활동이 너무 동떨어지지 않게 수업을 준비했습니다. 이상입니다."

이에 김 교사가 소리 없이 손뼉을 치며 이야기했다.

"맞아요. 한 학생도 포기하지 않는 교육을 우리는 해보고 싶은 거니까요. 힘든 일인 것 같아요. 하지만 이 부분도 많이 연구한다면 극복할 수 있지 않을까 싶어요. 박 선생님 생각은 어때요?"

“네, 저도 같은 생각이에요. 함께 공부하면서 고민하고 애쓰시는 선생님들 모습을 보았기 때문에 힘든 일이라는 것은 알고 있어요. 하지만 오늘 수업처럼 학생들이 열심히 참여하는 수업이 된다면 힘들어도 도전해 볼 만한 일이라고 생각해요.”

‘학생들이 열심히 참여하는 수업이 된다면’이라는 말에서 위 교사의 눈이 커졌다.

“오늘 수업에 학생들이 열심히 공부했나요? 하하하.”

박 교사는 웃으며 농담하듯 이야기했다.

“뭐, 조금은요? 호호호.”

위 교사는 미소를 감추지 못하며 이야기했다.

“그렇게 생각해 주셔서 감사합니다. 그럼 이제 수업 단계별로 이야기 부탁드립니다. 먼저 김 선생님, 도입 단계는 어땠나요?”

“제 생각을 좀 이야기해 볼게요. 제 생각에는 도입 부분이 조금 집중할 수 없었던 것 같아요. 일반학생들이나 특수교육대상학생들 모두 말이에요. 왜냐하면, 학생마다 활동이 달라서 하나로 통일되지 못해 어수선한 느낌을 받았거든요. 무엇보다도 장한이가 집중하지 못하는 모습을 보였는데, 위 선생님이 일반학생들의 이야기에도 집중해야 하고 홍민이에게도 내용을 알려줘야 하니까 장한이에게 신경을 쓰지 못한 것 같아요.”

“저도 그 부분이 아쉬웠습니다. 해결책이 있을까요?”

박 교사는 조심스럽게 말문을 열었다.

“위 선생님, 수업을 보니까 생각 열기 부분에서 주요 내용이 먼저 홍길동전에 대해 알아보는 활동이더라고요. 일반학생들이 홍길동전에 대해 알고 있다고 하더라도 모두 같이 홍길동전 영상을 시청했다면 일반학생들도 흥민이도 장한이도 조금은 더 집중할 수 있지 않았을까 싶어요. 선생님이 해야 하는 부담도 조금 줄어들고요."

"그러네요. 제가 항상 학생들 입에서 발표가 나와야 한다는 강박 아닌 강박이 있었는데 조금은 유연하게 할 필요도 있을 것 같습니다. 김 선생님은 어떠세요?"

"도입 부분에서는 저도 어렵더라고요. 그래서 저도 그 부분이 생각났던 것 같아요. 하지만 학생들의 눈높이에 맞추어서 우리가 조금 욕심을 버린다면 해결책이 나올 수 있을 것도 같아요."

"그러니까요. 저도 고민입니다. 감사합니다. 그럼 이제 전개 부분에 관해 이야기해 주세요. 이번에는 박 선생님부터 이야기해 주세요."

"전개 부분은 일반학생들은 인권 신장을 위해 노력한 옛사람들과 활동을 태블릿을 활용해 찾아보는 활동이었고, 흥민이와 장한이는 제시해 준 영상을 보고 인권 신장을 위해 노력한 옛사람들과 활동을 알아보는 활동이었잖아요. 그런데 저는 너무 놀랐어요. 흥민이와 장한이가 정말 집중을 잘하더라고요. 선생님께서 조사하는 시간을 10분 주셨을 때 제가 어깨 너머로 영상을 보니까 길이가 5분 정도가 되는 영상이던데, 흥민이가 자신이 이해가 안 되는 부분을 계속 돌려가며 보고 있는 것을 보고 정말 감동했어요."

"오! 박 선생님. 그걸 보셨군요! 저도 그걸 보고 수업 중에 감동했습니다. 그 부분을 보면서 '통합수업을 하길 잘했구나.'라는 생각이 들었거든요. 친구들과 같은 목표를 주고, 그것에 대해 흥민이가 할 수 있는 활동으로 바꿔서 하니까 흥민이도 나중에 일반학생들처럼 발표할 수 있다는 자신감을 가져서 그런지 다른 수업에서도 열심히 하는 모습을 보여주더라고요. 예전 같았으면 영상 다 듣고, '선생님 다 들었는데 뭐해요?'라고 이야기했을 텐데 오늘 같은 경우는 계속 돌려보고, 다시 돌려보고 하는 모습을 보여서 그 부분에 대해 감동했습니다."

이에 김 교사가 이야기를 이어갔다.

"홍민이 같은 경우 한글을 읽거나 쓰지 못해서 그렇지 홍민이가 할 수 있는 방법으로 바꿔주니 수업에 열심히 참여하는 것을 보고 저도 놀랐어요. 역시 교사가 어떻게 고민하고 수업을 진행하느냐에 따라서 '학생들도 달라지는구나'라는 생각을 다시 하게 되었지요. 그리고 장한이도 잘 참여하는 것 같던데요?"

"사실 장한이를 지도하면서 땀이 더 난 것 같습니다. 장한이에게 수업 관련 영상이 담겨 있는 태블릿 PC를 주고 다른 학생들 활동을 보고 왔는데요. 다시 가보니까 인터넷 영상을 보고 있더라고요. 그래서 얼른 다시 제가 준비한 영상을 다시 제시해 주었는데도 계속 거부해서 당황스러웠습니다."

"왜 장한이에게 계속 왔다 갔다 하시는지 궁금했어요. 그런 상황이 있었네요. 우리가 단시간에 모든 걸 이루려고 하면 어려울 것 같아요. 길게 보고 천천히 우리 학생들이 바뀌는 모습을 위해 지속해서 노력하며 기다려주는 것도 필요할 것 같아요. 혹시 박 선생님은 더 이야기해 주실 부분이 있나요?"

이에 박 교사는 자신이 메모한 부분을 보며 조금은 조심스럽게 이야기했다.

"제가 생각했을 때는 전개 부분에서 모든 학생이 발전할 수 있는 활동이 있었다고 생각해요. 아까 위 선생님이 계속 장한이에게 가셔서 동영상을 봐야 하는 이유를 천천히 설명해 주시고, 약속하는 모습을 보면서 그 점이 좋다고 생각했어요. 그리고 홍민이 같은 경우에 제가 지난

회의에서 말씀드린 것처럼 마비된 쪽을 조금이라도 더 사용할 수 있도록 해 주신 부분도 좋았어요."

"그렇지 않아도 그 부분에 대해 신경 쓰고 있었어요."

"역시 위 선생님 세심하시네요."

박 교사는 위 교사를 향해 미소를 짓고 이어서 이야기했다.

"홍민이도 그렇지만 장한이가 수업에 집중하는 모습이 정말 좋아 보였어요. 장한이가 영상을 다 보고 난 후 위 선생님께서 따로 영상 속 인물의 이름을 사진이 있는 별도 학습지를 활용해 지도하시는 모습을 봤는데 아직 한글이 서툰 장한이가 한글을 배우는 좋은 기회가 된 것 같아요. 그리고 다른 친구들과의 상호작용이 필요한 장한이 옆에서 친구들의 발표를 함께 들어주신 점과 다른 학생들이 편지쓰기 활동을 할 때 장한이가 평가 학습지를 해결하면서 집중하는 모습을 보는데 '모두 다른 학생들이 모였지만 모두가 배우고 있구나.'라는 생각을 지울 수가 없었어요."

박 교사의 말이 끝나자 김 교사도 이어 말했다.

"저도 이야기할 부분이 있어요. 홍민이에 관한 이야기인데, 평가 활동에서 일반학생들은 편지쓰기를 했잖아요. 그리고 홍민이는 영상 편지를 쓰고. 저는 홍민이가 그렇게 열심히 영상 편지를 쓸 줄 몰랐네요. 위 선생님도 알겠지만, 작년에 제가 영어 수업할 때 활동을 주면 홍민이가 계속 '몰라요. 안 해요. 싫어요.'를 달고 살았잖아요. 그런데 자신이 공부한 내용을 토대로 평가를 한다고 하니 그런 말을 하지 않더라고요. 오히려 더 진지하게 '아, 영상 잘못 찍었다. 다시 찍어야지.'라는 말을 하는 것을 보고 저는 감동했어요."

박 교사와 김 교사의 말을 들은 위 교사는 입꼬리가 살짝 올라갔다.

그래도 잘하고 있다는 기쁨을 숨길 수 없었기 때문이다. 위 교사는 기쁜 마음을 가슴 깊이 간직한 채 말을 이었다.

"다들 좋게만 말씀해 주시니 너무 감사합니다. 이게 우리가 함께 이야기하고 협의한 결과인 것 같습니다. 물론 이것도 과정이고 앞으로 더 노력해야 하는 부분도 알게 되었고요. 그래도 통합수업 공부를 하면서 정말 많은 점에서 관점이 변한 것 같습니다. 감사합니다. 더 해주실 말씀 있으신가요?"

이에 김 교사와 박 교사 모두 손바닥을 좌우로 흔들며 말했다.

"없어요! 없어!"

김 교사와 박 교사가 각자의 교실로 돌아간 후 위 교사는 교실의 책상들을 바라보았다. 한 명 한 명의 학생들이 그 자리에 여전히 남아 있었고 활동하는 모습이 보이는 듯했다.

학기 초와 비교해 흥민이도 장한이도 많이 변했다.

흥민이는 '싫어요. 안 해요.'라고 말하기보다는 '어떻게 해요?'라는 반응이 더 많아졌으며 수업 중에도 집중하려고 노력했다.

장한이는 수업 중에 돌아다니는 횟수가 줄었다. 2시간 연속 차시 수업을 할 때가 있었는데 한 번도 자리를 뜨지 않고 수업에 참여했다.

이렇듯 학생들은 조금씩 성장하고 있었다.

무엇보다도 이번 수업에서는 또래 학습자가 없었다. 하지만 평소에는 일반학생들이 돌아가면서 특수교육대상학생들에게 도움을 준다. 흥민이와 장한이가 이렇게 성장한 데에는 또래 친구들의 역할도 컸다.

텅 빈 교실 한복판에서 위 교사는 혼자 중얼거렸다.

'흥민아, 장한아, 그리고 재우야, 가루야, 유혜야, 희빈아, 동후야, 유

링아. 우리 올해 정말 더 열심히 살아보자. 선생님도 정말 열심히 노력할게.'

위 교사는 다시 컴퓨터 앞에 앉는다. 그리고 다음 수업을 준비하기 위해 다시 성취기준, 학습 목표, 평가계획, 단원 계획을 펼친다. 볼펜으로 줄을 긋고, 자판을 누르고, 이리저리 자료들을 정리했다.

한 학생도 소외되지 않는 수업을 위해.

14. 프로젝트형 통합수업으로 더 나아가기

'학생들끼리 무언가를 할 수 있도록 과제를 주고 달성하도록 도와준다면 특수교육대상학생들도 활동에 참여할 수 있을 것이다.'

1) 프로젝트 학습 시작하기

김 교사의 행복초 3년 차. 새로운 6학년을 준비하는 2월은 매우 바쁘다. 오늘도 김 교사는 학생들에게 학습 부담이 되지 않으면서 어떻게 하면 즐겁게 공부할 수 있을지 계속 고민하고 있었다. 학생들의 실태조사서와 학생들이 자신을 소개한 학습지 등을 계속 읽어보면서 묘안을 찾고 또 찾았다. 그럴 때마다 작년에 학생들이 영어 시간에 노래를 부르고 친구들과 게임을 하며 즐거워하던 모습이 떠올랐다. 김 교사 학급의 학생들은 책상에 앉아 공부하는 것을 어려워했다. 책상에 앉아 교과 수업을 진행할 때면 이내 딴짓을 했고, 수업에 집중하지 못했으며 항상 학습 내용이 어렵다고 투덜댔다. 수업 시간이 아닐 때는 교실 바닥에 앉아 자기네들끼리 이야기하는 것을 즐겼다.

특히 특수교육대상학생들은 더 그럴 것이다. 일반적으로 국어나 수학 교과는 특수학급에서 개별화교육계획에 맞춰 학습한다. 이 같은 경우 특수교육대상학생들은 특수학급 수업 시간에 자신에게 맞는 학습을 할 수 있다. 그러나 일주일에 특수학급에서 수업을 받는 시간은 한정적이며 대부분은 통합학급에서 학습과 생활을 한다. 특수교육대상학생들에게 있어서 통합학급에서의 교과 수업내용은 더욱더 어렵게 느껴질 것이다. 물론 통합학급 담임교사인 일반교사 또한 통합수업에 관한 노력으로 사회, 과학, 영어 등의 교과 수업을 진행할 때 수업에 필요한 개별화된 활동을 제공하려고 노력한다. 그러나 매 차시 특수교육대상학생을 위해 학생 특성에 맞춰 개별화된 활동을 제공하기란 사실상 매우 어렵다. 자칫 교사가 개별화된 활동을 제공하지 못하게 되면 통합학급에서 공부하는 특수교육대상학생들이 해당 수업 시간에 교사의 지도에만 의존하게 되어 의미 있는 수업 시간을 갖기는 대단히 어렵게 된다. 게다가 김 교사의 학급에는 특수교육대상학생도 여러 명이다. 이런 상황에서 특수교육대상학생이 교사에게만 의존하여 통합수업에 참여하고, 그 수업에서 학생이 의미 있는 시간을 갖기란 분명 한계가 존재한다. 그래서 김 교사는 고민하고 또 고민했다.

'학생들끼리 무엇인가를 할 수 있도록 과제를 주고 달성하도록 도와주는 것은 어떨까? 그렇게 하면 특수교육대상학생들도 활동에 참여할 수 있을 거야.'

김 교사는 무엇인가를 결심한 듯 컴퓨터 키보드에 살포시 놓여 있던 손가락을 빠르게 움직였다. 김 교사가 키보드를 이용해 컴퓨터 화면에 써넣은 글자는 바로 '6학년 프로젝트 학습 운영계획'이라는 제목이었다. 위 교사, 박 교사와 함께 국가수준 교육과정 공부를 할 때도 모든 교과의 성취기준을 다시 읽어보면서 성취기준을 묶어서 문제로 제시하고 해결하는 방법으로 지도하면 좋겠다고 생각했었다. 문제를 해결하는 방식의 프로젝트 수업은 학생들 간의 의사소통을 유발할 것이며 그렇게 되면 학생들의 참여가 늘어나고 특수교육대상학생들도 자신의 역할을 가지고 함께 참여할 수 있을 것이라고 생각했다.

김 교사가 올해 수업의 방향을 프로젝트 학습으로 정한 만큼 이제는 학생들이 해결할 문제들을 만들어내야 했다. 김 교사는 다시 학생들이 지난해 영어 시간에 적어서 제출한 자기소개 글을 읽기 시작했다. 지금까지 몇 번을 읽었지만 아이디어가 떠오르지 않을 때면 학생들의 글이 도움이 되었기 때문이다. 학생들이 모두 관심을 두고 해결해보고 싶은 문제여야 했다. 마지막 학생의 글을 읽었을 때 학생들이 모두 자신의 장래 희망을 적어놓았다는 사실을 깨달았다. 학생들에게 자기소개 글을 쓰라고 했을 때 여러 주문을 하면서 진로 활동 계획을 염두에 두고 장래 희망과 그 이유를 적어보라고 했던 기억과 함께 말이다. 김 교사는 학생들의 장래 희망을 컴퓨터에 다시 정리했고, 학생들이 작은 농촌 마을에서도 다양한 직업군의 꿈을 가지고 있다는 것을 알게 되었다. 더군다나 특수교육대상학생들이 많은 김 교사의 학급에서는 진로 활동이 다른 학급보다 더 중요하게 다가왔다. 그래서 김 교사는 모든 학생이 관심을 두고 활동적으로 참여할 수 있는, 자신과 친구들의 진로를 주제로 하는 프로젝트 학습을 진행하기로 마음먹었다.

학생들의 꿈을 주제로 하는 프로젝트 활동은 학생들이 원하는 다양한 체험활동에 참여할 수 있고, 많은 사람을 만날 수 있는 활동이기도 했다. 또 자신의 장래 희망뿐 아니라 다른 친구의 장래 희망도 함께 체험해 보면서 진로 탐색의 기회도 가질 수 있었다. 김 교사는 학생들의 장래 희망을 몇 개의 묶음으로 만들었다. 그리고는 체험과 활동을 할 수 있는 시기에 맞게 배열해 보았다.

〈김 교사 학생들의 장래 희망을 조사하여 묶은 프로젝트 주제 목록〉[38]

순	학기	시기	프로젝트명	연계 교과
1	전 학기	연중	아이돌, DJ 되기	국, 사, 체, 음
2	1학기	4월	유튜버 되기	국, 도, 사, 수, 실, 미
3	1학기	3~6월	운동선수 되기	체, 미
4	전 학기	6~11월	셰프, 파티시에 되기	수, 실, 미
5	전 학기	7~9월	탐험가·봉사자 되기	도, 사, 과, 실, 체
6	2학기	8~9월	건축가·화가 되기	수, 미
7	2학기	10~11월	사업가 되기	사, 실
8	2학기	11월	바리스타 되기	도, 사
9	2학기	12월	작가 되기	국

2) 교육과정과 교과서 분석하기

'이제 주제는 정했고, 어떻게 수업을 만들지?'

김 교사는 작년에 위 교사, 박 교사와 함께 공부했던 '초등학교 교육과정'이라는 책을 다시 펼쳤다. 그리고는 책상에 우직하게 앉아서 국어부터 5·6학년군 성취기준을 다시 읽어 내려갔다. 문득 5·6학년군의 모든 성취기준을 대상으로 재구성하여 프로젝트 문제를 만들게 되면 자칫 5학년 때 학습한 내용이 중복되어 학습할 내용이 많아지지 않을까 하는 고민이 생겼다. 물론 5학년 때 다룬 성취기준들을 김 교사 학급의 학생들이 모두 달성했다고는 장담할 수 없지만, 김 교사는 학생들의 학습 부담을 줄여 즐겁게 참여하게 하고 싶었다. 즐겁게 참여하는 동안에 부족한 부분을 더해서 보완해 줄 수 있다고 생각했다. 이렇게 생각하니

38 시기와 연계 교과는 프로젝트 학습 계획 수립 이후에 확정되어 추가된 내용이다.

김 교사의 생각은 간단히 정리되었다. 꼭 학습해야 할 내용을 최소한으로 정해놓고 필요한 부분을 더해가겠다는 생각이었다.

학습 내용의 중복 부분을 어떻게 할지 고민하다가 김 교사는 학교 홈페이지에 있는 지난해 5학년 교육과정 운영계획을 살펴보았다. 지난해에는 수업내용이 교과서 진행 순서와 비슷한 듯했다. 그래서 김 교사는 지난해에 학생들을 지도했던 후배 교사에게 향했다.

"최 선생님! 바쁘십니까?"

"아니에요, 김 선생님. 무슨 일이세요?"

"네, 별일은 아니고요. 제가 학급교육과정을 작성하고 있는데요. 작년에 성취기준 재구성하면서 6학년 때 꼭 이수되어야 하는 부분이 있을까 해서요."

"아! 아니에요. 저는 작년에 교과서를 활용해서 수업을 진행했기 때문에 이수된 성취기준은 교과서 기준으로 생각하시면 될 것 같아요."

후배 교사의 대답을 들은 김 교사는 생각했다.

'지도서를 좀 보고 이 학생들이 5학년 때 어떤 성취기준을 배웠는지 알아봐야겠어.'

이어서 김 교사가 말을 꺼냈다.

"네, 그러시군요. 그러면 저 혹시 5학년 교사용 지도서 좀 빌릴 수 있을까요?"

"네, 드릴게요. 어차피 이제 저도 다른 학년을 맡게 되어서 정리하려고 하던 참이었습니다."

그날 이후 김 교사는 5학년 모든 교과의 지도서를 참고하면서 예전에 위 교사, 박 교사와 함께 만들었던 성취기준 카드에 필요한 내용을 메모하기 시작했다.

〈세 교사가 만든 성취기준 카드 견본〉

<table>
<tr><td rowspan="3">6국01-01</td><td>주변 사람들과 생활 경험을 나누는 대화</td><td>5-1-1. 대화와 공감</td></tr>
<tr><td>개인적인 관심사나 일상적 경험을 다룬 누리 사랑방, 영상물
현실이 사실적으로 반영되거나 환상적으로 구성된 이야기</td><td>5-2-5. 여러 가지 매체 자료</td></tr>
<tr><td>다양한 가치와 문화를 경험할 수 있는 문학작품
현실이 사실적으로 반영되거나 환상적으로 구성된 이야기</td><td>6-1-2. 이야기를 간추려요</td></tr>
<tr><td colspan="3">구어 의사소통의 특성을 바탕으로 하여 듣기·말하기 활동을 한다.</td></tr>
</table>

	성취기준 번호		성취기준 내용
	교과서 기준 '학년-학기-단원명'		기타 내용

작년에 위 교사, 박 교사와 함께 만들었던 성취기준 카드에는 성취기준 번호와 성취기준 내용이 들어 있다. 물론, 기성품으로 성취기준이 쓰여 있는 카드를 인터넷 쇼핑몰에서 팔기도 한다. 그러나 위 교사, 김 교사, 박 교사는 성취기준을 한 번이라도 더 읽어보자는 생각에 직접 타이핑해서 만들었다. 그때 위 교사는 공부를 계속하다가 성취기준 카드에 생각나는 아이디어도 적고, 다른 참고 내용을 메모해야 할지도 모른다고 빈칸을 만들어놓자고 제안했었다. 위 교사의 선견지명이 적중한 순간이었다. 김 교사는 5학년 교과서에서 다루어진 성취기준 카드의 빈칸에 해당 교과서 단원명을 적어나갔다.

이때 김 교사의 교실에 위 교사가 노크하고 들어왔다.

"김 선생님! 요새 왜 교무실에도 잘 안 내려오시고. 바쁘세요?"

"아! 위 선생님 오셨어요? 프로젝트 학습 계획 작성하느라 요즘 교과서 분석을 하는 중이거든요."

위 교사가 놀란 듯 다시 물었다.

"아! 그래요? 어떻게 하시는 건데요?"

"우리 작년에 전문적 학습 공동체 하면서 만든 카드 있잖아요. 거기에다가 지도서 찾아보면서 5학년 때 공부한 내용인지 적어보고 있어요. 우리 반 학생들이 5학년 때 성취기준을 모두 달성했다고 단정할 순 없지만 되도록 중복되지 않게 해서 학생들 학습 부담을 좀 덜어줄 수 있을까 하고요."

김 교사의 말에 위 교사는 고개를 끄덕였지만 안타까운 듯 말을 이어나갔다.

"그러시군요. 그런데 모든 과목을 다 하시게요? 혼자서요?"

"갑자기 시작하다 보니까 그냥 혼자서 하게 되었네요."

"그럼 우리 박 선생님과 함께하는 전문적 학습 공동체에서 다른 학년 것도 다시 읽으면서 같이 만들어볼까요? 다 하고 나면 어느 학년에서 어떤 내용을 학습하는지도 파악이 될 것 같아요."

이렇게 세 교사는 며칠을 교실에 박혀서 모든 지도서를 살펴보았다. 사실 홀수 학년(1, 3, 5학년)의 경우에는 새로운 학년군이 시작되기 때문에 학년군 내의 성취기준을 선택하여 수업하면 되는 것이었다. 그러나 김 교사와 위 교사를 비롯한 대부분의 많은 교사는 교과서에서 벗어나는 것에 부담을 느낀다. 그 이유는 학생들이 일 년 동안 학습할 내용을 계획하는 교과 진도 운영계획(학교 정보공시에 공시하는 항목)을 수립할 때 부담이 되기 때문이다. 짝수 학년(2, 4, 6학년)의 경우, 만약 작년에 이수한 학년의 교육과정을 꼼꼼하게 확인하지 못하고, 작년에 수업하지 않은 성취기준이 올해 편성되지 않으면 학생들은 해당 성취기준을 이수

할 수 없는 상황이 된다. 반대로 홀수 학년의 경우에도 올해 교과서에 있지만 수업하지 않은 성취기준이 있는 경우에 당해 연도에는 문제가 되지 않겠지만 다음 해에 빠진 내용이 편성되지 않을 수 있어서 성취기준 이수 여부에 대한 인수인계의 부담을 갖게 된다. 어쩌면 이런 이유로 교사들이 교과서를 놓지 못하는지도 모른다.

세 교사의 모든 작업이 끝났다. 김 교사는 그중 5·6학년군의 성취기준 카드들을 모두 인쇄하여 정리했다. 먼저, 성취기준 카드를 한 장씩 넘겨보며 이전 학년에서 수업한 성취기준과 이전 학년에서 다루지 않았던 성취기준을 분류했다. 원칙적으로 이전 학년의 교과 진도 운영계획이나 학급교육과정을 분석하여 해당 성취기준을 수업했는지 판단해야 한다. 그러나 김 교사의 경우에는 이전 학년에서 교과서를 활용한 수업을 했기 때문에 교과서 단원을 통해 분류할 수 있었다.

다음으로 김 교사는 이전 학년에서 다룬 성취기준 중에서 6학년 교과서에 다시 등장하는 성취기준 카드를 분류했다. 그 이유는 이전 학년에서 해당 성취기준을 활용하여 수업을 진행했다 하더라도 해당 성취기준의 모든 요소를 다루지 않았을 수도 있어서 다시 한 번 확인할 필요가 있다. 이렇게 분류하고 나면 5·6학년군의 성취기준 카드는 다음과 같이 세 그룹으로 나누어지게 된다.

〈성취기준 카드를 분류한 세 가지 기준〉

교과서를 기준으로(국정 또는 학교에서 선정한 검인정 교과서)
① 한 번도 다루지 않았던 성취기준
② 5학년 때 다루었지만 6학년에 다시 등장하는 성취기준
③ 5학년 때에만 다루어지는 성취기준

이 중에서 김 교사가 프로젝트 학습의 주재료로 삼을 것은 6학년 교육과정을 편성하는 것이기 때문에 5·6학년군 성취기준 중에서 5학년 때 한 번도 다루지 않았던 성취기준이었다. 김 교사는 세 종류로 분류된 성취기준 카드 더미를 정리해 놓고 다시 책상에 앉았다.

'이제는 학생들의 장래 희망 판을 만들어야겠다.'

김 교사는 흥미진진한 표정을 지으며 A4 용지에 유성 매직으로 예전에 정리해 놓은 장래 희망 카테고리를 큰 글씨로 적었다. 그 옆에는 프로젝트 실행 시기도 생각해서 적어놓았다.

'이제부터가 시작이다.'

김 교사는 무엇인가를 결심한 듯 학생들의 책상을 모아 큰 책상을 만들었다. 책상을 넓게 만든 후, 그 위에 학생들의 장래 희망 카테고리가 쓰인 A4 용지를 나열했다. 그리고는 아까 정리해 두었던 성취기준 카드를 집어 들었다. 그때부터 김 교사는 성취기준 카드를 한 장씩 읽어가면서 장래 희망 카테고리에 올려놓기 시작했다. 지난해에 전문적 학습 공동체에서 국가수준 교육과정을 읽으며 성취기준을 공부한 터라 성취기준을 보고 학습 요소를 주제(학생의 장래 희망 체험하기)와 연결하는 것은 어렵지 않았다. 오히려 성취기준을 다시 읽어가면서 진로 체험을 어떻게 운영할 것인지에 대한 아이디어가 떠올랐다. 그때마다 장래 희망 판에 연필로 메모하며 성취기준 카드를 모두 나열했다. 김 교사가 들고 있었던, 즉 5학년에 다루어지지 않았던 성취기준이 모두 장래 희망 판에 올라가지는 못했다. 김 교사는 이런 성취기준 카드들은 따로 모았다가 프로젝트 활동이 아닌 일반적인 교과수업 시간에 다룰 요량이었다. 김 교사의 프로젝트 활동을 계획하는 작업은 성취기준을 이리저리 옮기고 순서를 바꾸면서 며칠 동안이나 계속되었다.

〈프로젝트 활동에 필요한 성취기준 카드를 정리한 모습〉

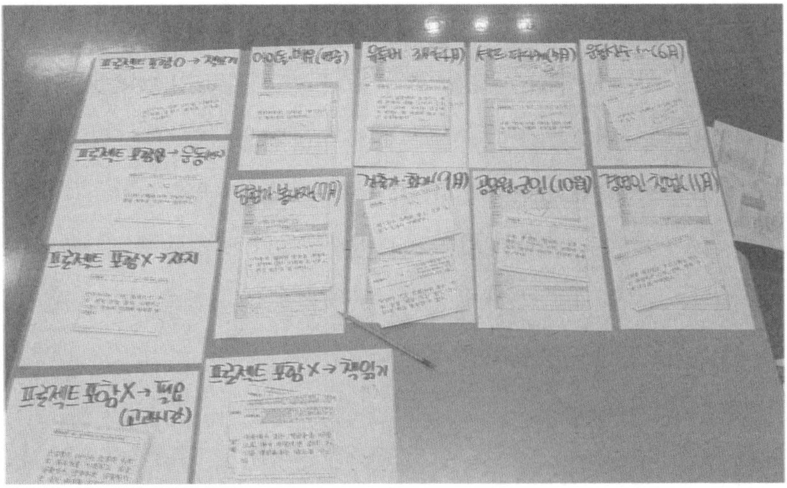

며칠이 지나고 성취기준 카드 정리가 모두 끝나자 김 교사는 프로젝트별로 관련 성취기준을 정리했다. 정리된 성취기준 카드를 다시 읽어보니 해당 프로젝트에 포함되지 않은 성취기준 중에서 프로젝트에 더 적합할 것 같은 성취기준들도 보였다. 그러나 김 교사는 적합성을 고려해 성취기준을 중복해서 프로젝트를 구성하는 것보다 프로젝트 주제와 포함된 성취기준 간에 연관성을 찾는 데 더 고심했다. 그 이유는 성취기준의 중복 포함은 학생들에게 학습량 증가로 이어질 것으로 생각했기 때문이다. 그래서 5·6학년군에 해당 프로젝트에 더 적합한 성취기준이 있다 하더라도 다른 프로젝트에 포함되어 있다면 중복해서 수업하지 않고 다른 성취기준으로 연관성을 찾아 구성했다.

김 교사는 먼저 프로젝트 학습의 대주제인 '진로체험 프로젝트'에서 '아이돌·배우 되기' 체험활동부터 프로젝트 학습 계획으로 정리하기 시작했다.

〈김 교사가 정리한 '아이돌·배우 되기' 프로젝트 계획 중 일부〉

프로젝트명	진로체험 프로젝트 (아이돌·배우 되기)	시기	연중
연계 교과	국어, 사회, 체육, 음악	중심 학생	이○현, 이○환, ○동현
프로젝트 주제	민주사회에 대한 뮤지컬 만들어 공연하기	수업 형태	뮤지컬공연
관련 성취 기준	[6국05-04]일상생활의 경험을 이야기나 극 형식으로 표현한다. [6국05-05]작품에 대한 이해와 감상을 바탕으로 하여 다른 사람과 적극적으로 소통한다. [6사05-01]4·19 혁명, 5·18 민주화 운동, 6월 민주 항쟁 등을 통해 자유 민주주의가 발전해 온 과정을 파악한다. [6사05-02]광복 이후 시민의 정치 참여 활동이 확대되는 과정을 중심으로 오늘날 우리 사회의 발전상을 살펴본다. [6체04-05]주제 표현을 구성하는 표현 요소(신체 인식, 공간 인식, 노력, 관계 등)와 창작 과정(발상, 계획, 구성, 수행 등)의 특징을 탐색한다.		

관련 성취 기준	[6체04-06]정해진 주제나 소재의 특징적인 면을 살려 신체활동으로 표현하는 데 적합한 기본 동작을 다양한 상황에 적용한다. [6체04-07]주제 표현 활동을 하는 데 필요한 다양한 표현 방법을 바탕으로 개인 또는 모둠별로 작품을 창의적으로 구성하여 발표하고 이를 감상한다. [6체04-08]주제와 관련된 다양한 표현 방식을 이해하고 자신의 느낌과 생각에 따라 창의적인 방법으로 표현한다. [6음01-01]악곡의 특징을 이해하며 노래 부르거나 악기로 연주한다. [6음01-02]악곡에 어울리는 신체표현을 한다. [6음01-03]제재곡의 노랫말을 바꾸거나 노랫말에 맞는 말붙임새로 만든다. [6음01-04]제재곡의 일부 가락을 바꾸어 표현한다. [6음01-05]이야기의 장면이나 상황을 음악으로 표현한다. [6음01-06]바른 자세와 호흡으로 노래 부르거나 바른 자세와 주법으로 악기를 연주한다. [6음03-01]음악을 활용하여 가정, 학교, 사회 등의 행사에 참여하고 느낌을 발표한다. [6음03-03]우리 지역에 전승되어 오는 음악 문화유산을 찾아 발표한다.

이 활동은 학생들이 지난 학년에서 즐거웠던 활동으로 연극 활동을 뽑았던 것을 고려하여 선정했다. 지난해에는 학생들이 방과후 학교 수업의 결과로 동화를 원작으로 한 연극작품을 무대에 올렸었다. 그래서 김 교사는 올해 사회과 성취기준과 연계하여 '민주사회에 대한 뮤지컬 만들기'로 주제를 정했다. 그리고는 이 뮤지컬을 11월에 있을 학교 교육과정 운영 결과 발표회 무대에 올려 실제 공연까지 할 수 있도록 프로젝트를 계획하면 좋겠다고 생각했다. 계획서 중에서 '중심 학생'란에는 아이돌이나 배우를 장래 희망으로 적은 학생들의 이름을 적었다. '관련 성취기준'란에는 이 프로젝트를 통해 지도할 수 있는 성취기준을 교과별로 정리하여 작성했다. 이는 김 교사가 성취기준 카드를 장래 희망 판에 정리할 때 '아이돌, 배우' 판에 올려놓았던 성취기준 카드의 내용을

정리해 놓은 것이었다. 정리하고 나니 국어, 사회, 체육, 음악의 4개 교과 성취기준을 한 프로젝트에서 지도할 수 있게 되었다.

3) 기대성취수준 학습 목표 만들기

'일단 성취기준을 정리하기는 했는데….'

김 교사의 뇌가 한숨과 함께 다시 굴러가려고 할 때 위 교사가 찾아왔다. 김 교사의 교실로 들어온 위 교사는 여기저기 놓여 있는 성취기준 카드와 김 교사의 컴퓨터 화면을 보고 놀라며 물었다.

"김 선생님! 이게 다 뭐예요?"

"학생들하고 함께 할 프로젝트 활동 만드는 중이에요."

"우와! 성취기준을 다 정리하신 거예요? 대단하네요. 그런데 이걸로 이제 어떻게 수업을 하는 거예요?"

"이렇게 주제에 맞는 관련 성취기준을 서로 묶어놓으면 한 프로젝트 주제 안에서 다양한 교과의 많은 성취기준을 연계하여 지도할 수 있어요. 학생들은 하나의 프로젝트를 수행하면서 다양한 교과의 학습 내용을 주제에 맞춰 공부할 수 있게 되거든요. 이제 프로젝트별로 성취기준을 다시 한 번 분류해서 성취기준을 묶어보려고요. 그렇게 묶인 성취기준에 따라 학습 목표를 만들고요."

위 교사는 흥미로운 듯 자리를 고쳐 앉으며 다시 물었다.

"조금 더 설명해 주세요."

"그럴까요?"

김 교사는 칠판 앞에 서서는 분필을 들고 그림을 그리며 프로젝트 학습의 목표와 기대성취수준의 위계에 관해 설명했다.

〈김 교사가 그린 프로젝트 학습 기대성취수준 목표 위계〉

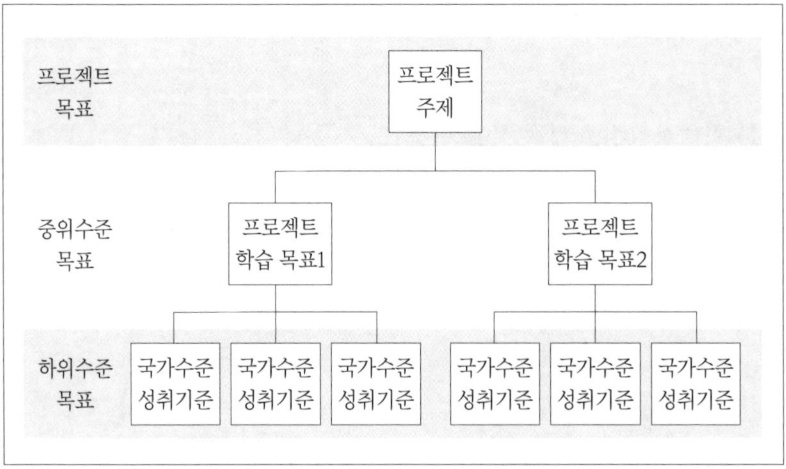

"제가 설계한 프로젝트 학습 형태는 한 주제의 프로젝트를 수행하면서 여러 가지 학습 목표를 달성하도록 요구되고, 그 학습 목표들을 달성하면 프로젝트가 완수되는 형태예요. 프로젝트 내의 학습 목표들은 국가수준 성취기준들의 묶음을 재구성해서 서술되는데 재설정된 학습 목표를 달성하기 위해서는 국가수준 성취기준을 달성해야 한다는 것이지요. 다시 말해서 프로젝트 활동의 완수가 가장 큰 목표이고 프로젝트 학습 목표들이 중간 목표, 국가수준 성취기준들이 하위 목표가 되죠."

"아! 그렇군요. 그러면 학생들은 프로젝트 하나를 수행하는 것인데, 다양한 성취기준의 학습을 하게 되는 것이군요."

〈국가수준 성취기준을 활용하여 기대성취수준 학습 목표(중위수준목표) 만들기〉

프로젝트 주제	민주사회에 대한 뮤지컬 만들어 공연하기		수업 형태	뮤지컬공연
성취기준과 학습 목표의 관계	진로1-1	6사05-01 6사05-02		
	진로1-2	6국05-04 6국05-05		
	진로1-3	6음01-01 6음01-03 6음01-04 6음01-05 6음01-06 6음03-03		
	진로1-4	6체04-05 6체04-06 6체04-07 6체04-08 6음01-02		
	진로1-5	6음03-01		
기대성취수준 학습 목표	[진로1-1] 광복 이후 자유민주주의 정치발전과정에 관해 설명할 수 있다. [진로1-2] 주제를 표현하는 극본을 만들 수 있다. [진로1-3] 제재곡을 활용하여 주제를 표현하는 음악을 만들 수 있다. [진로1-4] 주제에 맞는 동작을 만들어 음악에 맞춰 표현할 수 있다. [진로1-5] 프로젝트 활동에 대한 보고서를 작성할 수 있다.			

"네, 맞아요. 그래서 여기 보이는 '아이돌·배우 되기' 프로젝트 활동을 보시면 가장 큰 프로젝트 목표는 '민주사회에 대한 뮤지컬 만들어 공연하기'예요. 이 공연 프로젝트를 완수하기 위해서 다섯 가지의 학습 목표를 달성하기 위한 수업을 진행하게 되는 것이죠. 이 학습 목표 중 [진로1-1] 학습 목표를 보면 '광복 이후 자유민주주의 정치발전과정에 관해 설명할 수 있다'라고 되어 있죠? 이 학습 목표를 달성하기 위해서는 국가수준 성취기준의 [6사05-01]과 [6사05-02]에 대한 수업이 진행되어야 해요. 그렇게 해서 모든 학습 목표에 대한 수업이 진행되고 나면 프로젝트가 완수되고, 학생들은 프로젝트에 관련된 국가수준 성취기준을 달성하게 되는 거예요."

"아! 그렇게 되겠네요."

4) 평가계획 작성하기

위 교사는 흥미롭다는 듯이 재차 물었다.

"이제 학습 목표까지 설정하셨으면 다음은 평가계획을 세우시겠네요?"

"네, 그렇죠. 학습 목표가 설정되었으니 학습 목표에 다른 평가계획을 세워야겠죠. 아 참! 위 선생님, 백워드 설계(Backward design)에 대한 연수를 함께 들었죠? 그때 공부했던 것처럼 목표를 설정했으니까 이 목표를 달성했다는 수용 가능한 근거를 찾고 판단하기 위해서 평가를 해야겠죠. 물론 이 평가는 수업 중에 이루어지고 수업 일부가 되고요."

"네, 맞아요. 예전에는 수업 정리 부분에서 평가하거나 수업이 끝난 후에 따로 평가했는데 지금은 그렇지 않죠."

"그럼요. 일반학생들도 과정중심평가가 대단히 중요해진 상황이긴 하지만 특수교육대상학생들에게는 더욱 필요해요. 수업 중에 학생이 학습했다고 해도 수업 정리 시기나 수업이 끝난 후 평가하게 되면 일반학생들보다 더 학습 내용을 기억해 내기 어렵거든요. 그래서 실제로 수업 시간에 학습이 일어났다 하더라도 전혀 학습하지 못한 것으로 생각될 수 있어요. 또 수업을 진행하는 과정 중에 평가와 기록이 되면 학생의 강점과 약점을 파악하여 학생에게 적합한 개별화된 수업이나 자료를 제공할 수 있어요. 특히 프로젝트 학습을 할 때는 학습 결과만을 가지고 여러 성취기준에 대한 학생의 성취를 판단하기는 무리가 있죠."

김 교사의 이야기를 들은 위 교사는 표정이 조금 어두워지며 김 교사에게 푸념하듯 입을 열었다.

"사실 저도 수업 혁신에 대한 연수나 과정중심평가 연수를 들으면 교육과정, 수업, 평가, 기록의 일체화가 필요하고 중요하다는 것은 잘 알겠어요. 그런데 저는 사전에 계획을 세울 수 있는 교육과정, 수업, 평가까지는 할 수 있겠는데 기록이 잘 안 되는 것 같아요. 학생들을 가르치고 있는 도중에 기록하기도 어렵고 수업을 마치고 나면 여러 업무 때문에 기록할 타이밍을 놓치기도 하고요. 그래서 항상 고민돼요. 수업 중 평가를 하게 되면 학생을 학습을 도와주는 역할이 먼저인지, 아니면 기록을 하는 것이 중요한 것인지요. 물론 둘 다 잘하면 좋겠지만요."

"위 선생님뿐만 아니라 많은 선생님께서 이 부분을 고민하실 거예요. 그런데 이렇게 생각해 보면 어떨까요? 강의식 수업에서는 기록이 어려울 수밖에 없어요. 왜냐하면, 교사는 계속 강의해야 하기 때문이죠. 반대로 학생들의 활동이 중심이 되는 수업에서는 교사가 학생들을 평가하거나 기록하는 데 조금 자유로워지죠. 그 이유는 학생들끼리 활동을 진행하고 있기 때문이죠. 물론 가끔은 교사에게 질문하기도 해요. 그렇

지만 그때 잠깐 학생에게 도움을 주고 나면 교사는 학생들을 수업 중에도 평가, 기록할 수 있는 상황이 만들어질 수 있을 거예요."

"그러네요. 그런데 저는 작년에 학생들에게 활동을 시작하라고 했음에도 불구하고 저에게 계속 질문을 해서 난감했던 경험이 있거든요."

"그런 상황은 학생들이 과제에 대해 이해를 하지 못했다거나 어떻게 해야 할지 모를 때 그런 경우가 많아요. 그래서 수업 전에 학습 목표와 함께 평가계획에 대한 설명을 자세히 해주면 학생들이 거기에 맞춰 스스로 활동들을 정리해 나가면서 학생들끼리 활동을 진행해 나갈 수 있을 거예요."

위 교사는 가벼운 미소를 띠었지만 다시 궁금한 표정을 지으며 김 교사에게 물었다.

"그런데 예전에 제가 가르쳤던 특수교육대상학생은 일반학생들과 수업이 함께 되지 않아 계속 제가 옆에서 지도해야 했던 경험이 있었거든요."

"물론 모든 학생에게 평가계획을 사전에 안내한다고 해서 그 기준에 맞춰 학생들이 활동을 진행하지는 못해요. 만약 학생의 관점에서 안내된 평가계획이 학습결손 때문에 수준이 맞지 않는다거나 장애로 인해 달성할 수 없는 목표라고 판단되면 교사에게 계속 질문하며 지도를 요구하거나 아니면 포기하겠죠. 그러니 평가도 학생에게 적합한 개별화된 평가계획을 세우고 해당 학생이 잘 알고 활동에 참여할 수 있도록 안내해야 해요. 그래서 학생에게 평가과제가 달성 가능한 것으로 인식되도록 해야만 그 학생 또한 도전하게 되고, 조금 어렵더라도 친구의 도움을 받으면 달성할 수 있어서 교사를 찾는 빈도가 낮아지게 되지 않을까요? 그때 교사는 일반학생이 특수교육대상학생을 상대로 학습 내용에 관해 설명해 주거나 정보를 전달할 때 틀린 내용을 알려주지는 않는지 지도하면 되고요. 이런 방식으로 수업이 진행되면 이전보다는 더 학생들의 수행상태를 꼼꼼히 평가하고 기록할 수 있는 상황이 되지 않을까 해요. 물론 중증 학생은 그렇게 하기는 어렵겠지만 우리 학교처럼 일반학교에서 중증 학생을 보기는 어려우니까요."

위 교사가 시계를 보더니 놀라며 김 교사에게 말했다.

"벌써 퇴근 시간이 넘었네요. 이번 주 통합교육 전문적 학습 공동체 시간 여쭤보러 왔다가 공부를 하고 가네요."

"아! 그러셨군요. 이번 주에는 제가 학생들과 현장체험학습이 있어서 일정이 결정되면 다시 알려드려야 할 것 같아요."

"네, 알겠습니다. 오늘도 고생하셨습니다."

"위 선생님도요!"

이렇게 또 위 교사와 김 교사는 수업 이야기를 하다가 정시 퇴근을 놓쳤다. 그래도 두 교사는 개의치 않았다. 왜냐하면, 일상적인 일이니까.

다음 날, 김 교사는 각 학습 목표에 맞는 학생들의 평가 기준을 작성하기 시작했다. 이 평가 기준은 학습 목표를 달성했다는 증거로 인정되는 것이다. 그렇기에 학생들이 할 수 있는 과제로 이루어져야 하고 달성 정도를 파악할 수 있어야 한다. 예를 들어, 김 교사는 [진로1-1] 학습 목표를 '광복 이후 자유민주주의 정치발전과정에 관해 설명할 수 있다'로 설정했다면 이 학습 목표를 달성하기 위해 학생들은 광복 이후 정치발전 과정에 대해서 알아보아야 한다. 이 학습 목표와 관련된 사회과 성취기준 [6사05-01]에서는 4·19 혁명, 5·18 민주화 운동, 6월 민주 항쟁 등을 통해 알아보도록 하고 있다. 이에 학생들은 세 사건을 중심으로 현재까지 정치 참여 활동이 확대된 상황을 파악하면서 주요 사건과 인물들에 관해 교과서와 인터넷 검색, 참고 도서 등 다양한 자료를 활용하여 조사하고 발표를 준비한다. 이 수업의 주 활동이 끝나게 되면 학생들은 광복 이후 4·19 혁명, 5·18 민주화 운동, 6월 민주 항쟁 등과 관련하여 자유민주주의의 발전과정을 발표할 수 있게 된다. 이 과정에서 교사는 수업을 진행하며 학생들이 자료를 파악하고, 정리하여 발표할 수 있는지 평가한다. 이런 방법으로 김 교사는 다섯 개의 학습 목표에 대한 평가 기준을 작성했다.

〈기대성취수준 학습 목표에 따라 김 교사가 최초 작성한 평가 기준〉

기대성취수준 학습 목표	평가 기준
진로 1-1	광복 이후부터 현재까지 4·19 혁명, 5·18 민주화 운동, 6월 민주 항쟁 등과 관련하여 자유민주주의의 발전과정을 설명할 수 있다.
진로 1-2	일상생활의 경험과 관련지어 공연 장면을 선정하고 극본의 요소를 이해하여 극본을 작성할 수 있다.
진로 1-3	지역 전승 음악의 특징을 알고, 주제에 맞는 노랫말이나 말 붙임새를 붙이고, 일부 가락을 바꾸어 악곡의 특징에 맞게 부를 수 있다.
진로 1-4	주제표현의 표현 요소와 창작과정을 이해하고, 주제에 맞는 기본 동작과 창의적인 동작을 만들어 표현할 수 있다.
진로 1-5	프로젝트 활동 과정과 자신이 참여한 느낌을 포함하여 보고서를 작성할 수 있다.

하나의 산을 넘은 듯 김 교사는 한숨을 내쉬었다. 그러나 다시 고민은 시작되었다.

'특수교육대상학생들이 이 활동을 모두 수행할 수 있을까?'

김 교사가 생각한 대답은 '하기 어렵다'라는 결론이었다. 그렇다면 학생이 할 수 있는 개별화된 평가 기준을 제시해야 학생도 학습 목표 달성을 위해 도전할 수 있을 것이다. 특수교육대상학생에게 제시되는 평가 기준은 학생의 특성이 반영되어 평가 기준을 수정·조정하고, 학생의 성취 가능성을 판단할 수 있어야 한다. 한참을 고민하던 김 교사는 박 교사에게 전화를 걸었다.

"박 선생님! 6학년입니다. 혹시 바쁘십니까?"

"아니에요. 무슨 일 때문에 그러세요?"

"제가 지금 프로젝트 학습 평가 기준을 작성하고 있는데요, 특수교육대상학생 평가 기준 때문에 고민이 되어서요. 혹시 시간 괜찮으실 때 이야기 좀 나눌 수 있을까요?"

"네, 좋아요. 그런데 제가 지금 하고 있는 일이 있어서 마무리하고 한 30분 후에 뵐까요?"

"알겠습니다. 그럼 30분 후에 내려갈게요. 이따 봬요."

김 교사는 박 교사와의 약속 시각을 정하고 다시 모니터를 보며 고민을 계속했다. 그리고는 자신이 작성한 평가 기준에 빈칸을 더해 가인, 서희, 동현이의 평가 기준을 적을 수 있는 칸을 만들었다. 이 빈칸에 학생들의 특성을 반영한 평가 기준을 작성해 볼 생각이었다.

이윽고 30분이 지나 김 교사는 박 교사의 교실로 내려갔다. 박 교사도 하던 일을 마치고 김 교사를 기다리고 있었다. 박 교사는 김 교사를 반갑게 맞이했다.

김 교사는 가져온 프로젝트 학습 목표와 평가 기준표를 박 교사에게 보여주며 이야기를 시작했다.

<김 교사가 국가수준 성취기준을 활용해 작성한 기대성취수준 학습 목표(중위수준목표)>

기대성취수준 학습 목표	[진로1-1] 광복 이후 자유민주주의 정치발전과정에 관해 설명할 수 있다. [진로1-2] 주제를 표현하는 극본을 만들어 표현할 수 있다. [진로1-3] 제재곡을 활용하여 주제를 표현하는 음악을 만들 수 있다. [진로1-4] 주제에 맞는 동작을 만들어 음악에 맞춰 표현할 수 있다. [진로1-5] 프로젝트 활동에 대한 보고서를 작성할 수 있다.

<김 교사가 최초 작성한 평가 기준을 일반학생의 평가 기준으로 상정하고 작성한 평가 틀>

학습 목표	일반학생 평가 기준	수정·조정된 평가 기준		
		가인	서희	동현
진로 1-1	광복 이후부터 현재까지 4·19 혁명, 5·18 민주화 운동, 6월 민주 항쟁 등과 관련하여 자유민주주의의 발전과정을 설명할 수 있다.			
진로 1-2	일상생활의 경험과 관련지어 공연 장면을 선정하고 극본의 요소를 이해하여 극본을 작성할 수 있다.			
진로 1-3	지역 전승 음악의 특징을 알고, 주제에 맞는 노랫말이나 말 붙임새를 붙이고, 일부 가락을 바꾸어 악곡의 특징에 맞게 부를 수 있다.			
진로 1-4	주제표현의 표현 요소와 창작과정을 이해하고, 주제에 맞는 기본 동작과 창의적인 동작을 만들어 표현할 수 있다.			
진로 1-5	프로젝트 활동 과정과 자신이 참여한 느낌을 포함하여 보고서를 작성할 수 있다.			

“박 선생님! 제가 프로젝트 학습 계획을 작성하면서 학습 목표에 대한 평가 기준을 작성하고 있는데, 일반학생 기준으로는 작성을 했거든요. 그런데 특수교육대상학생들은 일반학생들의 기준으로 평가하기 어려울 것 같아요. 우리가 공부한 대로 수정과 조정을 통해서 평가 기준을 다시 설정해 볼까 하는데, 선생님과 함께 이야기해 보면 학생들에게 더 적합한 평가 기준을 작성할 수 있을 것 같아서요.”

“네, 좋아요. 그런데 학습 목표는 모든 학생이 같은 학습 목표를 사용하나요? 국가수준 성취기준과 비교해 기대성취수준이 낮은 특수교육대상학생들의 경우에는 학습 목표를 수정해서 제시하는 경우가 많거든요.”

“맞아요. 그런데 지금 표에 제시한 [진로]라는 말머리로 표시된 학습 목표는 국가수준 성취기준을 기반으로 재구성해 다시 작성한 학습 목표예요. 이 학습 목표는 학생들에게 성취를 기대하는 ‘기대성취수준’으로 생각하시면 될 것 같아요. 여기서 두 가지를 고려했어요. 첫 번째는 우리 반 특수교육대상학생들은 일반학생과 비교하여 기대 수준이 많이 차이 나지 않는 것 같아요. 두 번째는 평가 기준을 가지고 실제로 평가하기 위해서 더 세부적으로 작성하게 되는데, 이때 기대성취수준인 학습 목표는 모든 학생이 달성해야 할 지향점으로 두는 것도 좋을 것 같고요. 그래서 일반 학생과 동일한 학습 목표를 사용했어요. 가인이, 서희, 동현이도 평가 방법을 조금만 달리하면 일반학생들과 같은 학습 목표를 달성할 수 있을 것으로 생각했거든요.”

박 교사는 고개를 끄덕이며 김 교사에게 자신이 이해한 내용을 이야기했다.

“맞아요. 가인이, 서희, 동현이는 장애 정도가 심하지 않아 학습 방법을 바꾸어 조금만 도와주면 학습 목표에 도달할 수 있거든요. 이렇게 학생별로 평가 기준을 보면 학생들이 어떤 내용을 어떻게 학습하게 되리라는 것과 학생별로 개별화된 학습 목표가 무엇이라는 것을 알 수 있게 되는 것이네요?"

"네, 맞아요. 사실 수업 설계를 평가 기준에 중심을 두면 학생들이 어떤 내용을 어떻게 공부해야 할 것인지 명확해지는 측면이 있어요. 그럼 이제 학생별로 평가 기준을 세워볼까요?"

"네, 그러시죠. 세 학생 모두 지적장애가 있는 학생으로 일반적인 특성이 있어요. 장애 특성도 물론 고려되어야 하겠지만 또 학생마다 수업 때 잘할 수 있는 점과 좀 더 노력해야 하는 점이 다르다는 점을 생각하며 평가 기준을 작성해야 할 것 같아요."

박 교사와 김 교사는 지적장애 학생들의 특성이 담긴 참고도서와 이전에 담당했던 선생님들로부터 받은 학생에 관한 자료, 그리고 자신들이 겪어왔던 세 학생의 이야기로 웃음꽃을 피우며 학생들에 대한 역량을 정리했다.

그리고 서로 이야기를 주고받으며 특수교육대상학생들의 장애 특성과 선수 학습 정도를 고려하여 해당 학생에게 기대되는 수준의 평가 기준을 작성했다.

〈박 교사와 김 교사가 표로 정리한 특수교육대상학생들의 역량〉

	가인	서희	동현
가지고 있는 역량	• 감수성과 상상력이 풍부함 • 정해진 규칙을 잘 지킴 • 그림 그리는 활동을 좋아하며 대상의 특징을 잘 표현함	• 항상 상대방을 배려하려고 노력함 • 정해진 규칙을 지키려고 노력함 • 자신이 좋아하는 활동에 적극적으로 참여함	• 지시한 과제를 완수하려고 노력함 • 모르는 것을 숨기지 않고 질문함 • 신체적으로 힘과 체격이 좋음
필요한 역량	• 대화 중에 주제와 맞는 이야기로 대화에 참여할 필요가 있음 • 지시된 과제를 정확히 기억할 필요가 있음 • 정보기기 활용 방법을 학습할 필요가 있음	• 정보검색 방법에 대해 학습할 필요가 있음 • 자료를 집중해서 읽고, 내용이 기억나지 않더라도 끝까지 기억해 보려는 의지와 인내심이 필요함 • 학습 활동에 대한 자신감을 가지고 또박또박 말할 필요가 있음	• 화(angry)가 난 듯한 목소리를 줄이고 적당한 성량으로 말할 필요가 있음 • 상대방의 이야기를 끝까지 들을 필요가 있음 • 주의 집중력이 낮아 지시된 과제의 내용을 잘 듣고 정확히 기억할 필요가 있음

〈특수교육대상학생의 수정·조정된 평가 기준이 함께 제시된 평가 틀〉

<table>
<tr><th rowspan="2">관련 학습 목표</th><th rowspan="2">일반학생 평가 기준</th><th colspan="3">수정·조정된 평가 기준</th></tr>
<tr><th>가인</th><th>서희</th><th>동현</th></tr>
<tr><td>진로 1-1</td><td>광복 이후부터 현재까지 4·19 혁명, 5·18 민주화 운동, 6월 민주 항쟁 등과 관련하여 자유민주주의의 발전과정을 설명할 수 있다.</td><td colspan="2">광복 이후부터 현재까지 4·19 혁명, 5·18 민주화 운동, 6월 민주 항쟁 등과 관련하여 사건에 따라 인물을 분류하여 설명할 수 있다.</td><td>광복 이후부터 현재까지 4·19 혁명, 5·18 민주화 운동, 6월 민주 항쟁 등과 관련하여 사건을 인과관계에 따라 배열하고 인물을 분류하여 설명할 수 있다.</td></tr>
<tr><td rowspan="2">진로 1-2</td><td>일상생활의 경험과 관련지어 공연 장면을 선정하고 극본의 요소를 이해하여 극본을 작성할 수 있다.</td><td>주어진 장면에서의 등장인물과 인물의 대사를 상상하여 작성할 수 있다.</td><td colspan="2">극본의 요소(해설, 대사, 지문)를 구분하고, 주어진 장면에서의 등장인물과 인물의 대사를 상상하여 작성할 수 있다.</td></tr>
<tr><td>인물이 처한 상황과 시대적 배경을 이해하며 대본을 읽을 수 있다.</td><td>상대방의 대사를 잘 듣고 인물이 처한 상황을 고려하여 대사를 읽을 수 있다.</td><td>인물이 처한 상황을 고려하여, 자신의 대사가 잘 전달되도록 대사를 읽을 수 있다.</td><td>인물이 처한 상황을 고려하여 알맞은 목소리와 어조로 읽을 수 있다.</td></tr>
<tr><td>진로 1-3</td><td>지역 전승 음악의 특징을 알고, 주제에 맞는 노랫말이나 말 붙임새를 붙이고, 일부 가락을 바꾸어 악곡의 특징에 맞게 부를 수 있다.</td><td colspan="2">주제를 표현한 노랫말이나 말 붙임새를 제재곡에 붙여 부를 수 있다.</td><td>주제에 맞는 노랫말이나 말 붙임새를 붙여볼 수 있다.</td></tr>
</table>

관련 학습 목표	일반학생 평가 기준	수정·조정된 평가 기준		
		가인	서희	동현
진로 1-4	주제표현의 표현 요소와 창작과정을 이해하고, 주제에 맞는 기본 동작과 창의적인 동작을 만들어 표현할 수 있다.	주제에 맞는 기본 동작과 창의적인 동작을 만들어 표현할 수 있다.		
진로 1-5	프로젝트 활동 과정과 자신이 참여한 느낌을 포함하여 보고서를 작성할 수 있다.	프로젝트 활동 장면과 자신의 느낌을 그림으로 나타낼 수 있다.	프로젝트 활동 과정에서 자신의 역할과 느낌을 작성할 수 있다.	

계획한 모든 평가 기준에 대해서 통합학급교사인 김 교사와 특수교사인 박 교사는 많은 이야기를 나누었다. 학생들의 평가 기준을 작성하는 일은 학생들의 특성을 보다 심층적으로 고려해 고민해야 했다. 해당 평가 기준에 대해 '이 학생은 해낼 수 있을까?' 아니면 '어려울 것 같으니 어떻게 수정해야 할까?', '다른 방법으로 조금만 조정해 주면 평가 기준을 달성할 수 있을까?'와 같은 고민을 반복하면서 그렇더라도 일반학생들과 같은 활동을 하면서 특수교육대상학생들도 개별화된 성취를 할 수 있도록 적정 수준의 평가 기준을 작성하려고 노력했다. 학생 개인의 특성에 맞춰 각자 다른 평가 기준을 작성하려고 노력했음에도 불구하고 학생의 특성이나 가지고 있는 역량이 비슷한 경우에는 같은 활동에 참여하도록 작성했다.

뮤지컬공연 프로젝트 활동을 비롯하여 여러 프로젝트 활동에 대해 학습 목표별 평가 기준을 작성하는 일은 며칠간이나 계속되었다.

5) 학습 활동 계획하기

김 교사는 박 교사와 며칠간의 평가 기준 작성을 마치고 다시 혼자 교실 컴퓨터 앞에 앉았다. 다음 순서는 평가 기준에 맞춰 평가하기 위해 학생들이 어떤 활동을 할 것인가에 대한 학습 활동을 계획해야 한다. 프로젝트 학습의 경우 한 주제에 대해 많은 시간을 할애해서 문제를 해결해 가는 활동을 진행하기 때문에 로드맵과 같은 전체적인 계획이 필요하다. 김 교사는 먼저 일반학생들이 평가 기준에 도달하기 위한 학습 활동을 계획해 나갔다. 이때 국가수준 성취기준이 다시 고려되었고, 학생들에게 기대되는 성취수준인 프로젝트 학습 목표와 일관성도 다시 한 번 확인했다. 김 교사가 일반학생에 대한 계획이 정리될 무렵 다시 박 교사를 찾아갔다.

"박 선생님! 우리 지난번까지 평가 기준 함께 고민했잖아요. 이제 평가 기준에 따라 활동 계획을 세워야 하는데요. 일반학생의 활동 계획은 제가 마무리를 했어요. 특수교육대상학생들 활동 계획은 함께 고민해 볼 수 있을까요?"

"좋아요. 안 그래도 왜 며칠 안 오시나 했어요. 하하하."

"제가 너무 귀찮게 해드리나요?"

"아니에요. 당연히 함께 해야 할 일인걸요."

김 교사와 박 교사는 일반학생의 교수·학습 활동을 기초로 하여 특수교육대상학생들의 교수학습 활동을 계획해 나갔다.

〈김 교사와 박 교사가 작성한 '뮤지컬 만들어 공연하기' 수업의 주요 교수·학습 활동 계획〉

순서	주요 교수·학습 활동				시기
	일반학생	가인	서희	동현	
자료 수집 (광복 이후 자유민주주의 정치발전과정 알아보기)	자료(교과서, 단행본, 영상자료)를 찾아 읽기	자료(교과서, 영상자료)를 읽고 중요 단어나 어구 찾기**(단행본 제외)**			4~5월
	주요 사건의 인과관계를 고려하여 내용을 조사하기	**사건별로 단어를 분류**하여 사건별로 그림 그리기	중요 **단어를 카드로** 만들고 사건별로 **분류**하기		
	보고서를 작성하여 발표하기	**그림 발표하기**	**분류한 이유** 설명하기	사건이 일어난 **순서대로 발표**하기	

순서	주요 교수·학습 활동				시기
	일반학생	가인	서희	동현	
극본 제작 (공연 장면 선정 및 대본 작성하기)	주제에 맞는 일상의 경험 발표하기				5~6월
	공연 장면 선정을 위한 토의하기	공연 장면 선정을 위한 토의에서 **자기 생각** 말하기			
	예시 극본을 읽고 극본의 요소 이해하기	예시 극본 **읽어보기**	예시 극본 읽고, **극본의 요소 찾아 구분하기**		
	극본의 요소를 고려하여 극본 작성하기	주어진 장면에서 **대사**를 생각해서 작성하기			
극본 읽기 (극본의 요소를 이해하며 극본 읽기)	인물이 처한 상황과 시대적 배경을 이해하며 표현하기	**상대방의 대사를 잘 듣고** 인물이 처한 상황을 고려하여 대사를 읽기	인물이 처한 상황을 고려하여, 자신의 **대사가 잘 전달될 수 있도록** 대사를 읽기	인물이 처한 상황을 고려하여 **알맞은 목소리와 어조로 읽기**	6월
음악 제작 (다양한 음악 탐색 및 공연 음악 만들기)	지역 전승 음악을 찾고 악곡 이해하기	지역 전승 음악 **체험**하기			7월
	제재곡에 주제에 맞는 노랫말이나 말 붙임새 붙이기	주제에 맞는 노랫말을 **상상하여 발표**하기			
	바른 자세로 노래 부르기			다른 사람의 노래를 듣고 **알맞은 성량으로** 노래 부르기	

순서	주요 교수·학습 활동				시기
	일반학생	가인	서희	동현	
안무 제작 (공연 음악을 활용하여 주제표현 동작 만들기)	주제표현의 표현 요소와 창작 과정 알아보기	주제표현의 표현 요소와 창작과정 **체험하기**			8월
	주제에 맞는 기본 동작 만들기	주제에 맞는 동작 생각해서 **표현하기**			
	기본 동작을 수정하여 창의적인 동작으로 만들기				
	동작 연습하기	주제에 맞는 동작을 음악에 맞춰 **따라 하기**			
연습하기 및 공연하기	극본의 특징을 살려 공연 연습하기				9~10월
정리 활동 (프로젝트 활동 보고서 작성하기)	프로젝트 활동 과정과 자신이 참여한 느낌을 포함하여 보고서 쓰기	프로젝트 활동 과정에서 자신이 한 역할과 참여한 느낌을 **그림**으로 그리기	프로젝트 활동 과정에서 자신이 한 역할과 느낌을 **글로 쓰기**		11월

김 교사와 박 교사의 프로젝트 학습 계획도 막바지에 다다르고 있었다. 김 교사의 요청으로 얼떨결에 김 교사의 학급 프로젝트 학습 계획에 참여한 박 교사는 점점 이 계획들이 특수교육대상학생들과 함께 잘 진행될 수 있을지 의구심이 들었지만 흥미로운 표정으로 함께하고 있었다. 이제 활동 계획까지 수립한 상황에서 박 교사는 다시 궁금해졌다.

"김 선생님! 이제 다음 단계는 무엇인가요?"

"네, 이제 활동 계획을 다 세웠으니 시수 편성을 하면 될 것 같아요. 시수 편성을 해야 나중에 학교알리미에 공시될 교과 진도 계획을 작성할 수 있거든요."

"아! 그렇군요. 시수 편성은 어떻게 하게 되나요?"

"저는 활동별로 중심 성취기준의 교과 시수를 많이 참고해요. 예를 들면 [진로1-1] 활동은 사회과의 [6사05-01] 성취기준과 [6사05-02] 성취기준을 재구성한 활동인데요. 교과서 시수(교사용 지도서 기준)로는 7시간 편성되어 있거든요. 그럼 첫 번째 '자료 수집' 활동은 사회 교과에서 7시간을 편성할 수 있죠. 물론, 이 시간 편성은 시수를 편성하는 선생님마다 활동의 예상 소요 시간, 학생들의 학습역량 등을 고려하여 다르게 편성될 수도 있고요."

박 교사는 고개를 끄덕이다 궁금한 표정으로 다시 물었다.

"김 선생님! 그러면 국어과처럼 한 성취기준의 교과서 편성 시수를 정확히 산정하기 어려운 활동은 어떻게 편성하실 생각이신가요?"

"그런 경우에는 저는 해당 활동의 소요 시간이나 성취기준 수를 고려해 편성해요. 예를 들어 [진로1-2] 활동은 극본을 만들고, 만든 극본을 읽어보는 활동인데 세부 활동이 5개 정도 되고, [진로1-2]와 관련된 성취기준이 3개이므로 성취기준 1개당 2차시 정도 소요된다고 생각했을 때 국어과에서 6시간 정도 편성하면 될 것 같아요. 물론 이렇게 편성하는 방법은 저만의 방법이니까 선생님께서도 참고하시고 더 좋은 방법이 있으시면 함께 이야기 나눠요."

김 교사와 박 교사는 김 교사의 노하우를 바탕으로 특수교육대상학생들의 학습 속도도 고려하면서 시수 편성까지 마무리했다.

〈김 교사와 박 교사가 작성한 학습 활동별 교과 시수 편성표(예시)〉

<table>
<tr><td rowspan="7">학습
활동별
시수 편성</td><td>구분</td><td>1학기</td><td>2학기</td></tr>
<tr><td>진로1-1</td><td>사회7</td><td></td></tr>
<tr><td>진로1-2</td><td>국어6</td><td>국어3(연습), 국어1(발표회)</td></tr>
<tr><td>진로1-3</td><td>음악6</td><td></td></tr>
<tr><td>진로1-4</td><td>체육4</td><td>체육2(연습), 음악1(연습)</td></tr>
<tr><td>진로1-5</td><td></td><td>음악1</td></tr>
<tr><td>계</td><td colspan="2">총 31시간(국어10, 사회7, 체육6, 음악8)</td></tr>
</table>

김 교사 학급의 프로젝트 학습 계획이 마무리되었다. 김 교사와 박 교사는 이 계획을 작성하면서 일반학생들과 특수교육대상학생들이 일 년 동안 어떤 활동을 함께 하게 될지 충분히 의견을 나누었고 서로 공감했다. 김 교사는 프로젝트 학습 계획을 마무리하고, 한 부 더 출력하여 박 교사의 교실로 향했다.

"박 선생님! 우리가 같이 계획했던 프로젝트 학습 계획을 한 부 출력해서 가져왔어요. 정말 고생 많으셨어요."

"아니에요. 김 선생님께서 더 고생 많으셨죠. 그래도 함께 계획을 세우다 보니 통합학급에서 어떤 활동들을 계획하고 있는지 저도 더 잘 알게 되었고, 제가 특수교육대상학생들을 어떻게 지도할지 계획 세우는 데도 많은 도움을 받았습니다. 이제 3월에 개학하고 학생들 만나고 나면 개별화교육지원팀 회의를 하게 될 텐데 그때 모두 함께 이야기를 나누면 더 좋은 아이디어들이 나올 거예요. 그때까지 저도 고민을 더 많이 해봐야겠어요."

"네, 저도 그래야죠. 그런데…."

김 교사가 잠시 머뭇거리더니 말을 멈췄다. 잠시 정적이 흐르고 다시 김 교사가 결심한 듯 말을 이어나갔다.

"박 선생님, 저는 몇 년간 특수교육대상학생들을 지도하면서 대부분 국어, 수학 시간에 학생들이 특수학급으로 가서 수업에 참여하는 형식으로 학급을 운영했거든요. 그런데 그렇게 운영하다 보니까 제가 수업을 하는 사회나 과학과 같은 수업은 이해를 못 하거나 도움을 받지 못해 포기하고 의미 없는 시간을 보내는 경우가 있었어요. 또 반대로 국어와 수학 시간에는 통합학급 학생들과 다른 내용을 학습하니까 통합학급에서 국어, 수학 내용과 연계해 다른 교과 수업을 진행할 때 특수교육대상학생들이 더 어려워하기도 했고요. 그래서 생각을 좀 해봤는데 우리가 계획한 프로젝트 수업을 진행할 때 특수교육대상학생들에게 좀 더 밀접한 도움이 필요하지 않을까요?"

"네, 선생님께서 어떤 점을 우려하시는지 조금은 알 것 같아요."

"제가 지도해 본 특수교육대상학생들의 경우에는 과제를 이해하는 데 어려움을 겪는 학생도 있었고, 과제를 수행하기 위해서 선수 지식이 필요한데 그 선수 지식이 부족해서 프로젝트 활동에 바로 참여하기 어려운 학생도 있었거든요. 그래서 통합학급교사인 제가 여러 수준으로 수업을 준비한다고 하더라도 막상 수업을 진행하다 보면 일반학생들도 지도해야 하고, 특수교육대상학생들도 지도해야 해서 둘 다 내실 있는 지도가 안 되는 경우가 생기더라고요."

"맞아요. 이런 부분이 통합수업에 어려운 부분이죠. 그렇다면 선생님께서는 특수학급에서 어떤 부분을 지원해 주었으면 하시나요?"

"저희가 작년에 공부했던 대로 프로젝트 학습을 함께 진행하면 어떨까 생각해 보았어요. 선생님께서 괜찮으시다면 수업 시수는 차차 조율해 나가면 될 것 같고요."

"네, 선생님의 의견에 저도 공감해요. 저도 특수교육대상학생들이 통합학급에서 있었던 일을 항상 학생들이나 통합학급 선생님에게 전해 듣기만 하니깐 특수학급에서도 학생들을 지도하는 데 조금 어려움이 있었어요. 그래서 작년에 함께 통합수업을 주제로 공부할 때도 이 부분을 말씀드렸고요. 긍정적으로 생각해 볼게요. 그런데 이 내용은 개별화교육지원팀 회의 때 한 번 더 이야기해 보고 결정하면 좋을 것 같아요."

김 교사와 박 교사는 서로 수업에 대한 공감이 이루어지자 옅은 미소를 지었다. 그렇게 밝아진 얼굴처럼 창밖에는 하얀 눈이 쌓여 있었다.

6) 개별화교육지원팀 협의하기

이윽고 김 교사와 박 교사의 교실에도 3월은 다가왔다. 학생들의 왁자지껄한 웃음소리로 학교가 다시 꿈틀거리기 시작했다. 새로운 학생들과 새로운 수업은 매년 겪는 일이지만 김 교사 그리고 박 교사에게도 항상 새로운 일이었다. 아침부터 오후 수업이 끝날 때까지 매우 바쁜 시간이 흘러가고 있었다. 며칠이 지나고 박 교사로부터 내선 전화가 걸려 왔다.

"김 선생님! 내일 개별화교육지원팀 회의 있는 것 아시죠? 시간은 수업 끝나고 3시 30분부터 특수학급에서 진행할 예정이고요. 서희, 동현이, 가인이 부모님께서도 모두 참석하기로 하셨어요. 선생님께서도 참석하셔서 학급교육과정과 학급경영에 관한 내용을 공유해 주시면 좋을 것 같아요."

"네, 알겠습니다. 준비하도록 할게요."

다음 날, 오후 수업이 모두 끝나고 김 교사는 서둘러 특수학급으로 내려갔다. 박 교사는 개별화교육지원팀 회의를 준비하고 있었고 먼저 내려온 김 교사를 반갑게 맞아주었다.

"김 선생님! 여기 앉으세요. 조금 있으면 서희 어머님께서 먼저 오실 거예요."

"네, 박 선생님! 그런데 제가 2월에 말씀드렸던 이야기 생각해 보셨어요? 함께 수업해 보면 어떨까 했던…."

"안 그래도 생각해 보았는데요. 김 선생님께서도 프로젝트 학습을 학급 중심활동으로 운영하신다고 하시고, 저도 그 프로젝트 활동을 계획하는 데 함께 했잖아요. 그래서 특수교육대상학생들이 프로젝트 활동에 잘 참여할 수 있도록 같이 수업을 진행해도 좋을 것 같아요. 그런데 시간을 어떻게 배정해야 할지 모르겠어요. 아시다시피 5학년인 홍민이와 장한이도 특수학급에서 공부하거든요."

"그렇죠. 그 부분에 대해서 지난번에 우려하시는 것 같아서 제가 고민을 해보았는데요. 제가 시간표를 작성할 때 프로젝트 학습을 하는 요일을 정해서 운영하면 박 선생님께서 다른 학년과 시간 운영하실 때 어려움을 덜어드릴 수 있을 것 같아요."

"그렇게 하면 되겠네요. 그러면 교과 지도는 어떻게 하면 좋을까요?"

"다른 교과는 프로젝트 학습 지도할 때 함께 하면 될 것 같은데, 사실 수학 같은 경우는 고민이 돼요. 개학하자마자 진단평가를 시행했는데 수학과의 경우에는 일반학생끼리도 수준 차이가 크게 나서 전체활동 수업과 개별활동 중심 수업을 병행해야 할 것 같거든요."

김 교사는 작년 영어 수업 시간에 특수교육대상학생들과 함께 이야기했던 내용을 떠올리며 박 교사에게 조심스럽게 이야기를 꺼냈다.

"저희 반 서희가 친구들과 함께 활동하는 것을 많이 좋아하거든요. 작년 영어 시간에 저에게 친구들과 떨어져서 특수학급에 따로 내려가서 수업받는 것에 대한 고민을 이야기하더라고요. 서희가 특수학급에 가서 받는 수업 자체를 고민한다기보다 많은 친구들과 함께하고 싶어 하는 것 같았어요. 제 생각에도 통합수업의 취지에서 가능하면 학급 학생 전체가 함께 수업에 참여하는 것이 더 좋을 것 같다고 생각했고요. 그래서 말인데 저도 학급에서 학생들의 수학 교과 성취수준이 학생마다 차이가 너무 커서 수학 수업은 학생 개별활동으로 진행하려고 하는데, 이때 박 선생님도 함께하시면 어떨까요?"

박 교사가 밝은 얼굴도 대답했다.

"김 선생님께서 괜찮다고만 하시면 저도 함께하면 좋을 것 같아요. 김 선생님께서 수업하실 때 제가 한 번 더 가인이, 서희, 동현이가 이해할 수 있도록 학습 내용을 설명하거나 도와주면 정규 교육과정 안에서 개별화교육이 함께 될 수 있을 것 같거든요."

김 교사와 박 교사가 의기투합하는 상황에서 특수학급의 문이 여러 번 열렸다. 서희 어머니, 특수교육실무사, 교감 선생님까지 모두 정해진 자리에 앉았고 개별화교육지원팀 회의가 시작되었다.

박 교사로부터 특수학급 운영에 대한 여러 가지 안내 사항이 이야기되었고, 교감 선생님도 특수학급 운영에 대해 함께 의견을 모았다. 다음으로 김 교사는 학급교육과정에 대해 안내를 했고, 그중에서도 학생들의 장래 희망을 주제로 한 진로 프로젝트 학습을 진행할 예정이라는 이야기를 했다. 한참 회의가 진행되던 중에 서희 어머니가 이야기했다.

"박 선생님! 그런데 제가 학교 오기 전에 서희와 이야기를 좀 나누었거든요. 서희는 친구들과 떨어져서 특수학급에서 공부하는 것이 조금

불편하다고 하더라고요. 물론 가인이와 동현이가 함께 공부하기는 하지만 친구들이 많은 교실에서 공부하고 싶어 했어요."

박 교사도 이미 알고 있는 내용이어서 차분히 대답했다.

"네, 김 선생님께서도 저에게 서희 이야기를 하시더라고요. 그래서 통합학급 담임선생님인 김 선생님과 6학년 교실에서 함께 공부하는 방법에 관해서 이야기를 많이 나누었습니다. 그래도 서희에게는 특수교사인 제가 지도해야 할 부분이 있어서 통합학급에서만 공부할 수는 없는 상황이거든요. 그래서 김 선생님과 이야기 나눈 결과, 제가 6학년 교실에 올라가서 함께 수업을 진행해 볼까 하는데 어머님께서는 어떻게 생각하세요?"

"그렇게 되면 서희도 친구들과 공부하게 되고 박 선생님의 지도도 받을 수 있으니 더욱더 좋겠네요."

이 이야기를 들은 교감 선생님도 말문을 열었다.

"서희 어머님, 이렇게 수업하기 위해서는 두 선생님의 정말 큰 노력과 연구가 필요하거든요. 어머님께서도 선생님들을 믿고 지지해 주시면 서희에게 좋은 교육 활동이 될 것으로 생각합니다."

김 교사와 박 교사가 막연하게 꿈꾸고 계획했던 수업이 실현되도록 기틀이 마련되는 순간이었다. 서희를 위해서 특수교사, 통합학급 담임교사, 학부모가 서로를 지지하고 통합수업을 위해 공감하며 회의를 마쳤다. 이후 가인이와 동현이의 부모 또한 통합학급에서 프로젝트 수업을 함께 하는 것에 대해 긍정적으로 이야기했고 김 교사와 박 교사는 마침내 함께 수업하기로 했다.

7) 사전학습 고민하기: 수학과 개별화 수업

6학년의 프로젝트 학습이 시작되었다. 프로젝트를 수행하는 날은 매주 수요일과 금요일이었고, 그날은 박 교사가 6학년 1반 교실로 올라와서 김 교사의 앞자리에 앉았다. 통합수업을 하기 위한 6학년 1반 교실은 다른 교실과 조금 다른 점이 있었다. 보통 초등학교 교실에는 담임교사 책상이 한 개가 있는 반면에 김 교사의 교실에는 교사용 책상이 2개 있었다. 하나는 통합학급 담임교사인 김 교사의 책상이고, 또 다른 하나는 수요일과 금요일에 박 교사가 사용하는 책상이었다. 사실 별일 아니라고 생각할 수도 있겠지만 박 교사에게는 통합학급에서 자신의 공간이 있다는 것만으로도 소속감을 느끼게 했다.

특히, 박 교사의 책상은 개별화교육지원팀 회의 때 이야기했던 수학 수업에 유용하게 쓰였다. 김 교사가 개별화교육지원팀 회의 때 수학 수업을 함께 하면 좋겠다는 이야기를 꺼낸 것은 사실 프로젝트 학습을 계획할 때부터 고민해 왔던 것이었다.

〈김 교사가 작성한 진로체험 프로젝트 중 요리사·파티시에 되기 프로젝트 계획서〉

<table>
<tr><td>프로젝트명</td><td colspan="2">진로체험 프로젝트
(요리사·파티시에 되기)</td><td>시기</td><td>6~11월</td></tr>
<tr><td>연계 교과</td><td>수학, 실과, 미술</td><td>중심 학생</td><td colspan="2">○서희(요리사), ○○○(파티시에)</td></tr>
<tr><td>프로젝트 주제</td><td colspan="2">나만의 음식(케이크) 만들기</td><td>수업 형태</td><td>체험 중심</td></tr>
<tr><td>관련 성취기준</td><td colspan="4">[6수04-04] 비례식을 알고, 그 성질을 이해하며, 이를 활용하여 간단한 비례식을 풀 수 있다.
[6수04-05] 비례배분을 알고, 주어진 양을 비례배분 할 수 있다.
[6실02-09] 안전과 위생을 고려하여 식사를 선택하는 방법을 탐색하고 실생활에 적용한다.
[6실02-10] 밥을 이용한 한 그릇 음식을 위생적이고 안전하게 준비·조리하여 평가한다.
[6실05-08] 지속 가능한 미래 사회를 위한 친환경 농업의 역할과 중요성을 이해한다.
[6실05-09] 생활 속의 농업 체험을 통해 지속 가능한 생활을 이해하고 실천 방안을 제안한다.
[6미01-02] 대상이나 현상에서 시각적 특징을 발견할 수 있다.
[6미02-02] 다양한 발상 방법으로 아이디어를 발전시킬 수 있다.</td></tr>
<tr><td rowspan="3">성취기준과 학습 목표의 관계</td><td>진로3-1</td><td colspan="3">6실05-08 6실05-09</td></tr>
<tr><td>진로3-2</td><td colspan="3">6미01-02 6미02-02</td></tr>
<tr><td>진로3-3</td><td colspan="3">6수04-04 6수04-05 6실02-09 6실02-10</td></tr>
<tr><td>기대성취수준 학습 목표</td><td colspan="4">[진로3-1] 친환경 농업의 역할과 중요성을 알고 생활 속의 농업을 체험한다.
[진로3-2] 다양한 발상 방법으로 음식이나 케이크를 그리고 시각적 특징을 발견할 수 있다.
[진로3-3] 비례식과 비례배분을 통해 재료를 계량하여 음식을 만들 수 있다.</td></tr>
</table>

지난 2월에 김 교사가 프로젝트 학습을 설계하던 중이었다. 서희의 꿈이 요리사라는 것을 알고 '요리사 되기' 프로젝트를 하려고 요리사 카테고리를 만들어 성취기준을 분류하고 있었다. 성취기준을 분류하던 중에 관련된 수학 성취기준을 발견하고 프로젝트 수업에 포함할지 여부를 매우 고심했었다. 김 교사 학급의 학생들이 가장 공부하기 어려운 교과로 수학을 뽑은 탓에 김 교사는 수학교육에 대한 고민이 많았다. 그래서 김 교사는 수학 교과도 프로젝트 활동에서 함께 지도하면 학생들이 즐겁게 수업에 참여하면서 수학에 더 친숙해질 수 있을 것이라 기대하면서 프로젝트에 포함했다. 그리고 요리 활동을 하면서 함께 지도할 수 있는 수학 성취기준인 비례식과 비례배분에 관해 프로젝트 활동 중 지도하려고 계획했다. 가인이, 서희, 동현이가 비례식과 비례배분을 이해할 수 있을지 의문이었지만 여러 방면으로 고민하다 보면 방법이 찾아지리라 생각했었다.

그래서 비례식과 비례배분을 지도해야 하는 '요리사 되기' 프로젝트 시작 전까지 박 교사와 함께 수업을 진행하면서 실마리를 찾아보려고 했다. 개별화교육지원팀 회의가 끝난 후 김 교사는 박 교사와 수학 수업에 관한 이야기를 심도 있게 하려고 시간을 잡았다.

"박 선생님! 우리 수학 수업에 관한 이야기는 언제 나눌까요?"

"그러니까요. 개별화교육지원팀 회의에서 수학 수업도 함께 할 것이라 했는데 세부적인 이야기를 나눌 시간이 있어야 할 것 같아요. 빨리하는 것이 좋겠죠? 저는 내일 오후에 시간이 괜찮은데 김 선생님도 괜찮으세요?"

"네, 저도 괜찮습니다. 그럼 내일 오후에 수업 마치고 3시쯤 뵙죠."

다음 날이 되어 박 교사가 김 교사의 교실로 찾아왔다.

"김 선생님! 수학 수업은 어떻게 하면 좋을까요?"

"네, 제가 고민을 해보았어요. 국가수준 교육과정상 시간 배당 기준으로 보면 5·6학년군에 수학이 272시간인데 이것을 학년당 시간으로 하면 일 년에 136시간이거든요. 이 136시간을 연간 34주로 계산하면 주당 4시간이 돼요. 이 4시간을 2시간씩 나누어 수업을 진행하면 어떨까 싶은데요?"

박 교사는 김 교사가 신기한 듯한 표정으로 물었다.

"어떻게요?"

"4시간 중 2시간은 제가 모든 학생을 대상으로 6학년 교육과정에 맞는 수업을 진행하려고요. 그리고 남은 2시간은 일반학생들은 제가 수업을 하고, 특수교육대상학생들은 박 선생님께서 개별화 수업을 하는 시간으로 하면 어떨까요?"

박 교사는 한 번도 해본 적 없는 수업 시수 배분에 관해 이야기하는 김 교사에게 조심스럽게 이유를 물었다.

"김 선생님께서 그렇게 생각하신 이유를 여쭤봐도 될까요?"

"제가 생각했을 때 특수교육대상학생들도 일반교육과정에 있는 학습 내용으로 수업받을 기회를 줘야 한다고 생각하거든요. 물론 이해하기 어려울 수 있지만, 교사가 이해하기 어려울 것이라고 가정하고 6학년 내용으로 수업을 받을 상황 자체도 만들어주지 않는 것은 조금 생각해 봐야 할 문제라고 생각해요. 그래서 제가 수학 교육과정을 재구성해서 2시간은 모든 학생을 대상으로 수업을 해보려고 해요. 이때, 박 선생님께서 학생들이 어려워하거나 이해하지 못하는 부분이 있으면 도와주신다든지 아니면 동일 영역의 다른 수업을 소집단으로 만들어서 하셔도 좋을 것 같고요."

박 교사는 나머지 2시간에 대해서도 재차 물었다.

"그럼 나머지 2시간은요?"

"나머지 2시간은 박 선생님께서 특수교육대상학생들의 수준에 맞는 스테이션(station)을 개설하시고 저는 일반학생을 위한 스테이션을 개설해서 학생들이 각 스테이션에 가서 학습하는 활동으로 진행했으면 좋겠어요. 물론 특수교육대상학생들도 어떤 단원이나 주제에서는 일반학생들이 주(main)가 되는 스테이션에서 활동을 할 수도 있겠지요."

"아! 우리가 작년에 공부했던 스테이션 교수 방법과 비슷하네요."

"네, 거기서 아이디어를 빌려보았어요. 어떤가요?"

"학생들에게 의미 있는 수업이 될 것 같네요."

김 교사와 박 교사가 함께하는 이와 같은 수업 형태는 프로젝트 학습을 위한 사전 지식을 쌓아가는 프로젝트 사전활동의 의미가 있다. 일반학생이든 특수교육대상학생이든 비례식과 비례배분에 관한 프로젝트를 진행하기 위해 사전에 학습해야 할 내용이 있다. 물론 학습해야 하는 양의 차이는 있겠지만 프로젝트 학습을 위해 사전에 수업 안에서 학습해 나가는 방법은 같다. 그래서 박 교사의 넓은 책상은 수학 수업 때 스테이션으로 많이 활용되었다.

〈6학년 수학과 개별화 수업 진행 개요〉

	대안적 교수	변형 스테이션 교수[39]
시간	주당 2시간	주당 2시간
수업내용	6학년 교육과정 내 수업내용	학생 수준에 맞는 스테이션 구성
교사의 역할	일반교사가 전체 수업을 진행한 후 ① 일반교사는 일반학생을 대상으로 심화 수업을 제공 ② 특수교사는 특수교육대상학생을 대상으로 학생 수준을 고려한 보충 수업을 제공	일반교사와 특수교사 모둠을 나누어 한 교사씩 스테이션을 맡아 수업을 진행함 ① 기초연산(+, -, ×, ÷) 스테이션 ② 6학년 교육과정 학습 내용 연습 또는 심화 스테이션

39 변형 스테이션 교수는 협력 교수 방법 중에서 스테이션 교수를 변형한 형태로 기존 스테이션 교수에서는 한 수업내용을 병렬적으로 나누어 학습 스테이션을 구성하지만, 본서에서 제시한 변형 스테이션은 위계성이 강한 수학과를 예로 들어 학생 수준에 맞는 다양한 학습 내용을 스테이션으로 구성한다는 점에서 기존 스테이션 교수와 형태는 같으나 내용이 달라 '변형 스테이션 교수'로 따로 칭한다. 이와 같은 변형 스테이션 교수는 모든 수업 시간을 활용하기 어려운 대안적 교수와 달리 단위 차시 전체를 운영할 수 있고 한 학생이 각 스테이션을 자신의 수준에 맞게 선택할 수 있다는 점이 특징이다.

8) 활동 사례 나누기: 뮤지컬공연 수업

6학년의 진로체험 프로젝트 수업 중 가장 큰 규모의 프로젝트는 '뮤지컬공연 하기' 프로젝트이다. 이 프로젝트는 김 교사와 박 교사의 계획대로 순조롭게 시작되었다. 다양한 프로젝트 활동 중에서 대표적인 사례인 이 프로젝트 활동 수업을 단계별로 소개한다.

〈뮤지컬공연 교수·학습 활동(자료 수집 단계) 1/6〉

<table>
<tr><th rowspan="2">순서</th><th colspan="4">주요 교수·학습 활동</th><th rowspan="2">시기</th></tr>
<tr><th>일반학생</th><th>가인</th><th>서희</th><th>동현</th></tr>
<tr><td rowspan="3">자료 수집
(광복 이후 자유민주주의 정치발전과정 알아보기)</td><td>자료(교과서, 단행본, 영상자료)를 찾아 읽기</td><td colspan="3">자료(교과서, 영상자료)를 읽고 중요 단어나 어구 찾기(단행본 제외)</td><td rowspan="3">4~5월</td></tr>
<tr><td>주요 사건의 인과관계를 고려하여 내용을 조사하기</td><td>사건별로 단어를 분류하여 사건별로 그림 그리기</td><td colspan="2">중요 단어를 카드로 만들고 사건별로 분류하기</td></tr>
<tr><td>보고서를 작성하여 발표하기</td><td>그림 발표하기</td><td>분류한 이유 설명하기</td><td>사건이 일어난 순서대로 발표하기</td></tr>
</table>

'자료 수집' 단계의 수업은 세 가지 활동으로 진행되었다. 먼저 수업 시간에 학생에게 민주화 운동 각 사건에 대한 영상자료를 보여주었다. 그리고 영상자료에 관한 이야기를 친구들과 충분히 나눈 후, 일반학생들은 교과서에서 스스로 내용을 정리하거나 추가 자료를 찾기 위해 컴퓨터실과 도서관으로 이동하여 김 교사와 함께 수업을 진행했다. 가인,

서희, 동현이도 박 교사와 함께 도서관으로 이동했다. 그리고는 박 교사가 사회 교과서를 펴고 광복 이후 자유민주주의 발전과정이 설명된 부분을 세 학생과 함께 읽기 시작했다. 학생들은 박 교사와 함께 사회 교과서를 소리 내어 읽으면서 박 교사의 도움을 받아 중요한 단어나 어구에 표시했다.

교과서를 활용한 자료 탐색을 마친 세 학생은 빈(空) 카드에 펜으로 중요 단어를 옮겨 적었다. 카드를 만든 후 섞어서 서희와 동현이는 분류하는 활동을 하고, 그림을 잘 그리는 가인이는 분류된 카드를 보고 사건별로 장면을 상상하여 그리는 활동을 했다.

가인, 서희, 동현이는 박 교사와 카드를 활용한 활동을 마친 후 친구들과 모두 교실에 다시 모였다. 친구들이 작성한 보고서를 발표하는 동안 가인이는 자신이 그린 그림을, 서희와 동현이는 카드를 가지고 활동 주제인 광복 이후 자유민주주의 정치발전과정을 설명했다. 자료 수집 활동을 모두 마친 후에는 세 학생이 만든 중요 단어 카드를 가지고 일반학생들도 사건이 일어난 순서대로 맞추어보았다. 그때 머뭇거리는 일반학생을 밀치며 동현이가 카드를 맞춰주고는 우쭐해 하는 모습도 볼 수 있었다.

〈뮤지컬공연 교수·학습 활동(극본 제작 단계) 2/6〉

순서	주요 교수·학습 활동				시기
	일반학생	가인	서희	동현	
극본 제작 (공연 장면 선정 및 대본 작성하기)	주제에 맞는 일상의 경험 발표하기				5~6월
	공연 장면 선정을 위한 토의하기	공연 장면 선정을 위한 토의에서 **자기 생각** 말하기			
	예시 극본을 읽고 극본의 요소 이해하기	예시 극본 **읽어**보기	예시 극본 읽고, **극본의 요소 찾아 구분**하기		
	극본의 요소를 고려하여 극본 작성하기	주어진 장면에서 **대사**를 생각해서 작성하기			

‘극본 제작’ 단계에서는 모든 학생이 민주 생활에 대한 일상의 경험을 발표하는 활동으로 시작했다. 박 교사는 세 학생에게 지난 자료 수집 단계에서 배운 내용을 상기하며 민주주의의 의미와 민주적이지 못했던 일상의 예를 들어주며 발표할 수 있도록 도왔다. 이후에 자료 수집했던 내용을 바탕으로 공연을 하기 위한 장면을 선정하는 토의 활동을 진행했고, 그 토의에서 세 학생은 이전에 시청했던 영상자료나 교과서의 장면들을 생각하면서 인상 깊었던 내용을 중심으로 자기 생각을 발표했다.

학생들은 토의를 마치고 본격적으로 극본을 쓸 준비를 하기 시작했다. 김 교사는 국어 교과서에 수록된 ‘샬롯의 거미줄’ 극본을 학생들과 함께 읽으며 극본의 요소를 찾는 활동을 진행했다. 극본의 요소를 찾아 학습한 학생들은 장면을 나누어 극본을 작성하기 시작했다. 가인, 서희, 동현이도 자신이 극본을 적어야 할 장면의 간단한 내용을 학습지에 메모했다. 그리고서 교실에 있는 노트북을 활용해 극본을 작성해보라는 김 교사의 학습 활동 시작 구호에 동현이는 계속 김 교사에게 질문을 했고, 서희와 가인이는 눈만 끔뻑거리고 있었다.

이 상황에서 김 교사는 동현이 옆으로 자리를 옮겼고, 박 교사는 서희와 가인이를 불러 모았다. 두 교사는 학생들이 자신이 맡은 장면을 이해하지 못한 것으로 생각하고 장면 이해를 위한 개별활동을 시작했다.

동현이 옆으로 간 김 교사가 동현이에게 물었다.

"동현아! 동현이는 무슨 장면의 극본을 쓰기로 했어?"

"뭐, 애들이 박정희…. 김재규…. 이러던데요? 저보고 어떻게 하라는 말이에요?"

동현이는 조금 화가 나 있었다. 친구들끼리 장면을 정할 때 자신의 말을 친구들이 잘 들어주지 않았다고 생각하는 모양이다. 그래서 김 교사는 동현이를 진정시켜 학습에 참여할 수 있도록 심호흡을 하게 했다.

"동현아! 숨 한번 크게 쉬어봐. 그리고 선생님이 도와줄게. 동현이가 써야 하는 장면은…."

김 교사의 말을 끊으며 동현이가 재차 질문했다.

"선생님! 그러니까요. 극본을 써야 하잖아요. 그러니깐 어떻게 쓰라는 거냐고요."

김 교사도 심호흡을 한번 하고 동현이에게 다시 이야기를 시작했다.

"동현아! 선생님 말을 좀 들어볼까? 선생님이 동현이 도와주려고 하는 거잖아."

"아니 그런데요. 선생님! 아까 수환이가 옆에서 저한테 돼지라고 한 것 같았어요."

김 교사는 동현이에게 최후의 수단을 꺼내 들었다.

“동현아! 지금 선생님이 네가 해야 할 활동을 설명해 줄 거야. 선생님의 말을 잘 들어보고 활동을 다 마치면 선생님이 너한테 특별한 상을 줄 거야! 알았지?”

그제야 동현이는 김 교사의 말을 듣기 시작했다.

“동현이가 학습지에 박정희, 김재규를 적어놓은 이유가 뭘까?”

“선생님께서 아까 적으라고 하셨잖아요.”

“그렇지. 동현이가 극본으로 적어야 할 부분은 이 두 사람이 나오는 부분이야. 이 두 사람은 무슨 관련이 있을까? 우리 사회시간에 배웠지?”

“네, 김재규가 박정희 총으로 쐈잖아요.”

“그러면 우리가 극본으로 쓸 때는 둘이 어떤 말을 했을까? 또 그 방안에서 어떤 소리가 났을까? 이런 걸 한번 학습지에 적어볼까?”

이제야 동현이도 무엇을 해야 하는지 알았다는 듯 고개를 끄덕이며 연필을 들었고, 김 교사는 일반학생들의 학습 상황을 돌아보기 위해 자리를 떠났다.

교실 반대편 박 교사의 모둠에서도 비슷한 개별수업이 이루어졌다. 박 교사는 두 학생에게 자신이 맡은 상황을 다시 한 번 설명하고 그 상황에서 인물들이 어떤 이야기를 했을지 생각해 보게 한 후 학습지에 적도록 했다.

그 사이 일반학생들은 교실에 있는 노트북으로 맡은 부분의 극본을 적었고 발표를 시작했다. 일반학생들이 발표가 끝나자 동현, 가인, 서희가 자신이 맡은 상황을 설명하고 자신이 생각해서 적은 인물들의 대사를 발표했다. 이때 동현이의 뒷부분을 맡은 수환이가 동현이의 발표를 듣고 동현이의 발표내용을 자신의 극본 앞부분에 붙여 적었다. 컴퓨터를 사용하여 전체 극본에 자신의 내용을 추가하기 어려운 동현이를 대신해 수환이가 도와준 것이다. 가인이의 발표내용은 인결이가, 서희 내용은 이수가 자신의 극본에 추가해 전체 극본이 마무리되었다.

〈뮤지컬공연 교수·학습 활동(극본 읽기 단계) 3/6〉

순서	주요 교수·학습 활동				시기
	일반학생	가인	서희	동현	
극본 읽기 (극본의 요소를 이해하며 극본 읽기)	인물이 처한 상황과 시대적 배경을 이해하며 표현하기	**상대방의 대사를 잘 듣고** 인물이 처한 상황을 고려하여 대사를 읽기	인물이 처한 상황을 고려하여, 자신의 **대사가 잘 전달될 수 있도록** 대사를 읽기	인물이 처한 상황을 고려하여 **알맞은 목소리와 어조**로 읽기	6월

극본 제작이 마무리되자 학생들은 인쇄한 극본을 나누어 갖고, 모든 학생을 대상으로 박 교사가 '극본 읽기' 활동 수업을 시작했다. 이 활동은 극본의 초고가 완성된 후 첫 극본 읽기 활동으로 극본의 내용을 파악하는 활동이 중심이 되었다. 그렇기에 박 교사가 수업을 진행하고, 김 교사는 일반학생들에게 극본을 읽을 때 인물이 처한 시대적 상황까지 고려하여 대본을 읽을 수 있도록 함께 지도했다. 박 교사는 수업 내내 학생들이 극본의 내용을 파악하는 데 주안점을 두어 수업을 진행했다. 이는 학생들이 극본을 만들어 실연하는 뮤지컬의 내용이 사회과 성취 기준을 달성하는 데 필요한 학습 내용이었기 때문이었다. 뮤지컬의 내용을 이해하고 뮤지컬 내용에 관해 설명할 수 있다면 특수교육대상학생들도 평가 기준을 달성할 수 있기 때문이었다. 박 교사가 수업을 진행하면서 특수교육대상학생을 포함하여 모든 학생이 달성해야 하는 내용

파악에 중점을 두었다면, 김 교사는 함께 수업에 참여하면서 일반학생에게 인물의 처지와 시대적 상황에 맞게 극본을 읽는 심화된 과제를 추가로 제공하며 지도했다.

다음 극본 읽기 수업은 김 교사가 모든 학생을 대상으로 인물이 처한 상황을 고려하면서 장면을 실감 나게 표현할 수 있도록 극본 읽기를 지도했다. 지난 시간의 극본에 나타난 내용 이해를 바탕으로 시대적 상황을 공감하고 극본의 인물들을 선택해서 인물의 처지를 생각하면서 극본을 다시 읽어보았다. 이때 박 교사는 감수성이 풍부한 가인이에게 인물이 처한 상황을 생각하면서 대사를 읽도록 하고, 자신감이 없어 목소리가 작은 서희에게는 큰 소리로 또박또박 대사를 읽도록 지도했다. 마지막으로 항상 화가 많이 나 있고 큰 소리로 말하는 동현이에게는 다른 친구들과 비슷한 목소리 크기와 인물이 처한 상황에 맞는 어조로 읽을 수 있도록 지도했다.

〈뮤지컬공연 교수·학습 활동(음악 제작 단계) 4/6〉

<table>
<tr><th rowspan="2">순서</th><th colspan="4">주요 교수·학습 활동</th><th rowspan="2">시기</th></tr>
<tr><th>일반학생</th><th>가인</th><th>서희</th><th>동현</th></tr>
<tr><td rowspan="3">음악 제작
(다양한 음악 탐색 및 공연 음악 만들기)</td><td>지역 전승 음악을 찾고 악곡 이해하기</td><td colspan="3">지역 전승 음악 체험하기</td><td rowspan="3">7월</td></tr>
<tr><td>제재곡에 주제에 맞는 노랫말이나 말 붙임새 붙이기</td><td colspan="3">주제에 맞는 노랫말을 상상하여 발표하기</td></tr>
<tr><td colspan="3">바른 자세로 노래 부르기</td><td>다른 사람의 노래를 듣고 알맞은 성량으로 노래 부르기</td></tr>
</table>

극본이 완성되어 극본 읽기가 계속 지도됨에 따라 뮤지컬 속에 삽입될 음악을 만드는 활동도 시작되었다. 먼저 지역 전승 음악을 학생들이 인터넷이나 자료를 통해 찾았고, 그중 〈거문도 뱃노래〉를 통해 굿거리 장단, 육자배기토리의 특징과 시김새, 지역 전승 음악의 특징들을 지도했다. 이때 가인, 서희, 동현이도 함께 노래를 부르고 장단을 연주해 보며 지역 전승 음악들을 체험했다.

제재곡에 익숙해질 무렵 극본의 주제에 맞는 노랫말을 붙이는 활동을 했다. 이 활동에서는 가인, 서희, 동현이가 극본의 주제를 파악하고 있었고 어떤 활동을 하는지 정확하게 이해하고 있었기에 일반학생들과 함께 박 교사팀, 김 교사팀으로 나누어 진행했다. 일반학생 몇 명과 가인, 서희는 박 교사팀이 되었고, 또 다른 일반학생 몇 명과 동현이는 김 교사팀이 되었다. 팀이 된 학생들은 서로의 의견을 물으며 주제에 맞는 노랫말을 만들어나갔고 각 팀에서 세 학생의 의견도 많이 반영되어 노랫말이 완성되었다. 김 교사는 특히 박자와 음정 맞추기 어려워하는 동현이를 위해서 원곡을 계속 들려주며 따라 할 수 있도록 지도했고, 그 사이 일반학생들에게는 노랫말과 장단에 어울리는 말 붙임새로 바꾸어 부르는 활동도 진행했다.

모든 학생이 새로운 노랫말과 말 붙임새에 적응했을 때 김 교사와 박 교사는 모든 학생과 함께 바른 자세로 노래 부르기 지도를 했다. 이때 박 교사는 친구들의 목소리와 조화되지 않을 만큼 필요 이상으로 목소리를 크게 내는 동현이 옆에 서서 친구들의 노랫소리를 들으며 함께 부를 수 있도록 지도했다.

〈뮤지컬공연 교수·학습 활동(안무 제작 단계) 5/6〉

순서	주요 교수·학습 활동				시기
	일반학생	가인	서희	동현	
안무 제작 (공연 음악을 활용하여 주제표현 동작 만들기)	주제표현의 표현 요소와 창작과정 알아보기	주제표현의 표현 요소와 창작과정 **체험**하기			
	주제에 맞는 기본 동작 만들기	주제에 맞는 동작 생각해서 **표현하기**			8월
	기본 동작을 수정하여 창의적인 동작으로 만들기				
	동작 연습하기	주제에 맞는 동작을 음악에 맞춰 **따라 하기**			

'안무 제작' 단계에서는 모든 학생이 함께 음악을 듣고 안무를 만드는 활동을 진행했다. 먼저 주제표현의 창작과정을 주제로 전체 학생들과 함께 수업을 진행했다. 김 교사와 박 교사는 삽입 음악에 따라 각각 스테이션을 만들어놓고 학생들을 두 모둠으로 나누었다. 각 스테이션에서는 서로 다른 표현 요소(신체 인식, 공간 인식, 노력, 관계 등)를 지도하고 서로 다른 음악을 활용해서 기본 동작과 창의적인 동작을 만드는 활동을 진행했다. 가인, 서희, 동현이는 각 모둠에 속해서 일반학생들과 함께 수업에 참여했고, 창의적인 동작을 만들기 어려운 경우에는 친구들의 동작을 따라 하면서 수업에 참여했다. 학생들이 한 스테이션에서 수업을 마친 후에는 다른 스테이션으로 옮겨서 이전에 참여했던 학생들이 만들어놓은 동작을 연습하며 뮤지컬에 삽입된 두 곡의 동작을 모두 표현할 수 있었다. 이후에도 김 교사, 박 교사, 그리고 일반학생들은 가인, 서희, 동현이의 동작 표현을 도우며 틈날 때마다 연습했다.

〈뮤지컬공연 교수·학습 활동(연습·공연 및 정리 단계) 6/6〉

순서	주요 교수·학습 활동				시기
	일반학생	가인	서희	동현	
연습하기 및 공연하기	극본의 특징을 살려 공연 연습하기				9~10월
정리 활동 (프로젝트 활동 보고서 작성하기)	프로젝트 활동 과정과 자신이 참여한 느낌을 포함하여 보고서 쓰기	프로젝트 활동 과정에서 자신이 한 역할과 참여한 느낌을 **그림**으로 그리기	프로젝트 활동 과정에서 자신이 한 역할과 느낌을 **글로 쓰기**		11월

극본, 음악, 안무가 완성되면서 학생들은 뮤지컬공연 연습에 매진했다. 모든 학생이 자신의 배역에 대해 자부심을 느끼고 열심히 했다. 때로는 연습하다가 특수교육대상학생들이 대사나 흐름을 잊어버리면 일반학생인 혜영, 보아, 강일이가 각각 가인, 서희, 동현이의 짝이 되어 친절하게 다시 알려주곤 했다. 특히, 처음 배역을 정할 때, 일인 다역을 해야 하는 배역이 가인이에게 배정되었다. 모두 걱정했지만 혜영이의 도움으로 연습을 거듭하면 할수록 가인이도 배역이 바뀌는 것에 적응하며 배역에 맞춰 잘 표현했다.

드디어 공연 당일이 되었다. 거의 일 년 동안의 노력을 학교 후배들과 다른 선생님들, 무엇보다도 부모님들에게 선보이는 시간이 다가오고 있었다. 학생들은 한껏 긴장한 모습이었지만 자신들이 처음부터 만들어내고 연습해 왔던 이 작품에 대해서 나름 크게 기대하고 있었고, 많은 연습으로 자신감도 묻어났다.

무대에 들어서기 전 동현이가 갑자기 말문을 열었다.

"아! 떨린다!"

그 말을 들은 박 교사는 동현이의 손을 지그시 잡으며 말했다.

"동현아! 열심히 연습했으니까 잘 될 거야. 하던 대로 즐겁게 해!"

이 말을 들은 김 교사도 다른 친구들의 손을 잡으며 웃어 보이자 모든 친구가 미소를 지었다.

공연은 시작되었고, 결과는 대성공이었다. 일 년 동안 교실에서 공부한 내용이 망라된 이 프로젝트에 관객들은 큰 환호성으로 대답했다. 학생들은 불가능할 것 같았던 일이 실현된 듯 한껏 상기되어서 무대를 내려왔다.

다음 날이 되었다. 김 교사는 '뮤지컬공연 프로젝트'의 정리 활동을 시작했다. 학생들은 친구들과 6학년 프로젝트 학습의 최장기 과제였던 이 프로젝트를 다른 어떤 프로젝트보다도 소중하게 생각하는 것 같았다. 다른 프로젝트의 정리 활동 때와 달리 학생들이 프로젝트 활동에 대한 후기를 적극적으로 표현하고 있었기 때문이다. 일반학생들은 프로젝트 학습의 과정과 학습 요소들을 포함하여 보고서를 작성했다. 그러나 가인, 서희, 동현이는 보고서 작성을 어려워해 활동 과정에서 자신이 한 역할을 중심으로 느낌을 생각해 보도록 하고 가인이는 그림으로, 서희와 동현이는 무슨 일을 했는지 설명하는 글 형태로 보고서를 대신했다.

6학년의 프로젝트 학습은 뮤지컬공연이 아니고도 많은 활동이 있었다. 화가가 되고 싶은 가인이를 위한 '화가 되기 프로젝트', 시장 상인이 되고 싶어 한 동현이를 위한 '경영인 되기 프로젝트', 요리사가 되고 싶어 한 서희를 위한 '요리사 되기 프로젝트'를 포함해 학생들의 장래 희망을 모두 친구들과 함께 도전했다.

이렇게 다양한 프로젝트 활동으로 가인, 서희, 동현이는 친구들과 함께 교실에서 자신이 조금 노력하면 달성할 수 있는 과제들을 해결해 나가며 프로젝트마다 자신의 역할을 가지고 열심히 참여했다. 또 일반학생들도 세 친구를 보면서 도와주어야만 하는 친구가 아니라 '자신의 역할을 하는 친구'라는 생각을 하게 되었다. 이렇게 우리는 하나가 되었고, 모든 학생이 즐겁게 공부하며 한 해를 보냈다.

* * *

이 책을 집필하면서 세 교사는 정말 많은 이야기를 나누었다. 그리고 공통으로 느낀 점은 통합수업이라는 것이 비단 특수교육대상학생만을 위한 수업이 아니라는 것이다. 물론 이 책은 특수교육대상학생을 중심으로, 그리고 통합수업에 대해 어려워하는 교사들을 위해 쓴 책이다.

사람은 모두 다르다. 성격, 외모, 습관 등 모든 것이 똑같은 사람은 존재하지 않는다. 결국, 학생들은 모두 다 다르다는 것이다. 특수교육대상학생들도 그저 다름의 한 부분을 가지고 있는 학생들일 뿐이다. 이 책에서 세 교사는 특수교육대상학생들의 특성을 파악하고, 특성을 고려하여 수업을 진행하고자 했지만, 결국 다름의 측면에서 보면 특수교육대상학생이 없는 교실에서도 이 통합수업은 진행되어야 한다. 통합수업도 교사들이 진행하는 수업의 일부이기 때문이다.

특수교육대상학생들을 고려한 통합수업이 조금 더 힘든 이유는 일반교사와 특수교사가 끊임없이 소통하고 협력하며 만들어가야 하기 때문이다. 학생들에게 필요한 점을 이야기하고, 그것을 수업에 적용하고, 학생들의 발전상황을 점검하며 다시 새로운 도전을 찾게 하는 것, 그것이 통합수업이기 때문이다. 중요한 것은 모두가 조화롭게 어우러지는 수업, 이것이 통합수업이 지향해야 할 필수요소이다.

모든 교사가 학생들을 위해서 노력할 준비가 되어 있다. 하지만 방법을 잘 몰라서 통합수업을 실행하지 못하는 교사들을 많이 보았고, 필자들 또한 그러했다. 이 책을 통해 많은 교사가 통합수업과 관련된 이론이나 방법에 대해 조금이나마 알게 되고, 이를 수업에 적용할 수 있는 하나의 소금과 같은 역할을 하게 된다면 더없이 기쁘겠지만, 그전에 무엇보다도 통합수업에 관한 관심이 깊어지길 바란다. 일반교사와 특수교사가 통합수업을 위해 서로 소통하고 함께 고민한다면, 모든 학생이 참여하는 수업을 설계하는 데 많은 도움이 될 것이다. 더 나아가 특수교육대상학생이 없는 일반학급에서도 다양한 학생들의 수업을 고민하는 밑바탕이 될 것이다.

통합수업은 특수교육대상학생이 일반학급에 함께하면서 시작된다. 그러나 이 수업은 특수교육대상학생만을 위한 수업이 아니라 모든 학생을 위한 수업이어야 한다. 이 책은 특수교육대상학생이 통합수업에 잘 참여하도록 하는 고민에서 시작되어 특수교육대상학생을 바라보는 시각으로 채워졌지만 통합수업은 일반학생을 포함한 모든 학생의 수업이라는 점을 잊지 말아야 할 것이다. 결국, 통합수업의 목적은 교사, 일반학생, 특수교육대상학생이 모두 함께 행복한 수업을 만들고자 하는 것이다.

서로를 믿고 의지해 보자. 완벽한 인간은 없으며, 완벽한 교사도 존재하지 않는다. 부족한 점을 메워줄 사람과 활동이 필요하며, 이것을 위한 첫걸음이 바로 많은 이야기 즉, 소통이다.

세 교사의 통합수업과 함께 하는 여행은 여전히 진행 중이다.

이 여행은 완벽할 수 없는 여행이다. 그래서 완벽한 여행이 되리라 바라지 않는다. 다만 노력과 소통을 밥과 물 삼아서 걸어갈 뿐이다.

학생들은 반드시 성장할 것이다.

'한 학생도 포기하지 않겠노라'는 선생님의 마음만 있다면….

* * *

이 책을 집필하며 많은 분들의 도움을 받았습니다.

바쁜 와중에도 감수에 기꺼이 참여해 주신 감수위원님들께 대단히 감사드립니다.

[감수위원]

조선대학교 특수교육과 교수 김정연

고서초등학교 교장 유삼순

만덕초등학교 교감 손성식

목포삼학초등학교 교감 이성래

국립특수교육원 교육연구사 박창순

압해동초등학교 교사 이강일

비금동초등학교 특수교사 김두연

임웅현 박미영 유태욱

[의학분야]

마음나눔정신건강의학과 원장/전문의 한영훈

[어문규정]

능주고등학교 교사 양정미

그 누구보다도 집필 기간 많은 도움을 주신 사랑하는 저자들의 가족들과 주말마저도 쉬지 못하고 헌신하며 도와주신 김혜영 님, 항상 곁에 있어주며 마음의 위안을 주는 세상에서 하나뿐인 망고 님, 언제나 이해해 주시고 응원해 주시는 김도희 여사님, 신선경 님께 감사드립니다.

마지막으로 이론과실천 최금옥 대표님과 출판사 관계자 여러분께도 감사의 말씀 전합니다.

저자 일동